DEIN COACH ZUM ERFOLG!

Dein ActiveBook auf My**STARK**:

Du kannst auf alle digitalen Inhalte zu diesem Band online zugreifen. Registriere dich dazu unter **www.stark-verlag.de/mystark** mit deinem **persönlichen Zugangscode:**

C08580-003186

Die Inhalte dieser Auflage stehen bis Schuljahresende zur Verfügung.

MySTARK

Das Active**Book** *bietet dir:*

- Interaktive Aufgaben mit sofortiger Ergebnisauswertung zu den Themenbereichen *Weimarer Republik, Nationalsozialismus* und *Deutschland ab 1945*
- Videos zur Veranschaulichung der Quellenanalyse

DEIN COACH ZUM ERFOLG!

So kannst du interaktiv lernen:

Interaktive Aufgaben

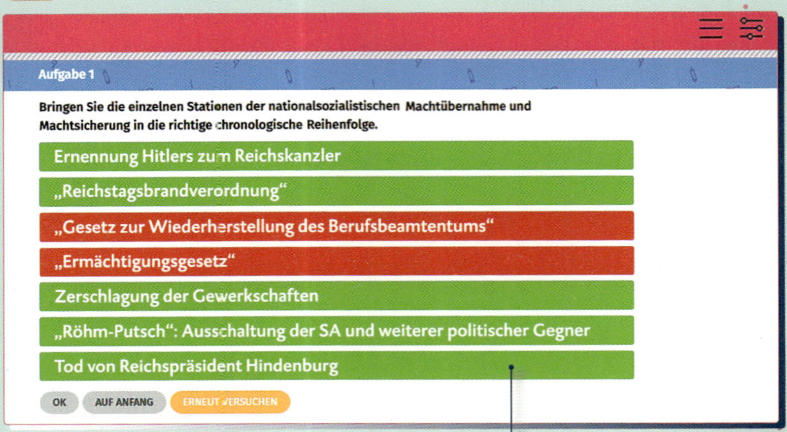

Sofortige Ergebnisauswertung

Lernvideos

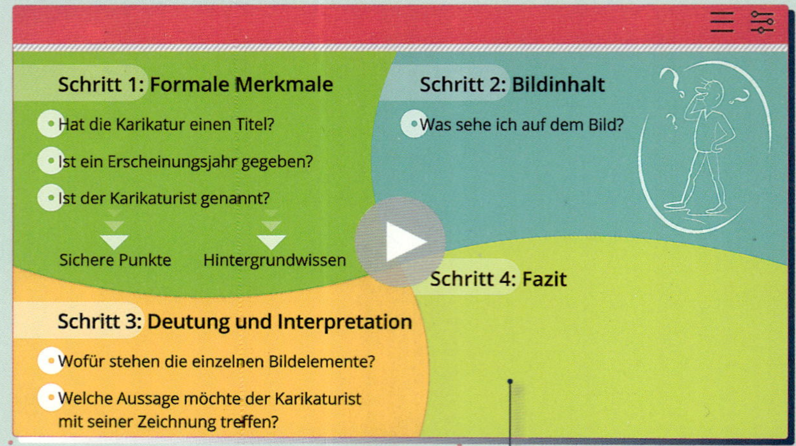

Anschauliche Erklärungen zur Analyse von Textquellen und Karikaturen

Systemvoraussetzungen:
- Mindestens 1024×768 Pixel Bildschirmauflösung
- Chrome, Firefox oder ähnlicher Webbrowser
- Internetzugang

2023

Abitur

Original-Prüfungsaufgaben
mit Lösungen

Gymnasium · Baden-Württemberg

Geschichte

STARK

© 2022 Stark Verlag GmbH
20. neu bearbeitete Auflage
www.stark-verlag.de

Inhaltsverzeichnis

Abiturähnliche Übungsaufgaben für das mündliche Abitur (Basisfach)

Original-Abituraufgaben (Leistungsfach)

Abiturprüfung 2015

Abiturprüfung 2016

Abiturprüfung 2018

Abiturprüfung 2019

Abiturprüfung 2020

Abiturprüfung 2021

Autoren

Johann Berger	mündliche Übungsaufgabe 3 (Vorschlag)
Wolf-Rüdiger Größl	Lösungen zu den Abituraufgaben 2015/I und 2016/I
Philipp Hornung	Hinweise zur mündlichen Prüfung (S. XI–XIV); Übungsaufgaben 3 und 4, mündliche Übungsaufgaben 2, 4 und 5
Rainer Maria Meinicke	Übungsaufgaben 1 und 2, mündliche Übungsaufgabe 1
Harald Müller	Hinweise zur schriftlichen Prüfung (S. I–XI); Übungsaufgaben 5 und 6; Lösungen zu den Abituraufgaben 2018/2, 2019/2, 2020/2 und 2021/2A

Vorwort

Liebe Schülerinnen, liebe Schüler,

das vorliegende Buch bietet Ihnen die Möglichkeit, sich optimal auf Ihre **Abiturprüfung 2023** im Fach **Geschichte** vorzubereiten.

Das einführende Kapitel „Das Prüfungsfach Geschichte – Informationen und Tipps" fasst wichtige Informationen zum **Ablauf** des schriftlichen und mündlichen Abiturs (**Leistungs- bzw. Basisfach**) sowie zur **Struktur der Aufgaben** zusammen. Darüber hinaus erhalten Sie konkrete Tipps zu den **Anforderungsbereichen** und Arbeitsanweisungen (**Operatoren**) sowie methodische Hinweise zum Umgang mit **Materialien**, die Ihnen in der Prüfung vorgelegt werden können.

Dieser Band enthält eine **Auswahl der Original-Prüfungsaufgaben** 2015–2021 und **Übungsaufgaben** zu den aktuellen Schwerpunktthemen 2023 im **schriftlichen Abitur** (Leistungsfach) sowie Übungsaufgaben für die **mündliche Abiturprüfung** (Basisfach). Mithilfe dieser Aufgaben können Sie sowohl Ihre im Unterricht erworbenen Kenntnisse auffrischen als auch die Bearbeitung der Aufgaben unter Prüfungsbedingungen trainieren und optimieren.

Zu allen Aufgaben finden Sie nicht nur ausführliche Lösungsvorschläge, die zu einer tieferen Auseinandersetzung mit den Prüfungsinhalten anregen sollen, sondern auch **konkrete Bearbeitungshinweise**, die Ihnen ein gezieltes Vorgehen bei der Beantwortung der einzelnen Aufgaben vermitteln und Sie so zu einer optimalen Musterlösung hinführen.

Sollten nach Erscheinen dieses Bandes noch wichtige Änderungen in der **Abiturprüfung 2023** vom Kultusministerium bekannt gegeben werden, finden Sie aktuelle Informationen dazu im Internet unter: *www.stark-verlag.de/mystark*.

Verlag und Autoren wünschen Ihnen eine gute Vorbereitungsphase und viel Erfolg in der Abiturprüfung!

HINWEISE UND TIPPS

Das Prüfungsfach Geschichte – Informationen und Tipps

Die schriftliche Abiturprüfung im Leistungsfach Geschichte

1 Rahmenbedingungen

Im Abitur müssen Sie sich in **drei Leistungsfächern schriftlich** prüfen lassen. Die ersten beiden Leistungsfächer sind dabei bereits vorgegeben (Deutsch, Mathematik, eine Fremdsprache oder eine Naturwissenschaft). Als drittes Leistungsfach können Sie ein Fach aus dem gesellschaftswissenschaftlichen Bereich wählen, so auch **Geschichte**.

In der Prüfung werden Ihnen **zwei Aufgaben** vorgelegt, von denen Sie **eine** bearbeiten müssen. Dafür haben Sie, inklusive Auswahlzeit, **270 Minuten** zur Verfügung.

Die beiden Aufgaben beziehen sich **2023** auf folgende **Schwerpunktthemen:**

- **Aufgabe I** umfasst das Thema **Wege in die Moderne (3.4.2):** „Die Schülerinnen und Schüler können Modernisierungsprozesse innerhalb und außerhalb Europas seit dem ausgehenden 18. Jahrhundert analysieren und deren Bedeutung für die Gegenwart beurteilen."

  In der Abiturprüfung **2023 verpflichtend** sind folgende Teilstandards und Begriffe:

  1 den Begriff der Modernisierung erläutern
  (Moderne, Modernisierung, Doppelrevolution: politische Revolution, Industrielle Revolution)

  2 Voraussetzungen und Verlauf der europäischen Industrialisierung am Beispiel Englands und Deutschlands analysieren
  (Industrialisierung, Frühindustrialisierung, Hochindustrialisierung, Agrarrevolution, Verkehrsrevolution, Kommunikationsrevolution, Sektor, Take off, Schrittmacherindustrie, Wirtschaftsliberalismus)

  5 die Auswirkungen der Industrialisierung auf die europäischen Gesellschaften analysieren und bewerten
  (Klassengesellschaft: Bourgeoisie, Proletariat, Soziale Frage; Arbeiterbewegung: Reform, Revolution; Sozialistenverfolgung, staatliche Sozialpolitik; bürgerliche Familie, proletarische Familie)

7 Erscheinungsformen der Moderne um die Jahrhundertwende erläutern sowie ambivalente Erfahrungen der Menschen mit ihnen charakterisieren
(Hochmoderne: Urbanisierung, Massenkultur, Mobilität, Beschleunigung, Modernisierungsverlierer; Massenorganisation: Politisierung, Frauenbewegung)

9 Migration als Folge der Industrialisierung analysieren
(Binnenmigration, Auswanderung, Zuwanderung, Integration)

- **Aufgabe II** umfasst das Thema **West- und Osteuropa nach 1945: Wege in die postindustrielle Zivilgesellschaft (3.4.6):** „Die Schülerinnen und Schüler können Chancen und Probleme bei der Herausbildung einer postindustriellen Zivilgesellschaft in West- und Osteuropa nach 1945 analysieren."

  In der Abiturprüfung **2023 verpflichtend** sind folgende Teilstandards und Begriffe:

  4 den wirtschaftlichen Aufschwung in West- und Osteuropa bis Anfang der 1970er-Jahre am deutsch-deutschen Beispiel analysieren und vergleichen
  (Boom, Soziale Marktwirtschaft/Zentralverwaltungswirtschaft, Sozialstaat/Versorgungsstaat, nivellierte Mittelstandsgesellschaft/Arbeiter- und Bauernstaat, Konsumgesellschaft/Primat der Schwerindustrie, Keynesianismus/Fünf-Jahres-Plan, Vollbeschäftigung/Recht auf Arbeit)

  5 den Umgang mit Protest in West- und Osteuropa vergleichen und bewerten
  (Aufstand des 17. Juni, Ungarnaufstand, „Republikflucht", Mauerbau, Wiederbewaffnung, 68er-Bewegung, Prager Frühling, Wertewandel)

  8 Aufbruchsversuche in West und Ost zu mehr Bürgerbeteiligung erläutern
  (Emanzipation: „Mehr Demokratie wagen", Neue Soziale Bewegungen, Pluralisierung, Charta 77, Dissidentenbewegung)

  9 die wirtschaftlichen Krisen der 1970er- und 1980er-Jahre und ihre Auswirkungen auf Westeuropa erläutern
  (Ende des „Golden Age": Ölkrise, Stagflation, Sockelarbeitslosigkeit, Zwei-Drittel-Gesellschaft, Neoliberalismus; Strukturwandel: Digitalisierung)

  11 den Zusammenbruch des Ostblocks analysieren
  (Strukturwandel, Innovationsdefizit, Staatsverschuldung, Rüstungswettlauf, Versorgungskrise, Umweltverschmutzung, Legitimitätskrise, Entspannungspolitik, Perestroika, Glasnost, Sinatra-Doktrin, Solidarność, Bürgerbewegung, Ausreisebewegung, „Friedliche Revolution", „Samtene Revolution")

Es wird von Ihnen erwartet, dass Sie „Transfer"-Leistungen erbringen und übergreifende Gedanken erörtern können. Möglich sind auch **offenere Themenstellungen**, die der insgesamt offeneren Unterrichtsgestaltung entsprechen, z. B.: „Erläutern Sie … anhand zweier Beispiele Ihrer Wahl …". Die zu untersuchenden **Materialien** können Texte, Bilder, Plakate, Karikaturen, Statistiken und Grafiken sein. Aus diesem Grund finden Sie auf S. VII–XI Hinweise zum Umgang mit derartigen Materialien.

In der Abiturprüfung sollen in der Regel folgende **Aufgabentypen** vorkommen:

- **eine darstellend-strukturierende Aufgabe** (AFB II, z. B. „Stellen Sie an Beispielen Ihrer Wahl dar …"; „Erläutern Sie an zwei Beispielen …")
- **zwei analytische, materialgestützte Aufgaben** (AFB II, z. B. „Analysieren Sie M 1"; „Analysieren Sie M 1 und vergleichen Sie M 1 mit M 2 …")
- **eine urteilsbildende Aufgabe** (AFB III, z. B. „Beurteilen Sie, ob …"; „Erörtern Sie …"; „Überprüfen Sie …")

2 Verrechnungspunkte (EPA)

Eine Abituraufgabe hat **60 Verrechnungspunkte**, die auf **vier Teilaufgaben** verteilt sind. In der Regel stehen diese Teilaufgaben in einem thematischen Zusammenhang. Sie sind chronologisch und nicht nach Schwierigkeit der Aufgabenstellung angeordnet. Die Verrechnungspunktezahl liegt üblicherweise zwischen 12 und 18 Verrechnungspunkten. Daraus können Sie auf den **Arbeits-/Schreibumfang** und das **Anforderungsniveau** schließen. Das Nachzählen in als „sehr gut" bewerteten Leistungskursklausuren hat ergeben, dass **ca. zwei Sätze mittlerer Länge pro Verrechnungspunkt** eine gute Richtschnur dafür abgeben, wie umfangreich Sie schreiben sollen. In einigen Lösungsvorschlägen wird diese Länge deutlich überschritten, was nicht bedeutet, dass Sie nicht auch mit weniger Text die maximale Punktzahl erreichen können. Wir wollten die Lösungstexte so gestalten, dass sie Anregungen und in manchen Fällen auch Zusatzinformationen vermitteln, die nicht unbedingt in jedem Schulbuch enthalten sind.

Verrechnungspunkte	Notenpunkte	Note
60–57	15	
56–54	14	sehr gut
53–51	13	
50–48	12	
47–45	11	gut
44–42	10	
41–39	9	
38–36	8	befriedigend
35–33	7	
32–30	6	
29–27	5	ausreichend
26–24	4	
23–20	3	
19–16	2	mangelhaft
15–12	1	
11–0	0	ungenügend

TIPP: Achten Sie auf eine **saubere Darstellung** und auf die **Sprachrichtigkeit**, sonst können ein bis zwei Notenpunkte abgezogen werden. Planen Sie mindestens 10 Minuten zum Korrekturlesen ein! Die Lösung der Aufgaben erfolgt in der Regel in Form eines zusammenhängenden Textes; die Bewertung berücksichtigt auch die Einhaltung standardsprachlicher Normen sowie die fachspezifische und stilistische Angemessenheit. Wichtig ist, dass Sie in Ihrer Klausur die **Fachsprache und -begriffe** sicher anwenden. Unter Umständen verlangt die Fragestellung auch eine Begriffsdefinition, wenn z. B. Begriffe wie „deutscher Sonderweg" oder „Kalter Krieg" erörtert werden sollen.

3 Operatoren und Anforderungsbereiche

Die **Anforderungsstufen** reichen von der Wiedergabe von Wissen (**Reproduktion**) über die vertiefende Bearbeitung (**Reorganisation**) bis zur generalisierenden Betrachtung und Bewertung (**Reflexion**). Damit Sie wissen, was von Ihnen verlangt ist, finden Sie in jeder Teilaufgabe eine Arbeitsanweisung, die als Aufforderung formuliert ist – eben einen sogenannten **Operator**. Operatoren sind **handlungsinitiierende Verben**, die signalisieren, welche Tätigkeiten beim Bearbeiten von Prüfungsaufgaben erwartet werden. In der Regel sind sie bestimmten **Anforderungsbereichen** zugeordnet. Die empfohlene Basisoperatorenliste und die jeweilige Zuordnung zu den Anforderungsbereichen sind Grundlage für die schriftliche Abiturprüfung. Darüber hinaus bestimmen im Einzelfall Fachspezifika, der Schwierigkeitsgrad des Inhalts bzw. die Komplexität der Aufgabenstellung die Zuordnung zu den Anforderungsbereichen.

Anforderungsbereich I

umfasst das **Wiedergeben** und **Beschreiben** von fachspezifischen Sachverhalten aus einem abgegrenzten Gebiet und im gelernten Zusammenhang. Dabei werden eingeübte Arbeitstechniken angewandt. Dieser Anforderungsbereich erfordert v. a. **Reproduktionsleistungen**.

Anforderungsbereich II

umfasst das **selbstständige Erklären**, **Bearbeiten und Ordnen** bekannter fachspezifischer Inhalte und das **Anwenden** gelernter Methoden auf andere Sachverhalte. Dies erfordert vor allem **Reorganisations- und Transferleistungen**.

Anforderungsbereich III

umfasst den **reflexiven Umgang** mit neuen Problemstellungen, den eingesetzten Methoden und gewonnenen Erkenntnissen, um zu eigenständigen Begründungen, Folgerungen, Beurteilungen und Handlungsoptionen zu gelangen. Dies erfordert vor allem Leistungen der **Reflexion und Problemlösung**.

TIPP: Die in eigenen Tipp-Kästen abgedruckten Lösungshinweise zu den Teilaufgaben geben Ihnen Hilfestellungen zu den Anforderungen sowie zum Umgang mit den Arbeitsanweisungen.

Die Operatoren im Einzelnen

Die folgende Liste umfasst die derzeitigen Operatoren der gesellschaftswissenschaftlichen Fächer und verweist auf deren Anwendung in den Prüfungen der letzten Jahre, die in diesem Buch enthalten sind. Dabei bedeutet z. B. der Zusatz 2020/II/2, dass das Beispiel aus den Abiturprüfungsaufgaben 2020 stammt. Man findet es dort unter Aufgabe II, Teilaufgabe 2.

Überblick über die aktuell gültigen Operatoren

Anforderungsbereich I (Reproduktionleistungen)		
Operatoren	**Beschreibung der erwarteten Leistung**	**Beispiel**
beschreiben	Sachverhalte schlüssig wiedergeben	
bezeichnen	Sachverhalte (insbesondere bei nichtlinearen Texten wie zum Beispiel Tabellen, Schaubildern, Diagrammen oder Karten) begrifflich präzise formulieren	
nennen	Sachverhalte in knapper Form anführen	

Anforderungsbereich II (Reorganisations- und Transferleistungen)		
Operatoren	**Beschreibung der erwarteten Leistung**	**Beispiel**
analysieren	Materialien und Sachverhalte systematisch und gezielt untersuchen und auswerten	2016/I/3 2021/II A/2, 4
begründen	Aussagen (zum Beispiel eine Behauptung, eine Position) durch Argumente stützen, die durch Beispiele oder andere Belege untermauert werden	
charakterisieren	Sachverhalte mit ihren typischen Merkmalen und in ihren Grundzügen bestimmen	
darstellen	Sachverhalte strukturiert und zusammenhängend verdeutlichen	2018/II/2 2020/II/2
ein-/zuordnen	Sachverhalte schlüssig in einen vorgegebenen Zusammenhang stellen	
erklären	Sachverhalte schlüssig aus Kenntnissen in einen Zusammenhang stellen (zum Beispiel Theorie, Modell, Gesetz, Regel, Funktions-, Entwicklungs- und/oder Kausalzusammenhang)	
erläutern	Sachverhalte mit Beispielen oder Belegen veranschaulichen	2019/II/4
erstellen	Sachverhalte (insbesondere in grafischer Form) unter Verwendung fachsprachlicher Begriffe strukturiert aufzeigen	

herausarbeiten	Sachverhalte unter bestimmten Gesichtspunkten aus vorgegebenem Material entnehmen, wiedergeben und/oder gegebenenfalls berechnen	
vergleichen	Vergleichskriterien festlegen, Gemeinsamkeiten und Unterschiede gewichtend einander gegenüberstellen sowie ein Ergebnis formulieren	2019/II/2

Anforderungsbereich III (Reflexion und Problemlösung)		
Operatoren	**Beschreibung der erwarteten Leistung**	**Beispiel**
beurteilen	Sachverhalte, Aussagen, Vorschläge oder Maßnahmen untersuchen, die dabei zugrunde gelegten Kriterien benennen und ein begründetes Sachurteil formulieren	2019/II/1
bewerten	Sachverhalte, Aussagen, Vorschläge oder Maßnahmen beurteilen, ein begründetes Werturteil formulieren und die dabei zugrunde gelegten Wertmaßstäbe offenlegen	
entwickeln	zu einer vorgegebenen oder selbst entworfenen Problemstellung einen begründeten Lösungsvorschlag entwerfen	
erörtern	zu einer vorgegebenen These oder Problemstellung durch Abwägen von Pro- und Kontra-Argumenten ein begründetes Ergebnis formulieren	2015/I/4
überprüfen	Aussagen, Vorschläge oder Maßnahmen an Sachverhalten auf ihre sachliche Richtigkeit hin untersuchen und ein begründetes Ergebnis formulieren	2018/II/4 2020/II/4 2021/II A/3
gestalten	zu einer vorgegebenen oder selbst entworfenen Problemstellung ein Produkt rollen- beziehungsweise adressatenorientiert herstellen	

Alle Operatoren verlangen, dass Sie die Aufgabe in einer **durchgehend formulierten Antwort** lösen. Empfehlenswert ist der klassische Aufbau mit Einleitungssatz, in Absätzen gegliedertem Hauptteil und Schlusssatz. Vermeiden Sie unbedingt „Stichwortbrocken“ hinter Pfeilen oder in Klammern sowie unverbundene Auflistungen hinter Spiegelstrichen.

Umgang mit Materialien

Die schriftlichen Abituraufgaben beziehen sich in der Regel auf **Texte**, **Bilder, Karikaturen, Plakate, Statistiken und Grafiken**. Sie können nicht davon ausgehen, dass neben den üblichen Texten z. B. immer nur Karikaturen Gegenstand der Aufgaben sind. Mit der Interpretation der Materialien kann man einen beträchtlichen Teil der möglichen Punktzahl erreichen. Es empfiehlt sich daher, hierauf schon bei der Abiturvorbereitung einen Schwerpunkt zu legen. Bitte beachten Sie: Im Abitur erfolgt der Zugriff auf die Materialien in der Regel über Operatoren, die dem **AFB II** angehören und in den meisten Fällen **die Analyse und den Vergleich** von Materialien verlangen.

1 Erschließen von Texten

Texte bilden eine wesentliche Arbeitsgrundlage für Historikerinnen und Historiker, deshalb erhalten Sie hier wichtige Tipps zur Texterschließung.

1. **Lesestrategien:** Beim Lesen oder direkt danach können die Reaktionen, Assoziationen und spontanen Gedanken zum Text stichpunktartig notiert werden, z. B. in Form einer Mindmap.

   TIPP: Es empfiehlt sich, bei mehrfachen Lesedurchgängen, die unerlässlich sind, den Text optisch aufzubereiten, indem Sie unverstandene Fremdwörter, zentrale Begriffe und Leitwörter oder Kerninformationen markieren.

2. **Bestimmung des Charakters des Textes, seines Aufbaus und seiner Hauptaussagen:** Der Text soll zunächst auf seinen Charakter, seine logische Struktur und seine Hauptaussagen hin untersucht werden.

   TIPP: Nehmen Sie zunächst eine formale Analyse des Textes vor, indem Sie beispielsweise nach der Art des Textes, den Adressaten, dem Verfasser, dem Anlass, der Intention und der Wirkung des Textes fragen. Diese Informationen helfen Ihnen, in einem weiteren Schritt Argumentation und Aussage des Textes zu erkennen.

3. **Formulierung von Arbeitshypothesen:** Jetzt geht es darum, Thema, Fragestellung, zentrale Aussage(n) und vorläufige Hypothese(n) zu formulieren.

   TIPP: Die Formulierung einer Arbeitshypothese gibt der weiteren Textuntersuchung eine klare Ausrichtung, auch wenn sie noch auf „ersten Eindrücken" beruht und beim nochmaligen Lesen korrigiert werden muss.

4. **Geordnete, strukturierte Wiedergabe**

   TIPP: Um den Text strukturiert und vollständig wiedergeben zu können, ist es hilfreich, den Gesamttext in Sinnabschnitte einzuteilen und diese jeweils mit Überschriften zusammenzufassen.

5. **Textbeschreibung (Analyse)**: Sie zielt auf die inhaltliche und formale Erfassung und Charakterisierung des Textes. In diesem Schritt ist zu zeigen, wie der Autor seine Argumentation aufbaut, entwickelt und entfaltet.

   TIPP: Kennzeichnen Sie wichtige Aufbauelemente des Textes (Einleitung, Hauptteil, Schluss, Fragestellung, Zusammenfassung, Lösung usw.), Argumentationselemente (These, Gegenthese, Beispiel, Beleg, Definitionen, Erläuterungen usw.) und sprachliche Gestaltungsmittel (Wortschöpfungen, Sprachgebrauch, Stilmittel). Aus diesen Bausteinen können Sie dann die Argumentationsstruktur entwickeln.

6. **Textdeutung** (**Interpretation**): Sie will auf der Grundlage der Textbeschreibung den Sinn des Textganzen erschließen und die Aussage- und Wirkungsabsicht (Intention) begründet feststellen.

   TIPP: Lesen Sie den Text mehrfach intensiv durch und überprüfen Sie, inwieweit der Text die aufgestellte Arbeitshypothese abdeckt.
   Bei der Deutung sollten Sie neben textimmanenten Faktoren auch auf textexterne wie die Einordnung des Textes in den geschichtlichen Kontext, den Stellenwert des Textes oder die (mögliche) Wirkung auf die (zeitgenössischen) Adressaten eingehen.

7. **Textbewertung** (**Erörterung**): Bei dieser persönlichen Sicht und Stellungnahme zu den Textaussagen geht es um eine begründete Auseinandersetzung mit den im Text vertretenen Argumenten und verwendeten Beispielen, den Auffassungen, Urteilen und Wertungen.

   TIPP: Mögliche Leitfragen, die Sie Ihrer Erörterung zugrunde legen könnten, sind:
   - Welche Argumente überzeugen mich? Welche erscheinen anfechtbar?
   - Wie schätze ich die Zahl, Eigenart und Wirkung der Beispiele ein?
   - Wo denke ich anders?
   - Wie beurteile ich die Art der Darstellung, die Vorgehensweise, die Angemessenheit zur Erreichung der Absichten?

2 Die Interpretation von Karikaturen

Karikaturen gehören zu den **Bildquellen**. Ihre Auswertung ist eine sehr gute Erarbeitungsmethode innerhalb des historisch-politischen Unterrichts. Karikaturen sind zum einen **bildliche Satiren**, zum anderen **gezeichnete Kommentare**. Daher sind sie einerseits Quellen, indem sie Produkte ihrer Zeit sind und die zeitgenössische Sichtweise zeigen, andererseits sind sie Darstellungen, denn sie interpretieren Ereignisse und Handlungen. Sie gehen von einem realen Vorgang, Ereignis oder einer realen Person aus, die sie jedoch subjektiv **verfremden** – zumeist vereinfachen und verzerren –, um einen zentralen Aspekt hervorzuheben (**Reduktion, Verdichtung, Verknappung**). Karikaturen arbeiten zudem mit dem Stilmittel der **Hyperbel**, der „Übertreibung", der „Überzeichnung". Man unterscheidet in der Regel zwischen **personenbezogenen** und **handlungs-** bzw. **ereignisbezogenen Karikaturen**.

Karikaturen sind stets **kritisch:** Sie zeigen **pointiert** Charaktereigenschaften und/oder Schwächen von Personen; sie deuten in überzeichneter Form (**hyperbolisches Prinzip**) auf Probleme hin, um aufzuklären (**didaktische Funktion**). Daher sind sie stets **auf ein Publikum hin orientiert**. Sie sind zudem auf aktuelle Ereignisse oder Prozesse bezogen (**Prinzip der zeitlichen Nähe**).

Die **Interpretation** von Karikaturen erfolgt in der Regel auf **vier Ebenen**, die zum Teil auch ineinander übergehen:

1. auf der **Inhaltsebene**, d. h. Beschreibung der dargestellten Details, Personen usw.;
2. auf der **Bedeutungsebene**, d. h. Erklärung/Erläuterung des Inhalts und seines Zusammenhangs durch Einordnung und Aufzeigen von Traditionen/Verbindungen;
3. auf der **methodisch-künstlerischen Ebene**, d. h. Betrachtung der Stilelemente;
4. auf der **Urteils- bzw. Wertungsebene**, d. h. Fällen eines begründeten Sach- bzw. Werturteils, das über den unmittelbaren Zusammenhang der Karikatur hinausgeht und die persönliche Meinung beinhaltet.

Analyseraster zur systematischen Interpretation einer Karikatur

1./2. Inhalte und Bedeutung

Was ist das Thema?	Um welche historische Situation handelt es sich? Zu welchem Aspekt dieser Situation bezieht die Karikatur Stellung?
Welche inhaltlichen Details sind erkennbar?	Klärung der konkreten Inhalte. Es handelt sich meist um: • Personen- oder Personengruppen • Gegenstände unterschiedlicher Art
Auf welchen historischen Hintergrund beziehen sich die Details?	Die erkannten Fakten sollten erläutert werden, so z. B. die Rolle der abgebildeten Personen, die in der Karikatur genannten Begriffe usw.
Wie ist der Standpunkt der Karikatur in der historischen Situation?	Durch genauere Fragen kommt man der Quellenperspektive schnell auf die Spur: • Welche Funktion hatte die Quelle innerhalb der kulturellen, politischen oder wirtschaftlichen Gegebenheiten ihrer Zeit? • Welche Positionen, Gruppen oder Personen werden kritisiert?
Welche kulturellen Traditionen werden aktiviert? Sind zeitübergreifende Verbindungen sichtbar?	In diesen Bereich gehören alle Motive, Bilder und intertextuellen Verweise in der Karikatur, die als durch Traditionen festgelegt bezeichnet werden können. Ihr Anspielungsgehalt sollte geklärt und in die Interpretation eingebunden werden.
Von wem stammt die Karikatur?	• Was wissen wir über den Produzenten? • In welcher Zeitschrift oder anderem Medium wurde die Karikatur abgedruckt? Was wissen wir über deren politische Tendenz?

3. Gestaltungsmittel

Was ist der bildliche Kern der Karikatur?	Diese Frage bezieht sich auf das zentrale Bild der Quelle und ist eng mit der Aussageabsicht verknüpft.
Welche künstlerischen Gestaltungsmittel verwendet der Produzent der Karikatur?	Interessant sind alle künstlerischen Gestaltungsmittel, die wichtig für die Erschließung der Quelle sind. Fragen kann man z. B. nach: • der Bildkomposition, etwa der Gruppierung der Personen oder Gegenstände • der besonderen Gewichtung von Einzelheiten • dem künstlerischen Stil der Darstellung
Welche Grundhaltung nimmt die Karikatur ein?	Ist die Karikatur beschreibend, kommentierend, analytisch oder agitatorisch?

4. Bewertung

Welche Bedeutung hat die Karikatur für das grundlegende Verständnis der historischen Situation?	• Treffen die Inhalte den Kern einer wesentlichen Problematik? • Sind die Positionen typisch oder bezeichnend für die Situation? • Ist die Gestaltung besonders interessant, typisch oder wichtig für den Kontext der Karikatur?
Welche Bedeutung hat die Karikatur über ihren Situationskontext hinaus?	• Bezeichnet die Quelle eine für ihre Zeit besonders wichtige Situation? • Verweist die Karikatur auf eine zentrale Kontinuität oder einen historischen Prozess?

3 Tabellen und Grafiken

In den Abituraufgaben kann auch **statistisches Material als Tabelle oder Grafik** vorkommen. Damit Sie diese Aufgaben aus dem Bereich der Methodenkompetenz erfolgreich lösen können und nichts Wesentliches außer Acht lassen, empfehlen wir Ihnen ein Vorgehen in **drei Schritten**, das aber nicht bei allen Operatoren so ausführlich angewandt werden muss.

Formale Analyse

1. Welches sind Thema/Erhebungsgegenstand und Zweck (Überschrift, Begleittext) der Tabelle/Grafik?
2. Was ist der Erhebungsraum und Erhebungszeitraum (Momentaufnahme, Entwicklung, Prognose)?
3. Wie und durch wen wurden die Werte ermittelt?
4. Wer hat die Statistik verfasst (verfassen lassen)?
5. Auf welchen Quellen beruht die Tabelle/Grafik?
6. Welche Darstellungsform wurde gewählt (Tabelle, Kurven-/Linien-, Säulen-/Balken-, Kreis-, Flächen-, Block- und Figuren-Diagramm)?
7. Was sind die Bezugsgrößen: Zahlenarten (absolute Zahlen, Prozentzahlen, Indexzahlen), Zahlenwerte (gerundet, geschätzt, vorläufig), Maßeinheiten und Intervalle?
8. Welche Kategorien werden miteinander in Beziehung gesetzt (z. B. bei Tabellen in Kopfzeile, Spalten und Vorspalten)?
9. Wie ist die grafische Gestaltung: Symbole, Farben, (Hintergrund-)Bilder?

Inhaltliche Analyse

1. Welche Besonderheiten weist das Material auf? Bestimmen Sie wesentliche Auffälligkeiten!
2. Welche Hauptaussagen lassen sich formulieren (Trends, Tendenzen)?
3. Welche Teilaussagen in Bezug auf Einzelaspekte lassen sich machen?
   (Minima, Maxima, Zunahme, Abnahme, Stagnation, Zahlensprünge, Anomalien, Gleichmäßigkeiten und regelhafte Verläufe, unterschiedliche Phasen, Wechselbeziehungen zwischen verschiedenen Variablen/Merkmalen, …)

Aussageabsicht, Interpretation und Kritik

1. Welche Antwort gibt die Tabelle/Grafik auf die Fragestellung? Zu welchen Teilbereichen lassen sich keine Aussagen treffen?
2. Welche Aussagen, Empfehlungen oder Handlungen werden durch die Statistik/Grafik nahegelegt?
3. Welche neuen Fragen werden durch die Informationen der Tabelle/Grafik aufgeworfen?
4. Was sind mögliche Ursachen für die der Tabelle/Grafik entnommenen Sachverhalte?
5. Beurteilung der Aussagekraft der Tabelle/Grafik:
   - Sind die Daten repräsentativ und korrekt?
   - Ist die Darstellungsform angemessen?
   - Gibt es Unklarheiten in Bezug auf die Daten, Bezugsgrößen, Quellen, ...?
   - Fehlen Informationen im Schaubild?
   - Besteht Verdacht auf Interessengebundenheit/Manipulation? (Datenauswahl, Auftraggeber, grafische Darstellung, ...)

Die mündliche Abiturprüfung im Basisfach Geschichte

Sie müssen im Abitur insgesamt **zwei mündliche Prüfungen** ablegen. Eine der beiden Prüfungen können Sie in Geschichte absolvieren, sofern Sie dieses Fach als **Basisfach** gewählt haben; dies zählt dann als Abiturprüfung in einem Fach der **Gesellschaftswissenschaften** (Aufgabenfeld II).

Haben Sie Geschichte als **Leistungsfach** gewählt, können Sie eine **freiwillige mündliche Zusatzprüfung** ablegen, um das Ergebnis der schriftlichen Abiturprüfung in Geschichte zu verbessern (siehe S. XIV).

1 Geschichte als mündliches Prüfungsfach (Basisfach)

In der mündlichen Prüfung sollen Sie neben Ihrem **erlernten historischen Wissen** auch zeigen, dass Sie auf Problemstellungen, die Ihnen erst im Verlauf der Prüfung gestellt werden, **direkt reagieren** zu können. Insgesamt sollen Sie historisches Hintergrundwissen, methodische Kompetenzen und Kommunikationsfähigkeit (z. B. Rhetorik) unter Beweis stellen. Deshalb ist die **Prüfung zweigeteilt:** Sie erhalten Gelegenheit, Ihre erworbenen Geschichtskompetenzen anhand einer Aufgabenstellung, die Ihnen schriftlich vorgelegt wird, anzuwenden. Im daran anschließenden Prüfungsgespräch können Sie zusätzlich Ihre Kommunikationsfähigkeiten zeigen.

2 Aufgabenstellung und Vorbereitung

Die mündliche Prüfung im Basisfach Geschichte wird als **Einzelprüfung** durchgeführt. Vor dem Prüfungsgespräch wird Ihnen eine Aufgabe **in schriftlicher Form** vorgelegt, die mehrere Teilaufgaben (in der Regel zwei bis vier) aus **unterschiedlichen**

Anforderungsbereichen beinhalten wird. Hierbei sind Prüfungsaufgaben zu **Inhalten aller Kurshalbjahre** möglich. Als **Materialien** können Textquellen, Karikaturen, Bilder, Plakate, Statistiken und Grafiken Verwendung finden, die eine genaue Materialanalyse von Ihnen verlangen.

Nach der Übergabe der Prüfungsaufgabe haben Sie **20 Minuten** Zeit, um die Aufgaben – in einem gesonderten Raum und unter Aufsicht – zu bearbeiten und sich auf die eigentliche Prüfung vorzubereiten.

Tipps zur Vorbereitung vor und während der Prüfung

- Sie können vor der Prüfung noch nicht wissen, welches **Thema** die Aufgabenstellung letztendlich behandeln wird. Verschaffen Sie sich also – mithilfe Ihrer Mitschriften, Unterrichtsmaterialien und Schulbücher – einen guten und strukturierten Überblick über die **Inhalte der gesamten Kursstufe**.
- Wiederholen Sie die **Verfahrensweisen**, die im Unterricht zur Bearbeitung von Aufgabenstellungen in Geschichte eingeübt wurden.
- Fertigen Sie während der 20 Minuten Vorbereitungszeit stichwortartige **Notizen** an, mit deren Hilfe Sie anschließend Ihren zehnminütigen Vortrag halten können. Selbst brillante Rhetoriker benötigen für Vorträge **Gedächtnisstützen** in Form von Manuskripten.
- Achten Sie bei der Bearbeitung der Aufgaben auf die **Zeit**. Sie müssen nach den 20 Minuten **alle** Aufgaben bearbeitet haben. Die schwierigeren Aufgaben, die wichtig für eine **Benotung** Ihrer Gesamtleistung im „guten“ und „sehr guten“ Notenspektrum sind, stehen häufig am Ende der Aufgabenreihe.

3 Ablauf der Prüfung

Nach der Vorbereitungszeit beginnt die eigentliche mündliche Prüfung, die insgesamt etwa **20 Minuten** dauert. Zunächst haben Sie Gelegenheit, in einem selbstständigen **Vortrag** Ihre Ergebnisse zu der vorgegebenen Prüfungsaufgabe und den Materialien darzustellen; dafür haben Sie etwa **10 Minuten** Zeit. Sie werden während Ihres Vortrags nicht unterbrochen.

An diesen ersten Teil schließt sich ein **Prüfungsgespräch** an, in dem Ihnen die prüfende Lehrkraft und der/die Vorsitzende des Prüfungsausschusses Fragen stellen. Ein Protokollant macht auch zum Verlauf des Prüfungsgesprächs Aufzeichnungen.

Zunächst werden die Prüfer/-innen wahrscheinlich **Rückfragen** zu Ihrem Vortrag stellen und Themengebiete vertiefen, die damit unmittelbar zusammenhängen. Das Prüfungsgespräch soll darüber hinaus aber noch **weitere Themen der Bildungs- und Lehrpläne** miteinbeziehen. Rechnen Sie also auch mit Fragen zu Themen, die nicht in direkter Verbindung mit den vorgelegten Aufgaben stehen.

Tipps zur Prüfung

- 10 Minuten Vortrag können sehr lang sein, besonders wenn Sie sich nicht ordentlich vorbereitet haben oder bei der Präsentation Ihrer Ergebnisse hetzen. Lassen Sie sich Zeit und stellen Sie Ihre Ergebnisse **ruhig und souverän** vor. Sprechen Sie dabei **laut und deutlich**!
- Streifen Sie keine Themen, zu denen Sie **nicht geprüft werden wollen**! Ihre Prüfer/innen suchen während Ihres Vortrags nach Ansatzpunkten für Nachfragen. Vermutlich werden Sie zu Sachverhalten, die Sie nur anreißen, **Rückfragen** erhalten. Unter diesem Gesichtspunkt können Sie das anschließende Prüfungsgespräch aber auch etwas steuern.
- Signalisieren Sie am **Ende Ihres Vortrags** eindeutig, dass Sie nun fertig und bereit für das Prüfungsgespräch sind. Sie können z. B. sagen: „Bis hierhin bedanke ich mich für Ihre Aufmerksamkeit und freue mich auf Ihre Rückfragen."
- Verwenden Sie während des **Prüfungsgesprächs** (wie schon im Vortrag) **Fachbegriffe** und erwähnen Sie wichtige **historische Daten**. Reden Sie bei der Beantwortung der Fragen so lange, bis Sie von den Prüfern unterbrochen werden bzw. signalisieren Sie z. B. durch Nicken, dass Sie die Frage aus Ihrer Sicht umfassend und vollständig beantwortet haben. Während der Prüfung sollte keine „peinliche Stille" eintreten.
- Treten Sie **ruhig, sicher und freundlich** auf. Falls Sie eine Fragestellung nicht verstanden haben, geraten Sie nicht in Panik und bitten Sie **höflich** um die Konkretisierung oder Umformulierung der Frage. Wenn Sie die Frage dann immer noch nicht verstehen oder sie nicht beantworten können, bitten Sie um eine andere Frage.

4 Bewertung der Prüfungsleistung

Die **Bewertung Ihrer Gesamtleistung** erfolgt ohne Ihr Beisein durch den **Fachausschuss**. Daher müssen Sie nach Beendigung der Prüfung den Prüfungsraum verlassen.

Folgende Gesichtspunkte spielen bei der **Notenfindung** eine Rolle:

1. **Inhaltliche Qualität der Prüfungsleistung (Sachkompetenz)**
   - Informationsgehalt des Vortrags und des Prüfungsgesprächs (Komplexität, inhaltliche Tiefe und Breite)
   - sachliche Richtigkeit
   - Verwendung von Fachsprache
   - Einordnung von historischen Ereignissen in übergeordnete Zusammenhänge
2. **Umgang mit Aufgabenstellungen und Materialien (Methodenkompetenz)**
   - korrekte Erfassung der Aufgabenstellung (Operatoren)
   - strukturiertes Vorgehen bei der Auswertung historischer Materialien (z. B. Quellenanalyse)

3. **Bildung einer eigenen Meinung zu historischen Fragen (Reflexionskompetenz)**
   - eigenständiges Formulieren eines Sach- und Werturteils
   - Herausbildung einer begründeten Meinung unter Abwägung von Pro- und Kontra-Argumenten
4. **Herstellung eines Gegenwartsbezugs (Orientierungskompetenz)**
   - kritischer Vergleich von Vergangenheit und Gegenwart
   - Wahrnehmung, Erklärung und kritische Beurteilung eigener und fremder Wertorientierungen
5. **Auftreten in der Prüfung (personale und kommunikative Kompetenz)**
   - freie Rede in Vortrag/Prüfungsgespräch (Verständlichkeit, Tempo, Lautstärke)
   - Körpersprache
   - souveräner Umgang mit Nachfragen und Impulsen der Prüfer/innen
   - Gliederung und Struktur der Darstellung (Aufbau und Logik)

Im Anschluss wird Ihnen vom/von der Vorsitzenden des Fachausschusses mitgeteilt, ob Sie die Prüfung bestanden haben. Wenn Sie es wünschen, wird Ihnen die **Benotung Ihrer Prüfungsleistung** mit einer kurzen Begründung erläutert; eine Diskussion der Note findet aber **nicht** statt.

5 Besonderheiten der freiwilligen Zusatzprüfung im Leistungsfach

Sind Sie mit dem Ergebnis der schriftlichen Prüfung im Leistungsfach Geschichte unzufrieden, können Sie eine **zusätzliche mündliche Prüfung** ablegen, deren Ergebnis dann **mit der Note der schriftlichen Prüfung verrechnet** wird. Sie können durch eine freiwillige Zusatzprüfung Ihre schriftliche Note verbessern, aber auch verschlechtern. Lassen Sie sich daher bitte von Ihren Oberstufenberatern ausführlich informieren.

Der **Ablauf** dieser Prüfung ist **identisch** mit der mündlichen Prüfung im Basisfach. Inhaltlich sind hier jedoch alle **Themenbereiche ausgeschlossen**, die bereits in der schriftlichen Abiturprüfung vorkamen, d. h., dass Sie unter keinen Umständen erneut Aufgaben zu dem Schwerpunktthema erhalten werden, zu dem Sie schon Ihre schriftliche Prüfung abgelegt haben.

Zur Arbeit mit diesem Buch

Um vielfältige Anregungen zu vermitteln, sind die **Musterlösungen** der Übungs- und der offiziellen Prüfungsaufgaben oft umfangreicher, als es unter Abiturbedingungen erstellte Lösungen sein können. Aus diesem Grund liegt das **inhaltliche Niveau der Lösungsvorschläge** meist über dem, was im Abitur erwartet wird. Daher sollten die Musterlösungen Sie nicht entmutigen. Es geht ja nicht darum zu zeigen, was Lehrkräfte unter Abiturbedingungen zu leisten vermögen. Vielmehr sollen **Anregungen zur vertieften Auseinandersetzung mit den Schwerpunktthemen** gegeben werden, die den Abituraufgaben zugrunde liegen werden, damit Sie überdurchschnittlich gut vorbereitet in die Prüfung gehen können.

ÜBUNGSAUFGABEN

WEGE IN DIE MODERNE

(1) Begriff der Modernisierung; (2) Voraussetzungen und Verlauf der europäischen Industrialisierung; (5) Auswirkungen der Industrialisierung auf die europäischen Gesellschaften; (7) Erscheinungsformen der Moderne um die Jahrhundertwende

Aufgabenstellung

1 Erläutern Sie den Prozess der Modernisierung in Deutschland im 19. Jahrhundert an drei Beispielen/Kennzeichen Ihrer Wahl.

2 Analysieren Sie M 1.

3 Analysieren Sie M 2 und vergleichen Sie M 2 mit M 3.

4 *Der Wirkungskreis der Frau blieb um 1900 auf Familie und Haushalt beschränkt.* Überprüfen Sie diese These am Beispiel Deutschlands.

M1 Heinrich Kley (1863–1945): „Die Kruppschen Teufel“, um 1914

Das farbige Ölgemälde war eine Auftragsarbeit anlässlich eines Jubiläums der Firma Krupp. Es hing im Kasino (Speise-/Aufenthaltsraum) des Hüttenwerkes (Industrieanlage zur Herstellung z. B. von Eisen, Kupfer, Blei) in Duisburg.

Quelle: akg-images

Hinweis: Eine Farbabbildung des Bildes zum Download finden Sie unter: https://www.stark-verlag.de/mystark (Code auf den Farbseiten vorne im Buch).

M2 Meyers Großes Konversations-Lexikon (1905), Auszug aus dem Eintrag zur „Arbeiterfrage“

Unter den Mißständen in Arbeiterfamilien ist vor allem zu erwähnen eine schlechte Häuslichkeit und ein schlechtes Familienleben der Arbeiter, herbeigeführt nicht nur durch geringes Einkommen oder übermäßige Beschäftigung der Familienglieder, sondern häufig auch durch leichtsinnige, frühzeitige Eheschließungen, durch die Roheit und Unmoralität der Eheleute und Eltern, durch den schlechten Zustand der Wohnungen, durch die schlechte Erziehung und Unwirtschaftlichkeit der Hausfrauen, durch eine regelmäßige Beschäftigung der letztern außerhalb des Hauses etc., ferner die mangelhafte Ausbildung der Kinder in moralischer Hinsicht, die Größe der Familie bei unzureichendem Einkommen, die regelmäßige Kinderarbeit etc. Weitere Übelstände bei männlichen Arbeitern sind: geringer Arbeitsfleiß, mangelnder Sparsinn, auch wo die Lohnhöhe an sich ein Sparen gestatten würde, Unwirtschaftlichkeit in der Verwendung des Einkommens, Trunksucht, Irreligiosität, Mißtrauen gegen Arbeitgeber, Mißachtung der Verträge, Übertretung der Gesetze, Mißbrauch der Koalitionsfreiheit, Haß gegen die besitzenden Klassen etc. Bei unverheirateten weiblichen Arbeitern treten als besondere Mißstände hervor: die mangelnde Gelegenheit, sich die für den künftigen Beruf als Hausfrauen notwendigen Eigenschaften und Fähigkeiten anzueignen, eine ungünstige Wirkung der industriellen Beschäftigung auf ihre Moral, geschlechtliche Unsittlichkeit. Aber moralische, für die A[rbeiterfrage] wesentliche Mißstände kommen auch in den Kreisen der Arbeitgeber vor, so namentlich, wenn diese ihr Verhältnis zu ihren Arbeitern lediglich als ein reines Vertragsverhältnis, nicht auch als ein moralisches auffassen und die ihnen obliegende sittliche Pflicht, für die moralische und geistige Hebung ihrer Arbeiter nach besten Kräften zu sorgen, nicht erfüllen und sich überhaupt in ihrem Verhalten zu ihren Arbeitern ausschließlich vom Trieb des rücksichtslosen Egoismus beherrschen lassen, oder wenn sie ihren Arbeitern in ihrem eignen privaten und geschäftlichen Leben durch ein unmoralisches Verhalten ein schlechtes Vorbild sind.

Aus: Arbeiterfrage, in: Meyers Großes Konversations-Lexikon, Band 1. Leipzig 1905, S. 675–680, hier: S. 676, unter: http://www.zeno.org/nid/2000624629X (zuletzt abgerufen am 22. 08. 22).

M3 **Thomas Theodor Heine: „Die Lösung der sozialen Frage“ (1898) – Karikatur aus der politisch-satirischen Wochenschrift „Simplicissimus“**

Unterzeile: „Sie haben völlige Freiheit, mein Lieber, Sie können nach rechts oder nach links gehen, ganz wie Sie wollen.“

Quelle: Thomas Theodor Heine: Die Lösung der sozialen Frage, in: Simplicissimus 1898 (Jg. 3), Heft 27, S. 209.

Hinweis: Eine Farbabbildung des Bildes zum Download finden Sie unter: https://www.stark-verlag.de/mystark (Code auf den Farbseiten vorne im Buch).

Lösungsvorschlag

1 **TIPP** *Anforderungsbereich: II, Verrechnungspunkte: 14*

Die Aufgabe verlangt von Ihnen zunächst zu klären, was „Moderne" heißt. Im Folgenden wird auf eine Einschätzung des Historikers Jürgen Osterhammel zurückgegriffen, die Sie vielleicht im Unterricht behandelt haben. Sie können aber auch andere Begriffsbestimmungen einbeziehen oder Ihre Lösung allgemeiner ohne solche Verweise gestalten. In jedem Fall müssen Sie relevante Aspekte einbringen und diese noch näher erklären; eine bloße Aneinanderreihung von Ereignissen und Entwicklungen im Sinne von „nennen" wird der Aufgabe nicht gerecht. Es ist eine Herausforderung, aus der Fülle politischer, wirtschaftlicher, gesellschaftlich-sozialer, kultureller und technischer Kriterien drei auszuwählen, zumal diese mitunter eng miteinander verknüpft sind. Sollten Sie sich in der Einleitung auf eine bestimmte Definition von „Modernisierung" konzentriert haben, so haben Sie den Stoff schon ein wenig eingegrenzt. Achten Sie darauf, dass Sie die angeführten Aspekte nicht „beurteilen" oder „überprüfen", also differenziert-kritisch untersuchen und infrage stellen; dies würde schon dem AFB III entsprechen. Ein Stolperstein ist die Bezeichnung „Deutschland" für verschiedene politische Einheiten, die es im 19. Jahrhundert auf deutschem Boden (bis 1871 staatlich geteilt) gegeben hat: Heiliges Römisches Reich deutscher Nation (bis 1806), Deutscher Bund (1815–1866), Norddeutscher Bund (1867–1871), Deutsches Kaiserreich (ab 1871). Im Folgenden wurden an relevanter Stelle Anführungszeichen gesetzt.

Klärung des Begriffs „Modernisierung"

Ein Problem der Teilaufgabe ist, dass die Begriffe „**Moderne**" und „**Modernisierung**" so schillernd sind. Unter Historiker*innen gibt es hier keinen Konsens, obgleich sie sich mittlerweile in manchen Punkten einig sind, z. B. darin, dass es vorschnell wäre, den Begriff nur positiv zu verstehen. Es wird viel darüber diskutiert, in welchem Ausmaß die Modernisierungsprozesse im 19. Jahrhundert einen **tiefgreifenden Einschnitt** in der Geschichte der Menschheit darstellten und inwiefern ein klarer **Bruch mit der Vergangenheit** stattfand.

Als Beispiel sei der Historiker **Jürgen Osterhammel** angeführt, der eine Reihe möglicher Merkmale der „Moderne" aufzählt, darunter den Beginn eines **langfristigen wirtschaftlichen Wachstums**, eine **rationale Lebensführung**, die sich auch von religiösen Regeln emanzipierte, und die **Ausweitung politischer Beteiligung**, die mit der Verdrängung der Stände- durch die bürgerliche bzw. Klassengesellschaft, mit Demokratisierungsprozessen und zunehmender Verrechtlichung verbunden war. Anhand dieser Aspekte lässt sich folgendes **Teilbild der Modernisierung in „Deutschland"** zeichnen:

Ein Kennzeichen deutscher Modernisierung war der Beginn eines langfristigen, durch die **Industrialisierung** und wegweisende **technische Neuerungen** vorangetriebenen **wirtschaftlichen Wachstums:** In „Deutschland" erfolgte der **„Take-off"** erst in der zweiten Hälfte des 19. Jahrhunderts, also später als in europäischen Vorreiterländern wie Großbritannien. Dann wurde er aber schnell allgemein spürbar. Nachdem zunächst die **Textil-**, dann die **Eisen- und Stahlerzeugung** als **Schrittmacherindustrien** die Modernisierung vorangetrieben hatten, blühte in der „Hochmoderne" bzw. Hochindustrialisierung ab den 1870er-Jahren die **Elektro- und Chemieindustrie** auf, in der das Kaiserreich bald eine Vorrangstellung einnahm. Begleitet und befördert wurde dieser Prozess u. a. durch den Ausbau der **Infrastruktur** (v. a. Eisenbahn) und durch **neue Finanzierungsmöglichkeiten** (z. B. Kapital- und Aktiengesellschaften).

Kennzeichen der Modernisierung

wirtschaftliches Wachstum durch die Industrialisierung

Ein weiteres Merkmal der Modernisierung war eine immer stärkere **Rationalisierung**, die gerade das Wirtschaftsleben stark prägte. So war es das Ziel, die **Produktionsprozesse** in den Fabriken möglichst effektiv und gewinnbringend zu organisieren. Durch die Betonung der **Vernunft** erlangten die **Wissenschaften** an Bedeutung, besonders die naturwissenschaftlich-technische Forschung. Die Rationalisierung ging mit einer **Säkularisierung der Gesellschaft** einher, also einer gewissen Lösung von kirchlichen Vorgaben und Einflüssen. Zwar gab es weiter Verbindungen zwischen Staat und Religion, wenn man z. B. an die Stellung des preußischen Königs als Oberhaupt der evangelischen Landeskirche denkt. Allerdings versuchte sich die Politik im Kaiserreich von kirchlichen Zwängen zu lösen, z. B. während **Bismarcks „Kulturkampf"** (1871–1878) **gegen den politischen Katholizismus**. Auch wenn die katholische Seite paradoxerweise gestärkt aus der Auseinandersetzung hervorging, haben sich bis heute die Zivilehe und die staatliche Schulaufsicht über kirchliche Schulen durchgesetzt. Zudem traten neue, **religionskritische politische Ideen und Strömungen** auf: So wurde die **Arbeiterbewegung** wesentlich durch die sozialistisch-kommunistische Theorie von Karl Marx und Friedrich Engels bestimmt, die Religion als beruhigendes „Opium für das Volk" sahen. Obwohl die Kirchen um 1900 noch immer in vielen Lebensbereichen präsent waren und die allgemeine Lebensführung v. a. auf dem Land prägten, so hatten sie doch deutlich an (politischer) Macht verloren.

Rationalisierung (Politik, Wirtschaft und Gesellschaft)

Modernisierung war darüber hinaus mit der **Ausweitung politischer Partizipation** verbunden, die im Europa des 18./19. Jahrhunderts sogar wiederholt in (mehr oder weniger erfolgreichen) Revolutionen gefordert wurde. Auch auf deutschem Boden hatte die Bevölkerung um 1900 mehr Möglichkeiten politischer Beteiligung als zu Beginn des 19. Jahrhunderts. Zwar war das 1871 gegründete Deutsche Reich

Ausweitung politischer Partizipation

keine parlamentarische Monarchie wie Großbritannien, allerdings wurde die **Verfassung des Kaiserreichs als durchaus fortschrittlich** betrachtet: Der Reichstag hatte wichtige Rechte inne (z. B. Gesetzgebungs- und Haushaltsrecht); zudem galt auf Reichsebene das gleiche, geheime, allgemeine Wahlrecht (wenn auch nur für Männer über 25 Jahre) und nicht das reaktionäre Dreiklassenwahlrecht wie in Preußen. Über den Föderalismus waren die einzelnen deutschen Länder in die Reichsangelegenheiten eingebunden. Darüber hinaus herrschte im Kaiserreich die in langen Kämpfen geforderte Pressefreiheit, zumindest in gewissem Umfang. Weitere Merkmale der **zunehmenden Politisierung** der deutschen Gesellschaft waren die Entstehung von **Massenorganisationen**, z. B. im Rahmen der **Arbeiterbewegung**, und der Beginn der **Frauenbewegung**, die sich explizit für die Frauenrechte einsetzte und hier die Ausweitung politischer Partizipation einforderte.

2 **TIPP** *Anforderungsbereich: II, Verrechnungspunkte: 14*

Der Operator „analysieren" verlangt, dass Sie das Material M 1 systematisch untersuchen und auswerten. Da es sich um eine Bildquelle handelt, empfiehlt es sich, zuerst den Titel, den Künstler, die Umstände der Entstehung/Veröffentlichung (v. a. Ort, Zeitpunkt) und die möglichen Adressaten zu nennen. Da nicht erwartet werden kann, dass Sie das Gemälde im Unterricht behandelt haben, finden Sie ein paar Hintergrundinformationen in den Hinweisen zum Material, die Sie in Ihre Ausführungen einbeziehen können. Die Bildbeschreibung sollte den Zusammenhang der einzelnen Bildelemente aufzeigen. Nutzen Sie hierfür die Farbabbildung, die Sie über MyStark herunterladen können. Abschließend werden das Gemälde und seine Gesamtaussage im historischen Kontext gedeutet. Lassen Sie sich von der folgenden anspruchsvollen Lösung nicht entmutigen: Sie soll zeigen, welche Aspekte Sie bei Bildanalysen einbringen können, und Ihnen wertvolle Ansatzpunkte für ähnliche Aufgaben liefern (wie Bezüge zur Mythologie, Verweise auf zeitgenössische Gemälde, Literatur, Werbung).

Analyse von M 1
kurze Vorstellung

Das querformatige, **1914** fertig gestellte **Ölgemälde** trägt den Titel **„Die Kruppschen Teufel"** und stammt vom Künstler **Heinrich Kley**. Das **Auftragswerk** des Unternehmens Krupp anlässlich eines Firmenjubiläums hing im Kasino des Krupp-Hüttenwerkes in Duisburg und war somit für dessen Besucher zu sehen.

Beschreibung der Bildelemente
– Fabrik

Das Gemälde zeigt eine **zeitgenössische**, vom Rauch geschwängerte **Stahlfabrik**. Im Hintergrund sowie am linken und rechten Bildrand sind Gerüste zu sehen. Durch die verglaste Rückwand fällt mattes, kaltes Tageslicht, das mit dem **hellen Feuer** im Vordergrund nicht konkurrieren kann.

Sofort ins Auge springen **zwei Figurenensembles**, die sich um die Lohe in der Bildmitte gruppieren. Mehrere schwitzende, geschäftige **Fabrikarbeiter** gehen ihrer jeweiligen Tätigkeit nach und stellen gemeinsam Stahl her. Dazwischen haben es sich **sechs nackte, riesenhafte, teufelsähnliche Gestalten** mit spitzen Ohren und (teils) Hörnern gemütlich gemacht. Manche von ihnen haben Tiegel mit kochendem Stahl in der Hand, während andere mit expressiven Gesten einen Anteil zu fordern scheinen. Diese Szenerie erinnert an ein großes **Besäufnis**. Beide Gruppen interagieren nicht miteinander, auch wenn es den Eindruck macht, als würden die zwei Stahlarbeiter im Zentrum eine neue Portion Stahl für die Teufelsfiguren „zubereiten“. Es scheint, als hätten sich die Männer an die Anwesenheit der Fabelwesen gewöhnt oder als wären Letztere für sie unsichtbar.

– Arbeiter und Teufelsfiguren

Die **Deutung** der Szene hängt davon ab, wie man die **Gestalten**, die sich mit den Arbeitern in der Fabrik aufhalten, **interpretiert**. Der **Titel** des Gemäldes „Die Kruppschen Teufel“ legt nahe, dass es sich um **riesige Teufel** handeln soll, die sich in Krupps Werk die Zeit vertreiben. Lange galten Teufelswesen als **Inbegriff des moralisch Verwerflichen und Gefährlichen**. Tatsächlich wurde die Industrialisierung in der zeitgenössischen Kunst oft mit etwas **Teuflischem und Dämonischem** verglichen. Die Moderne brachte zwar in vielen Lebensbereichen eine Fülle ungeahnter, scheinbar grenzenloser **neuer Möglichkeiten** mit sich. Allerdings lösten die schnellen, tiefgreifenden Umbrüche in Politik, Wirtschaft und Gesellschaft auch **Unsicherheit, Angst und Überforderung** aus. Gerade in Fabriken mit ihren gefährlichen Arbeitsbedingungen waren die Arbeiter mit den ungeheuren Kräften der Industrialisierung konfrontiert.

Deutung im historischen Kontext

– Bedeutung der Teufelswesen

Betrachtet man das Gemälde genauer, so lassen sich zudem **Bezüge zur griechischen Mythologie** herstellen, die dem Gesamtbild etwas Leichtigkeit geben und es zugleich verfremden. Manche der Fantasiewesen, die es sich am Feuer bequem gemacht haben, ähneln verspielten **Satyrn**, den Begleitern des Dionysos (u. a. Gott des Weins), die sich nicht am Alkohol, sondern an flüssigem Stahl berauschen. Die Szenerie in der Fabrikhalle lässt dagegen an die Schmiede des Hephaistos, des Gottes des Feuers und der Vulkane, denken. Tatsächlich hatte es um 1900 Tradition, die **Kräfte der Industrialisierung mythologisch zu illustrieren:** So trägt das wohl berühmteste deutsche Industriegemälde, das „**Eisenwalzwerk**“ von **Adolph von Menzel**, den Untertitel „Moderne Cyklopen“. Auch die **Werbung** arbeitete mit Figuren der griechischen Sagen- und Götterwelt: So verglich die Elektroindustrie die Erfindung des elektrischen Stroms mit Prometheus, der das Licht in die Welt brachte. Durch die mythologischen Bezüge wird der in M 1 abgebildete Arbeitsprozess

– Bezüge zur griechischen Mythologie

verfremdet, ja durch das **groteske Aussehen und Verhalten** der Kreaturen fast schon komisch dargestellt.

Auf der einen Seite stellt der Künstler die Kraft der Maschinen dar, auf der anderen Seite bildet er die Teufel und Satyrn zwar riesig, aber auch verspielt ab. Auf diese Weise verweist er auf den **Umgang der Firma Krupp mit der oft als bedrohlich wahrgenommenen Industrialisierung**. Das Gemälde macht die Beherrschung der für den deutschen „Take-off" entscheidenden Stahlerzeugung durch das Unternehmen deutlich, was die adjektivische Verwendung des Familiennamens im Titel noch unterstreicht: Die „**Kruppschen Teufel**" erscheinen **als dienstbare Geister**, die der Hausherr im Griff hat.

– Beherrschung der Industrialisierung

Die Auftragsarbeit hält den **Stolz der Firma Krupp** fest, Herrin über eine bedeutende Schlüsselindustrie zu sein, die den wirtschaftlichen **Aufstieg Deutschlands vorangetrieben** hat. Zwischen der Reichsgründung und der Jahrhundertwende hatte gerade die **Montanindustrie im Ruhrgebiet** dazu beigetragen, dass das Kaiserreich andere Industrieländer überflügeln konnte. Durch die Darstellung von Kräften, die der Einzelne letztlich kaum kontrollieren kann, strahlt das Bild aber auch eine **lauernde Bedrohlichkeit** aus, wodurch es noch immer aktuell ist: Gerade in der heutigen Gesellschaft sind – neben den Chancen – die **Risiken und Gefahren des „Fortschritts"** (z. B. Gentechnik, Atomtechnologie, Digitalisierung) präsent und werden nicht selten als neues „Spiel mit dem Feuer" gesehen.

Fazit

3 **TIPP** *Anforderungsbereich: II, Verrechnungspunkte: 16*

Der Operator „analysieren" verlangt zunächst, M 2 zu untersuchen und in Bezug zur Entstehungszeit zu setzen. Beginnen Sie Ihre Analyse mit der Bestimmung der formalen Merkmale (Autor, Quellenart, Datierung, Anlass/Ort der Veröffentlichung, Thema, Absicht/Ziel, Adressaten). In der folgenden Lösung finden Sie allgemeine Bemerkungen zu Meyers Konversations-Lexikon. Lassen Sie sich auch hier nicht verunsichern, diese sind als zusätzliche Informationen gedacht, die Ihnen die Quellenart „Lexikonartikel" etwas näherbringen sollen. Fassen Sie den Inhalt kurz zusammen, aber reihen Sie nicht einfach nur Zitate aneinander: Bloßes Nachbuchstabieren wird der Aufgabe nicht gerecht. Bei der indirekten Wiedergabe von Inhalten sollten Sie den Konjunktiv verwenden. Im nächsten Schritt müssen sie die zentralen Punkte in den historischen Kontext einordnen. Beschränken Sie sich dabei auf das Thema und die für die Absicht des Autors wesentlichen historischen Ereignisse und Aspekte. Sprachliche Mittel sollen exemplarisch und in ihrer Funktion für den Inhalt einbezogen werden. Der Vergleich mit der Karikatur M 3 sollte kriteriengestützt sein und vor allem die jeweiligen Sichtweisen auf die Lage der Arbeiterschaft deutlich herausstellen.

Erschienen ist dieser Eintrag zur „**Arbeiterfrage**“ **1905** in **Meyers Großem Konversations-Lexikon**. Das mehrbändige **Nachschlagewerk** war besonders für die **gehobenen Schichten** (v. a. Bürgertum) gedacht; dies lag auch daran, dass sich nicht jeder die Bücher leisten konnte. Bis heute ist es eines der umfangreichsten gedruckten Lexika deutscher Sprache. Typisch ist, dass die **Verfasser der Artikel anonym** blieben und somit der Eindruck gefestigt wird, bei einem Eintrag handle es sich nicht um die Meinung eines Einzelnen, sondern um **gesellschaftlich verfestigtes Wissen**. Trotzdem vermittelt das Lexikon keine allgemeine, sondern eine ganz **bestimmte Weltsicht**, wie man an dem vorliegenden Eintrag sehen kann.

Analyse von M 2
kurze Vorstellung

Der **Auszug des Lexikoneintrags** beschäftigt sich mit der **Sozialen Frage** (hier „Arbeiterfrage“ genannt) und der Rolle der „**Arbeiterfamilien**“. Die „Arbeiterfrage“, also die Frage, wie es den Arbeitern ging und welche Gründe ihre großteils schlechte Lage hatte, wird in M 2 nicht hauptsächlich als **wirtschaftlich-strukturelles**, sondern auch als **moralisches Problem** verstanden, das durch schlechte Eigenschaften und Handlungen Einzelner bedingt ist, v. a. von der **Arbeiterschaft**, aber auch von **Arbeitgebern**.

Inhalt
– Soziale Frage auch als moralisches Problem

In den Mittelpunkt stellt der Verfasser den vermeintlichen **Charakter und die (Sexual-)Moral der Arbeiter**, die zahlreiche schlechte Folgen hätten. Viele Arbeiter seien faul, würden ihr Einkommen u. a. für Alkohol verschwenden, hätten sich von der Religion abgewandt, würden Hass gegen die Unternehmer schüren und sogar gegen Verträge und Gesetze verstoßen (vgl. Z. 9–14). Ihre Ehefrauen seien nicht zu Moral und Häuslichkeit erzogen worden und würden nicht nur wegen ihrer auswärtigen Tätigkeit Haushalt und Kinder vernachlässigen (vgl. Z. 6–8, 14–18). Das Familienleben sei durch die **schlechten Eigenschaften der Eheleute** von Missständen geprägt. Bei unverheirateten Arbeiterinnen sei ebenfalls eine schlechte Moral zu beobachten; auch würden sie sich kaum auf ein Dasein als Hausfrau vorbereiten. Außerdem werden zu frühe Heiraten und der nicht finanzierbare Kinderreichtum kritisiert (vgl. Z. 1–5, 8 f.). Es werden jedoch auch Aspekte genannt, auf die die Arbeiter keinen oder nur bedingten Einfluss hatten: niedrige Löhne, lange Arbeitszeiten, Kinderarbeit, schlechte Wohnbedingungen (vgl. Z. 3, 5 f., 9).

– Rolle der Arbeiterschaft

Den Arbeitgebern hingegen wird vorgeworfen, dass sie **nicht patriarchalisch genug** auftreten würden. Der Autor bemängelt, dass sie sich zu sehr von Egoismus leiten lassen, die Arbeitsbeziehungen zu stark modernisieren und sie als „**reines Vertragsverhältnis**“ (Z. 20) ansehen. Stattdessen hätten die Unternehmer die Verantwortung, sich persönlich **um ihre Belegschaft zu kümmern** und ihr in moralisch-sittlicher Hinsicht ein **Vorbild** zu sein (vgl. Z. 19–26).

– Rolle der Arbeitgeber

Sprachlich-stilistisch ist der Verfasser um **scheinbare Objektivität** bemüht, z. B. durch Formulierungen wie „ist vor allem zu erwähnen“ (Z. 1). Auffallend lange hypotaktische Sätze suggerieren **Detailgenauigkeit und Komplexität**, was besonders am letzten Satz deutlich wird (vgl. Z. 18–26). Die bestimmende rhetorische Figur ist die **Aufzählung** vermeintlicher Tatsachen, allerdings laufen viele Ausdrücke und Begriffe – gerade durch ihre Häufung – auf eine **implizite oder explizite Wertung** hinaus.

Sprache

M 2 muss im Kontext der Debatte über eine **Lösung der Sozialen Frage** gesehen werden, die durch die prekären Arbeits- und Lebensbedingungen und die Notlage der Industriearbeiterschaft ausgelöst wurde. Vor diesem Hintergrund passen die im Lexikoneintrag geäußerten Ansichten zu einer Einstellung, die um 1900 im Kaiserreich schichtübergreifend verbreitet war, nicht nur unter politisch Konservativen, sondern auch unter Liberalen und Katholiken. Damals war die deutsche Gesellschaft noch immer **religiös-moralisch** festgefügt, gerade in **bürgerlichen Kreisen**, aus denen der Verfasser stammen könnte. Damit einher gingen gewisse Vorstellungen vom **Ideal eines „guten Staatsbürgers“** und von der **Stellung und Rolle der Frau**, was ebenfalls in M 2 zum Ausdruck kommt. Allerdings hätten wohl viele Angehörige der Arbeiterschaft und auch des liberalen Bürgertums einer so stark moralisch aufgeladenen Sichtweise auf die Soziale Frage widersprochen. So machten v. a. die **Arbeiterbewegung** und nicht zuletzt die **erstarkende Frauenbewegung** auf strukturelle Rahmenbedingungen und Probleme wie zu geringe Löhne und zu lange Arbeitszeiten aufmerksam, die in M 2 eher am Rande erwähnt werden.

Deutung und Intention im historischen Kontext

Eine weitere Perspektive auf diese Thematik bietet die **Karikatur „Die Lösung der Sozialen Frage“** (M 3). Diese wurde **1898**, also sieben Jahre vor dem Lexikoneintrag, in der für ihren bissigen Stil bekannten **Satirezeitschrift „Simplicissimus“** veröffentlicht. Während in M 2 **moralische Probleme und negative Eigenschaften** der Arbeiter im Mittelpunkt stehen, nimmt der Zeichner **Thomas Theodor Heine** besonders die **Politik** in den Blick.

Vergleich von M 2 mit M 3

unterschiedliche Quellenarten und Themenschwerpunkte

In der linken Bildmitte ist ein **Arbeiter** abgebildet, der dem Betrachter den Rücken zuwendet. Links neben ihm steht ein **Schutzmann** mit Kaiser-Wilhelm-Bart, Pickelhaube, Säbel sowie einer Uniform in den Farben des Kaiserreichs (Schwarz-Weiß-Rot), der offensichtlich die **Obrigkeit** repräsentiert. Freundlich, aber auch ein wenig drohend legt er dem Arbeiter eine Hand auf die Schulter und bietet diesem mit den scheinbar vertraulichen Worten „mein Lieber“ (Unterzeile) **zwei (Lebens-)Wege zur Auswahl** an. Als wäre seine Zukunft bereits vorgezeichnet, schaut der Arbeiter starr zu einem

Überleitung: Inhalte von M 3

Zuchthaus – ein Gefängnis mit schweren Haftbedingungen (v. a. hartem Arbeitszwang) – am Ende der rechten Straße, in drei Kilometern Entfernung. Der linke Weg führt hingegen zu einer „**Luxuswarenfabrik**", deren 17 Schornsteine für eine überbordende Produktivität stehen. Das Angebot des Polizisten, sich zwischen den beiden Optionen zu entscheiden, erscheint auf den ersten Blick gnädig, sogar **verlockend:** Der Weg zur Fabrik ist mit zwei Kilometern um ein Drittel kürzer und auch weniger verschlungen als die Straße zum Gefängnis. Bedenkt man allerdings, dass die **Arbeitsbedingungen in Fabriken** äußerst hart und häufig gefährlich waren und die Arbeiterschaft nur wenig verdiente, so klingt die in der Unterzeile verkündete „**völlige Freiheit**" zynisch, zumal diese angesichts von **nur zwei vorgegebenen Entscheidungsmöglichkeiten** ohnehin zur Farce wird.

Vergleich der Inhalte

– Blick auf die Soziale Frage

Vergleicht man nun den Lexikoneintrag M 2 mit der Karikatur M 3, so lassen sich Unterschiede, aber auch Gemeinsamkeiten bzw. Ähnlichkeiten herausarbeiten. Grundsätzlich scheint der Autor von M 2 zu unterstellen, dass die Arbeiter die Freiheit und die realistische Möglichkeit hätten, sich durch eigenes moralisches Verhalten ein besseres Leben zu schaffen. Hier werden die **persönlichen Angelegenheiten** v. a. der Arbeiterschaft **als ein zentraler Grund für ein allgemeines Übel** angesehen und somit die Privatsphäre der Arbeiter in den Blick genommen. Missstände wie geringe Löhne und überlange Arbeitszeiten, die die Politik durch gesetzliche Vorgaben hätte ändern können, werden nur unter vielen Aspekten aufgezählt. In M 3 macht sich der Karikaturist dagegen durch die plumpe Vertraulichkeit des Schutzmanns und die scheinbare Passivität des Arbeiters lustig über das **Eingreifen der politischen Obrigkeit**, die in das Leben der Betroffenen hineinregieren möchte, aber nur die Tätigkeit in der Fabrik als Möglichkeit anbietet, das Leben der Arbeiter zu verbessern. Da die harten und oft gefährlichen Arbeitsbedingungen ein wesentlicher Bestandteil der Sozialen Frage waren, ist in der Karikatur noch weniger als im Lexikoneintrag eine Lösung in Sicht. Offenbleibt, warum der Weg des Arbeiters in Richtung Zuchthaus vorgezeichnet scheint: durch die soziale Herkunft oder, wie in M 2 erläutert, den Charakter des Arbeiters?

– beteiligte Personen

Während im Lexikonauszug die am Wirtschaftsprozess beteiligten Personengruppen in den Blick genommen werden, bindet die Karikatur die **politische Obrigkeit** in ihre beißende Kritik ein: Diese biete der Arbeiterschaft zu wenig Möglichkeiten, sich ein gutes Leben aufzubauen und von ihrer Hände Arbeit auch zu profitieren, und kümmere sich nicht um ihre wahren Probleme. Die Unternehmer bleiben dagegen in M 3 – anders als in M 2 – ganz im Hintergrund und werden nur durch die Luxuswarenfabrik angedeutet.

Letztendlich werfen beide Quellen einen **unterschiedlichen Blick** auf die Soziale Frage und die Probleme der industriellen Arbeiterschaft um 1900, wobei sie beide die **Situation als durchaus ernst** bewerten.

Fazit

4

TIPP *Anforderungsbereich: III, Verrechnungspunkte: 16*

„Überprüfen" ist ein Operator des AFB III, der von Ihnen ein differenziertes eigenes Urteil zur Fragestellung verlangt. Im Gegensatz zum neutraleren „erörtern" legt diese Arbeitsanweisung nahe, dass die aufgestellte Behauptung nicht vollständig überzeugend ist, auch wenn es das ein oder andere Argument dafür geben mag (das Sie dann auch nennen sollten). Gliedern Sie Ihre Punkte, indem Sie mehrere Beispiele vorstellen und mit Blick auf die These gewichten. Die folgende Lösung beginnt mit dem Argument, das der These am nächsten kommt, und setzt sich dann zunehmend mit Kontra-Aspekten auseinander. Sie greift Inhalte aus den Bereichen Philosophie/Ideengeschichte, Recht, Arbeitswelt und Politik auf. Sollten Sie im Unterricht andere Aspekte zur Rolle der Frau besprochen haben, ziehen Sie diese zur Überprüfung der These heran.

Überprüfung

Die **Industrialisierung** besonders der zweiten Hälfte des 19. Jahrhunderts war mit enormen gesellschaftlichen Umbrüchen verbunden und hatte Auswirkungen auf Arbeitswelten, Familienstrukturen, das Verhältnis von Mann und Frau und den **Wirkungskreis der Frau**.

Stellung der Frau in Philosophie, Weltanschauung und Recht

Die **Aufklärung**, deren Gedanken großen Einfluss auf das 19. Jahrhundert nahmen, brachte zwar die Idee mit sich, dass Frauen einen gewissen Wert hätten und auch Bildung erhalten sollten, trotzdem blieb es weitgehend bei alten Rollenbildern, die Unterschiede zwischen den Geschlechtern betonten und diesen getrennte Wirkungskreise zuwiesen, so der Frau **Haushalt und Familie**. Diese Auffassung wurde von **rassistisch-biologistischen Theorien** im Laufe des 19. Jahrhunderts mit pseudoobjektiven Argumenten verstärkt: Frauen seien körperlichen und geistigen Anstrengungen in der Regel viel weniger gewachsen als Männer. Auch **rechtlich** wurde die Frau weiterhin klar auf die **häusliche Sphäre** verwiesen. 1900 schrieb das eigentlich recht moderne **Bürgerliche Gesetzbuch** die untergeordnete **Rechtsstellung der Frau in der Ehe** fest: So musste sie den Haushalt führen und konnte weder über ihren Wohnsitz noch ihre Arbeitskraft frei entscheiden. Der Ehemann durfte wie ein Vormund z. B. über das von seiner Ehefrau eingebrachte Vermögen verfügen.

Rolle der Frau in der veränderten Arbeitswelt

Ein Blick in die **Arbeitswelt** zeigt jedoch, dass diese Rollenbilder um 1900 bereits **aufgeweicht** wurden. Noch in der ersten Hälfte des 19. Jahrhunderts arbeitete ein Großteil der Menschen auf einem landwirtschaftlichen Hof oder produzierte Güter im Rahmen des Verlagssystems. Frauen waren in diese Tätigkeiten eingebunden (z. B. durch Näharbeiten), ohne den eigenen Haushalt zu verlassen. Durch die Entstehung zahlreicher Arbeitsplätze in Fabriken trennten sich Arbeits- und Lebensbereich allerdings zunehmend voneinander. Da das Familieneinkommen oft nicht ausreichte, gingen immer mehr **proletarische Frauen** einer **Erwerbsarbeit außer Haus** nach und besaßen so neben Haushalt und Familie einen weiteren Wirkungskreis. **Bürgerliche Frauen** dagegen waren in der Regel nicht berufstätig oder gaben ihre Arbeit (z. B. als Lehrerin) mit der Hochzeit auf, um sich auf Familienleben und Kindererziehung zu konzentrieren.

Politisierung der Frau und Entstehung der Frauenbewegung

Blickt man auf **Politik und Gesellschaft** des Kaiserreichs, so lassen sich auch hier **Fortschritte** in der Frauenfrage erkennen. Zwar durften Frauen um 1900 noch nicht wählen, allerdings forderte mit der **SPD** die erste Partei das allgemeine Wahlrecht ohne Unterschied der Geschlechter („Erfurter Programm" von 1891). Als Deutschland das **Frauenwahlrecht** 1919 einführte, gehörte es zu den ersten Ländern der Welt. Und auch viele deutsche Frauen selbst empfanden die Zeit um die Jahrhundertwende als Chance für Veränderung, die sie **über die häusliche Beschränkung hinausführen** sollte. Mit der Gründung des Kaiserreichs hatte der große Aufbruch der **vielgestaltigen Frauenbewegung** begonnen: Es gab konservative, liberale, sozialdemokratische und radikal linke Vereine, in denen sich Frauen u. a. für die Verbesserung ihrer politisch-rechtlichen Lage und für den Zugang zu höherer Bildung einsetzten. Ihr Engagement ging tatsächlich einher mit einem **steigenden Bildungsniveau von Frauen**, die um 1900 in weiten Teilen Deutschlands die Möglichkeit erhielten, das Abitur abzulegen, zu studieren und z. B. als Volksschullehrerinnen zu arbeiten. Zudem waren die Frauenvereine **sozial** tätig, bauten den entstehenden Sozialstaat mit auf und unterstützten schwächere Mitglieder der Gesellschaft, u. a. alleinerziehende Mütter.

Fazit

Vergleicht man die **damalige Stellung der Frauen** mit derjenigen in der heutigen Bundesrepublik, verblassen diese Erfolge zunächst. So dauerte es z. B. noch Jahrzehnte, bis Frauen Spitzenpositionen in Politik, Wirtschaft und Forschung einnehmen sollten. Aber im Kontrast zur ersten Hälfte des 19. Jahrhunderts muss man konstatieren, dass es in der Geschlechterfrage einen **ungeheuren Aufbruch** gab und der Einfluss von Frauen um 1900 **weniger auf Familie und Haushalt** beschränkt war als jemals zuvor. Die These, Frauen seien damals im Kaiserreich „auf Familie und Haushalt beschränkt" gewesen, ist in dieser Einseitigkeit **nicht zu halten**.

WEGE IN DIE MODERNE
(1) Begriff der Modernisierung; (2) Voraussetzungen und Verlauf der europäischen Industrialisierung; (5) Auswirkungen der Industrialisierung auf die europäischen Gesellschaften; (7) Erscheinungsformen der Moderne um die Jahrhundertwende; (9) Migration als Folge der Industrialisierung

Aufgabenstellung

1 Stellen Sie den Verlauf der Industrialisierung im 19. Jahrhundert in Deutschland oder einem anderen Land Ihrer Wahl dar.

2 Analysieren Sie M 1.

3 Analysieren Sie M 2 und vergleichen Sie M 2 mit M 3.

4 Beurteilen Sie, „ob die Industrialisierung selber zur Verelendung und damit zur Massenarmut geführt hat oder ob sich nicht erst mit der industriellen Revolution die drohende Massenverarmung habe aufhalten […] lassen" (Flurin Condrau).
Flurin Condrau: Die Industrialisierung in Deutschland (Kontroversen um die Geschichte, hrsg. von Arnd Bauerkämper, Peter Steinbach, Edgar Wolfrum), Wissenschaftliche Buchgesellschaft: Darmstadt 2005, S. 75.

M1 Ausschnitt aus einem Gedicht von Arno Holz aus seinem „Buch der Zeit“ (1885/86)

Arno Holz (1863–1929) war einer der einflussreichsten Vertreter des Naturalismus. 1886 (vordatiert 1885) veröffentlichte er den Gedichtband „Buch der Zeit. Lieder eines Modernen“ und zwar zunächst in Zürich, da eine Publikation in Deutschland aus politischen Gründen nicht möglich war. Der vorliegende Auszug gehört zum programmatischen Auftakt der Sammlung mit dem Titel „Zum Eingang“. Abgedruckt ist der letzte Abschnitt des Gedichts.

[…]

[D]ie Zeit verliebter Abenteuer,
für mich ist sie schon längst vorbei!

Nein, mitten nur im Volksgewühl,
beim Ausblick auf die großen Städte,
beim Klang der Telegraphendrähte
ergießt ins Wort sich mein Gefühl.

Dann glaubt mein Ohr, es hört den Tritt
von vorwärts rückenden Kolonnen,
und eine Schlacht seh ich gewonnen,
wie sie kein Feldherr noch erstritt.

Doch gilt sie keiner Dynastie,
auch kämpft sie nicht mit Schwert und Keule –
Galvanis[1] Draht und Voltas[2] Säule
lenkt funkensprühend das Genie.

[…]

Drum, dir, die schmerzvoll mich gebar,
dir, jung Zeit aus Blut und Eisen,
leg ich mein Herz und seine Weisen
nun stumm auf deinen Hochaltar!

[…]

Mir schwillt die Brust, mir schlägt das Herz
und mir ins Auge schießt der Tropfen,
hör ich dein Hämmern und dein Klopfen
Auf Stahl und Eisen, Stein und Erz.

Denn süß klingt mir die Melodie
aus diesen zukunftsschwangern Tönen;
die Hämmer senken sich und dröhnen:
Schau her, auch dies ist Poesie!

Sie kehrt nicht nur auf ihrem Gang
in Wälder ein und Wirthshausstuben,
sie steigt auch in die Kohlengruben
und setzt sich auf die Hobelbank.

Auch harft sie nicht als Abendwind
nur in zerbröckelnden Ruinen,
sie treibt auch singend die Maschinen
und pocht und hämmert, näht und spinnt.

Sie schaukelt sich als schwanker Kahn
im blauen, schilfumkränzten Weiher,
sie schlingt den Dampf ums Haupt als Schleier
und saust dahin als Eisenbahn.

Von nie geahnter Kraft geschwellt,
verwarf sie ihre alten Krücken,
sie mauert Tunnels, zimmert Brücken
und pfeift als Dampfschiff um die Welt.

Ja, Wunder tut sie sonder Zahl,
sie lindert jegliches Verhängnis,
sie setzt den Fuss selbst ins Gefängnis
und speist die Armuth im Spital.

[...]

Drum ihr, ihr Männer, die ihr's seid,
zertrümmert euere Trugidole[3]
und gebt sie weiter, die Parole:
Glückauf, glückauf, du junge Zeit!

Aus: Arno Holz: Buch der Zeit. Lieder eines Modernen. Neue Ausgabe, Verlag R. Piper & Co.: München und Leipzig 1905, S. 22–26.

Anmerkungen

1 Galvani: Der italienische Naturforscher Luigi Galvani (1737–1798) legte mit seiner Forschung zu (tierischer) Elektrizität und elektrochemischen Reaktionen im 18. Jahrhundert die Grundlagen für zentrale Erfindungen des 19. Jahrhunderts.

2 Volta: Alessandro Volta (1745–1827) war ein italienischer Physiker, der auf Galvanis Experimenten aufbaute und um 1800 die erste elektrische Batterie entwickelte. Ihm zu Ehren wurde die Einheit für elektrische Spannung „Volt“ genannt.

3 Trugidole: Der Begriff „Idol“ (griech. „eidolon“: Gestalt, Bild) bezeichnet einen Gegenstand oder eine Person, der/die von einem Menschen hochgeschätzt, ja sogar vergöttert wird. Ein „Trugidol“ enttäuscht dagegen diese hohen Erwartungen.

M2 **„Mutterglück“: Karikatur aus der Zeitschrift „Simplicissimus“ (1896) von Thomas Theodor Heine**

Unterzeile: „Jetzt fehlt mir bloß noch ein Mann und dann bin ich eine Familie.“

Thomas Theodor Heine: Mutterglück, in: Simplicissimus 1896 (Jg. 1), Heft 27, S. 8.

Hinweis: Eine Farbabbildung des Bildes zum Download finden Sie unter: https://www.stark-verlag.de/mystark (Code auf den Farbseiten vorne im Buch).

M3 Säuglingssterblichkeit nach Legitimität (= eheliche bzw. uneheliche Herkunft) in Preußen

Jahre	Von 1 000 Lebendgeborenen starben im 1. Lebensjahre bei den			
	Ehelichen		Unehelichen	
	Stadt	Land	Stadt	Land
1876/80	211	183	403	312
1881/85	211	186	398	319
1886/90	210	187	395	332
1891/95	203	187	385	336
1896/1900	195	185	374	336
1901	195	183	377	334
1902	162	162	305	287
1903	183	184	342	332
1904	179	172	333	306
1905	185	188	339	350
1906	168	167	303	303
1907	154	162	281	295
1908	157	166	291	307
1909	146	160	269	288
1910	141	153	257	283
1911	174	179	298	328
1912	130	141	234	262
1913	132	146	241	272
1914	147	159	261	287

Aus: Statistisches Jahrbuch für den Preußischen Staat 1903, S. 30 (Daten 1876/80); 1906, S. 223 (Daten 1881/85 bis 1905) und 1915, S. 34 (restliche Daten), zit. in: Jürgen Kocka u. a. (Hrsg.): Sozialgeschichtliches Arbeitsbuch II. Materialien zur Statistik des Kaiserreichs 1870–1914, 2., durchgesehene Auflage, C.H. Beck: München 1978, S. 36.

Lösungsvorschlag

1 **TIPP** *Anforderungsbereich: II, Verrechnungspunkte: 12*

Der Operator „darstellen" verlangt, einen historischen Ereigniszusammenhang strukturiert zu beschreiben. Hier müssen Sie sich zeitlich auf das 19. Jahrhundert und räumlich auf ein Land Ihrer Wahl beziehen. Verpflichtend für das Abitur 2023 sind Deutschland und England; theoretisch möglich wäre aber auch die im Bildungsplan vorgesehene Modernisierung in Japan und den USA. Gehen Sie einleitend noch kurz auf den Begriff „Industrialisierung" ein.

Einleitung
historische Einordnung der Industrialisierung

Unter „**Industrialisierung**" kann man einen **langfristigen Prozess wirtschaftlicher und gesellschaftlich-sozialer Umbrüche** verstehen: Es änderte sich, wie und wo Güter hergestellt wurden, was auch enorme Auswirkungen auf den Lebensstil der Menschen hatte. Zwar ist umstritten, wann genau die Industrialisierung in deutschen Ländern einsetzte, bis wann sie sich erstreckte und ob sie heute noch andauert. Historiker*innen sind sich aber zumindest einig, dass die Industrialisierung in „Deutschland" deutlich später begann als im „**Mutterland der Industrialisierung**", in **Großbritannien**.

Darstellung der Industrialisierung
Frühindustrialisierung und „Take-off"

Von England aus kamen technische Innovationen aufs Festland, die die in der ersten Hälfte des 19. Jahrhunderts einsetzende **Frühindustrialisierung** auf deutschem Boden prägten (z. B. Spinnmaschine). Gerade in der **Textilindustrie** entstanden erste **Fabriken**, die bisherige Produktionsverfahren (Manufakturen, Verlagssystem) abzulösen begannen. Eine zentrale Rolle auf dem Weg zur „**Ersten Industriellen Revolution**" bzw. zum wirtschaftlichen „**Take-off**" um 1840/50 spielte die **Eisenbahn:** Nach der Eröffnung der ersten Strecke zwischen Nürnberg und Fürth 1835 wuchs die Schieneninfrastruktur in den nächsten Jahrzehnten so stark, dass man ab den 1860er-Jahren von einer „**Verkehrsrevolution**" sprechen kann, was durch die vermehrte Nutzung von Dampfschiffen (interkontinentaler Handel; Auswanderung auch deutscher Arbeitskräfte nach Übersee, v. a. in die USA) verstärkt wurde. Die Eisenbahn erhöhte die **Mobilität** auf dem Festland, schuf kostengünstige Transportmöglichkeiten und förderte durch die steigende Nachfrage nach Eisen und Stahl die **Schwerindustrie**, die zur **Schrittmacherindustrie** wurde.

Unterstützt wurde dieser Prozess durch die politischen Entwicklungen. Nachdem der **Deutsche Zollverein** (1834) und der **Norddeutsche Bund** (1867) schon eine gewisse Vereinheitlichung des Wirtschaftsraums (u. a. Abbau der Binnenzöllen) verwirklicht hatten, profitierte die Wirtschaft stark von der nationalen Einigung und der Gründung des **Deutschen Kaiserreichs** 1871. Neben dem weiteren

Ausbau eines einheitlichen Binnenmarktes vermehrten die Reparationszahlungen des 1871 unterlegenen Frankreich das vorhandene Kapital, welches von risikobereiten Unternehmern investiert werden konnte. All das beflügelte die Wirtschaft, bis sie nach den euphorischen „**Gründerjahren**“ mit dem „**Gründerkrach**“ 1873 ihren ersten großen Dämpfer erlebte.

Hochindustrialisierung

Trotz dieses Rückschlags ging der wirtschaftliche Aufstieg Deutschlands weiter und erlebte seine wohl stärkste Phase zwischen 1880/90 und 1910, die man als „**Hochindustrialisierung**“ oder „**Zweite Industrielle Revolution**“ bezeichnet. Damals wurden die bisherigen Schlüsselindustrien (Eisenbahn, Eisen- und Stahlproduktion, Bergbau) durch **neue Leitsektoren** abgelöst, die Deutschland (zum Teil bis heute) eine weltweite Spitzenposition einbrachten: die Elektro- und die Chemieindustrie sowie der Maschinen- und Automobilbau. Unterstützt wurde diese Entwicklung durch das große Arbeitskräftereservoir in den Industriezentren, den Ausbau des Finanzwesens, eine insgesamt wirtschaftsfreundliche bis **wirtschaftsliberale Politik** und den auf hohem Niveau steigenden Bildungsgrad.

Relativierung: ungleiche Entwicklung

Diese Prozesse verliefen allerdings in den verschiedenen Gebieten Deutschlands **ungleich**. So wuchsen die Städte im **Ruhrgebiet** in hohem Tempo durch ihre reichen Kohlevorkommen und viele Industrien, die sich dort ansiedelten. Dagegen wirkte sich die einsetzende Modernisierung deutlich geringer auf **agrarisch geprägte Regionen** aus, z. B. auf die großen landwirtschaftlichen Güter der preußischen Großagrarier („Junker“). Für dieses Phänomen wird oft der Begriff „Gleichzeitigkeit des Ungleichzeitigen“ gebraucht.

2 **TIPP** *Anforderungsbereich: II, Verrechnungspunkte: 12*

Die Textanalyse verlangt von Ihnen, zentrale Inhalte und Strukturen aus M 1 herauszuarbeiten und diese zu deuten. Ordnen Sie das vorliegende Gedicht auch in den historischen Kontext ein und untersuchen Sie, welche Perspektive Holz einnimmt. Anders als im Fach Deutsch reicht es, wenn Sie ausgewählte sprachliche Merkmale kurz nennen und deren Wirkung dann angeben, wenn sie die Botschaft der Quelle unterstreichen. Beachten Sie zur quellenkritischen Einordnung von M 1 auch die dem Text vorangestellten Hinweise.

Vorstellung von M 1

1886 veröffentlichte der Dichter **Arno Holz** im Alter von 23 Jahren ein langes **Gedicht**, das hier in dem kurzen Ausschnitt M 1 vorliegt. Es trägt den Titel „**Zum Eingang**“ und leitet ein in den Band „Buch der Zeit. Lieder eines Modernen“. Aus politischen Gründen musste es zunächst in der **Schweiz** erscheinen.

Wie der Titel des Buches ankündigt, stellt das Gedicht eine **Würdigung** des als neu empfundenen eigenen Zeitalters, **der „Moderne"**, dar, die **personifziert** und geradezu **religiös verehrt** wird: „leg ich mein Herz und seine Weisen / nun stumm auf deinen Hochaltar!" (V. 19 f.) Immer wieder wird die **„jung[e] Zeit"** (V. 18) **direkt angesprochen**, z. B.: „Drum, dir, die schmerzvoll mich gebar" (V. 17).

Beschreibung und Deutung der Inhalte

Verehrung der Moderne, die direkt angesprochen wird

Insgezeichnet zeichnet Holz ein **positives, ja euphorisches Bild** von den Veränderungen, die mit der **Moderne** und der **Industrialisierung** einhergingen: „Mir schwillt die Brust, mir schlägt das Herz / und mir ins Auge schießt der Tropfen" (V. 22 f.). So werden durch Metaphern und Symbole die **Schlüsselindustrien des 19. Jahrhunderts** verherrlicht und zentrale **Erfindungen** hervorgehoben. Die Produktion in „großen Städte[n]" (V. 5) wird u. a. mit „die Hämmer senken sich und dröhnen" (V. 28) in Szene gesetzt. Die **Stahlindustrie** wird z. B. im Vers „Stahl und Eisen, Stein und Erz" (V. 25) thematisiert. Eng damit verbunden sind **Wahrzeichen** der Industrialisierung: „Maschinen" (V. 36), „Eisenbahn" (V. 41), „Dampfschiff" (V. 45). Der „Klang der **Telegraphendrähte**" (V. 6) unterstreicht, dass große Distanzen nicht nur durch den Ausbau des **Transportwesens**, sondern auch durch neue Formen der **Kommunikation** überbrückt werden konnten. Mit Galvani und Volta (vgl. V. 14), die auf dem Gebiet der **Elektrizität** zum Fortschritt beigetragen haben, nennt der Dichter wichtige Akteure der Modernisierung.

Verherrlichung des Fortschritts

Auffällig ist, dass die Industrialisierung zuerst militärisch als erfolgreiche „**Schlacht** [...], / wie sie kein Feldherr noch erstritt" (V. 10 f.), präsentiert wird (vgl. V. 8–15). Anschließend wird der technische Wandel **auf poetische Weise** beschrieben. Holz verteidigt die Dichtung angesichts eines Zeitalters der Wirtschaft und Wissenschaft: „Schau her, **auch dies ist Poesie!**" (V. 29). Ihm zufolge finden **Literatur und Musik** einen **neuen Platz**, steigen „in die Kohlengruben" (V. 32), setzen sich „auf die Hobelbank" (V. 33), ja werden sogar durch die Maschinen selbst hervorgebracht (vgl. V. 26–37).

militaristisch-poetische Darstellung

Am Ende des Ausschnitts (und des Gedichts) wird auf die **Schattenseite** der Industrialisierung angespielt: die **Soziale Frage**. Es deutet sich aber an, dass Holz die „junge Zeit" (V. 54) selbst als **Lösung vorhandener Probleme** sieht: „Ja, Wunder tut sie sonder Zahl, / sie lindert jegliches Verhängnis, / sie setzt den Fuss selbst ins Gefängnis / und speist die Armuth im Spital." (V. 46–49)

Anspielung auf Schattenseiten

Abschließend appelliert Holz, sich von alten „Trugidole[n]" (V. 52) abzuwenden und **die Moderne begeistert zu begrüßen:** „Glückauf, glückauf, du junge Zeit!" (V. 54) Welche „Trugidole" gemeint sind, muss, auf diesen Ausschnitt bezogen, offenbleiben.

Appell: Hinwendung zur „neuen Zeit"

Aus den vorliegenden Versen sind **viel Stolz und große Begeisterung** herauszulesen. Holz schreibt mit großem Pathos als **Zeitzeuge**, der die tiefgreifenden, alle Lebensbereiche umfassenden Veränderungen des 19. Jahrhunderts miterlebte und sich inmitten des gewaltigen Umbruchs richtig lebendig zu fühlen schien (vgl. z. B. V. 4–7). Mit kaum zu bändigendem Überschwang preist er die **Modernisierung und Mobilisierung**, darunter die **Kommunikations- und Verkehrsrevolution** (u. a. Telegraf, Eisenbahn, Dampfschiff), die hohe Produktivität in den Fabriken, das Anwachsen der Städte und bahnbrechende Erfindungen wie die Elektrizität. Der Dichter feiert die Überwindung bisheriger Grenzen (V. 43: „alt[e] Krücken") und **glaubt fest an den Fortschritt** mit seinen „zukunftsschwangern Tönen" (V. 27). Damit verbunden ist die Zuversicht, dass die Industrialisierung selbst alle Mittel in der Hand hält, damit einhergehende **Probleme wie Armut und Ungleichheit zu lösen**.

Perspektive/Intention im historischen Kontext

Mit seinem abschließenden Appell scheint sich der Dichter an Zeitgenossen zu wenden, die **dem technischen Fortschritt skeptisch** gegenüberstanden und sich dem Gang der Zeit verweigerten, z. B. aus religiösen Gründen. Tatsächlich teilten nicht alle Menschen die scheinbar grenzenlose Euphorie des jungen Schriftstellers. Darüber hinaus **verstellt** die begeisterte Darstellung der Industrialisierung in M 1 den **Blick auf viele Probleme und Fragen der Zeit**, wie die schlimmen Arbeits- und Lebensbedingungen der Unterschicht, die erst kürzlich angelaufene staatliche Unterstützung der Arbeiterschaft (Sozialgesetzgebung der 1880er-Jahre) und die Widerstände, die die Arbeiterbewegung in ihrem Kampf für Veränderungen bewältigen musste („Sozialistengesetz", begrenzte politische Mitwirkung).

3 **TIPP** *Anforderungsbereich: II, Verrechnungspunkte: 18*

Nennen Sie zuerst die wichtigsten Informationen zu M 2 (Künstler, Ort, Datum, Quellenart, Adressaten). Die Bildbeschreibung sollte dann den Zusammenhang der einzelnen Bildelemente aufzeigen. Dabei empfiehlt es sich in diesem Fall, zuerst auf die Bildinhalte einzugehen und die Intention des Karikaturisten dann im historischen Kontext zu betrachten. Zu Übungszwecken finden Sie auch eine Farbversion von M 2 unter MyStark. Der Vergleich mit M 3 sollte Unterschiede und Gemeinsamkeiten der beiden Quellen enthalten; Letzteres mag aufgrund der recht unterschiedlichen Quellenarten auf den ersten Blick schwer erscheinen. Formulieren Sie am Ende ein aussagekräftiges Fazit.

Thomas Theodor Heines Karikatur „Mutterglück" erschien **1896** in der deutschen Kultur- und Satirezeitschrift **„Simplicissimus"** und richtete sich an die Leserschaft dieser Publikation.

Analyse von M 2
kurze Vorstellung

Die Zeichnung im Hochformat zeigt eine **junge Frau** mit feinen Gesichtszügen, die in der Mitte ihrer **ärmlichen Dachgeschosswohnung**, vermutlich in einer Großstadt, steht und ein **Baby** im Arm hält. Sie konzentriert sich klar auf ihr Neugeborenes, wird aber von drei weiteren **kleinen Kindern** umringt, die ihre Aufmerksamkeit einfordern und ihr augenscheinlich das Leben schwermachen: Links bläst ein Mädchen in eine Kindertrompete und zieht ungeduldig am Rock der Mutter. In der Mitte steht der älteste, etwas zerstaust wirkende Junge erwartungsvoll vor ihr. Am rechten Bildrand schreit ein weiteres Kleinkind, ein Spielzeugschaf im Arm. Sie haben offensichtlich Hunger und Durst, was die Milchflasche auf dem Wägelchen andeutet. Außerdem hat eines der Kinder den Hampelmann, der auf dem Boden liegt, mit einer Gabel durchbohrt.

Bildinhalte
– anstrengende Kinderschar

Durch weitere Bildelemente wird die **schwierige Lage der jungen Hausfrau** verstärkt. Das Leben der Familie spielt sich **auf engstem Raum** ab: Im Hintergrund ist ein ungemachtes Bett zu sehen, daneben Besen und Putzeimer. Auf einer Wäscheleine trocknet Kleidung. Rechts neben der Mutter steht die Wickelkommode mit einem Krug Wasser. Am linken Bildrand ist ein Ofen abgebildet; auf dem Herd stehen Topf und Teekessel. Obwohl die Wohnung recht sauber wirkt, werden die **einfachen Lebensbedingungen** und beschränkten Möglichkeiten der Kleinfamilie klar. Die bildliche Darstellung wird noch unterstützt durch den zurückhaltenden Einsatz von Farben: Verwendet werden nur Rot-, Braun- und Schwarztöne.

– einfache Lebensbedingungen

All das verweist auf die **vielen Pflichten und den anstrengenden Alltag der alleinerziehenden Mutter**, denen sie trotz ihrer schwierigen Lage nachkommen möchte. Ein eleganter, modischer Hut und ein Ausgehkleid an einem Haken am rechten Bildrand, die ordentlichen Vorhänge und eine gepflegte Topfpflanze bilden dazu einen **auffälligen Kontrast**. Diese Gegenstände könnten für den Wunsch stehen, ein besseres Leben nach bürgerlichem Idealbild zu führen.

– Überforderung der alleinerziehenden Mutter

Zu diesem Gesamtbild passt der **ironisch**, womöglich sogar zynisch zu verstehende Titel der Karikatur: „**Mutterglück**“. Die Unterzeile „Jetzt fehlt mir bloß noch ein Mann und dann bin ich eine Familie“ ist als eine **Art Seufzer oder Wunsch** zu verstehen, der der Protagonistin in den Mund gelegt wird. Vor diesem Hintergrund lassen ihr Gesichtsausdruck und ihre (fast) geschlossenen Augen **Raum für Interpretation:** Fügt sie sich erschöpft in ihr Schicksal, begreift sie den Ernst der Lage gar nicht richtig, träumt sie von einem besseren Leben oder betrachtet sie das Neugeborene trotz der Anstrengung mit Liebe und stolzem „Mutterglück“?

Zusammenspiel Text- und Bildelemente

Heine **kritisiert** bestimmte **soziale Zustände** seiner Zeit, indem er eine Szene aus dem Leben einer alleinerziehenden Mutter darstellt, offenbar aus dem **Proletariat**. Diese lebt in **einfachen, beengten Wohnverhältnissen**, vermutlich in einer der stark anwachsenden **Städte**. Ihre schwierige Lage wird anhand mehr oder weniger offensichtlicher Details ausgemalt und mit Blick auf **damalige Rollenbilder** überspitzt. Sie erscheint zu erschöpft, um den älteren Kindern Einhalt zu gebieten. Gleichzeitig wird angedeutet, dass sie sich nach einem anderen Leben sehnt. Aufgegriffen werden damals gängige **Geschlechterklischees und Rollenbilder**. Als gesellschaftliches Ideal galt besonders das **bürgerliche Familienbild**, das eine strikte Trennung der Zuständigkeiten von Mann und Frau vorsah: Während der Ehemann das Geld verdiente, sollte sich die Gattin pflichtbewusst um die Kindererziehung, einen geordneten Haushalt und einen einwandfreien Lebenswandel kümmern. Dementsprechend war die Lage alleinstehender, v. a. alleinerziehender Frauen oft sehr schwer, da sie **moralisch abgewertet** wurden und **materiell nicht versorgt** waren. In diesem doppelten Sinn lässt sich der **Wunsch der Protagonistin nach einem Ehemann** deuten.

Intention im historischen Kontext

Auf den ersten Blick fällt der **Vergleich** dieser Karikatur mit einer **Statistik über die Säuglingssterblichkeit in Preußen** 1876–1914 schwer, da der subjektiven, tendenziösen Bildquelle nüchternes Zahlenmaterial gegenübergestellt werden soll. M 3 zeigt die **Anzahl der Babies**, die **im ersten Lebensjahr starben** (Referenwert: 1 000), in **absoluten Zahlen**. Aufgeführt werden Angaben für **ehelich und unehelich geborene Kinder**, jeweils noch unterschieden zwischen **Land und Stadt**.

Vergleich M 2 und M 3
unterschiedliche Quellenarten und Themenschwerpunkte

Zwar zeigen alle vier Spalten keinen geradlinien Trend, da die Zahlen mal stiegen, mal wieder sanken. **Langfristig** betrachtet **ging die Kindersterblichkeit** bei den ehelich geborenen Kindern aber um rund 30 % von 211 (von 1 000) in den Jahren 1876–1885 auf 147 im Jahr 1914 zurück, auf dem Land um nicht ganz 15 % (183 zu 159). Noch unterschiedlicher fällt der Befund bei **unehelichen Neugeborenen** aus: Insgesamt verringerte sich der Anteil in der Stadt um 35 % (403 zu 261), auf dem Land nur um 8 % (312 zu 287).

Überleitung: Inhalt von M 3

Der allgemein zu beobachtende **Rückgang der Säuglingssterblichkeit** ist ein Nachweis für den Fortschritt der **medizinischen Versorgung** und die allmähliche Verbesserung **hygienischer Zustände**. Diese Entwicklung schien sich mehr in den Städten als auf dem Land zu zeigen: Gab es 1876 noch eine höhere Säuglingssterblichkeit in der Stadt als auf dem Land, sowohl bei ehelichen als auch unehelichen Kindern, so kehrte sich dieses Verhältnis bis 1914 um. Ein Umstand änderte sich aber im ganzen Betrachtungszeitraum nicht: Die

Säuglingssterblichkeit war bei den ehelichen wie den unehelichen Kindern **auf dem Land stets größer als in der Stadt**. Dies könnte an verbesserten Lebensbedingungen und schrittweisen Erfolgen bei der Bekämpfung der Sozialen Frage in den Städten liegen, aber auch an höheren moralischen Zwängen und der Aufrechterhaltung traditioneller Moralvorstellungen und Rollenbilder auf dem Land.

vergleichende Betrachtung: Quellenwert und Inhalte

Vergleicht man die **Karikatur** M 2 und die **Statistik** M 3, so zeigt sich, dass es neben der abweichenden Quellenarten noch **inhaltliche Unterschiede** gibt. Heine wirft einen kritischen, überspitzten Blick auf die Lebensverhältnisse einer Alleinerziehenden im Jahr 1896, die den Alltag mit vier kleinen Kindern in beengten Wohnverhältnissen meistern muss. Trotz aller Sorgen, die die Protagonistin zu haben scheint, machen die Kinder aber einen munteren Eindruck und sind weder krank noch gebrechlich. Dem Karikaturisten ging es in der **Momentaufnahme** v. a. darum, den **Fokus auf die Rolle der Frau** zu legen. Die Statistik beschäftigt sich mit dem **Schicksal von Kindern**, konkret der **Säuglingssterblichkeit** 1876–1914, und zeigt einen **langfristigen Trend**, der Anlass zur Hoffnung gab: Die Lage schien sich in den Städten zu ändern, auch für uneheliche Kinder.

Beschäftigt man sich mit den Hintergründen der Materialien, so lassen sich aber Verbindungen knüpfen. Zur hohen Säuglingssterblichkeit trugen vielfach die **schwierigen Lebensverhältnisse** und die **prekäre materielle Lage** der Unterschichten bei, die in M 2 zwar nicht im vollen Ausmaß gezeigt, aber angedeutet werden. Zudem spielten **sozialmoralische Aspekte**, die in M 2 kritisiert werden, eine wichtige Rolle. So war die **Enttabuisierung von Unehelichkeit** in den Städten oft eher der Fall als auf dem Land, sodass alleinerziehende Mütter leichter private, staatliche oder kirchliche Hilfsangebote in Anspruch nehmen konnten.

Fazit

Trotz aller Unterschiede (v. a. Quellenart, inhaltliche Schwerpunkte) geben beide Materialien einen **Einblick in wesentliche Aspekte der Sozialen Frage** und in die **Lebensbedingungen besonders der Unterschichten**, die sich mit der fortschreitenden Industrialisierung sowie verschiedenen Gegenmaßnahmen **allmählich verbesserten**.

4 **TIPP** *Anforderungsbereich: III, Verrechnungspunkte: 18*

Der Operator „beurteilen" gehört zur höchsten Schwierigkeitsstufe. Er verlangt hier, dass Sie zur gegebenen These ein begründetes Sachurteil auf Grundlage Ihres Fachwissens fällen. Halten Sie zunächst den Arbeitsauftrag in eigenen Worten fest. Dann nähern Sie sich der Fragestellung anhand verschiedener Aspekte: Überlegen Sie sich, ob/inwiefern die Industrialisierung zur Bekämpfung von Armut beitrug oder sie vielmehr selbst Ursache von Verelendung war. Halten Sie Ihre Ergebnisse in einem Fazit fest und beziehen Sie dabei noch einmal die Aufgabenstellung mit ein.

Einleitung

Unter den Begriffen „**Industrialisierung**" und „**Industrielle Revolution**", die der Historiker **Condrau** synonym verwendet, versteht man einen tiefen Einschnitt in wirtschaftlich-soziale Verhältnisse, der oft positiv betrachtet wird. Diese stillschweigende Überzeugung wird hier aber zur Diskussion gestellt: Hat die Industrialisierung im 19. Jahrhundert dazu geführt, dass **Armut gelindert** wurde, oder hat sie Benachteiligte vielmehr **tiefer ins Elend gestürzt**?

Beurteilung

positive Folgen der Industrialisierung

Der Blick auf **abstrakte Daten** zeigt zunächst einmal eine Reihe positiver Folgen der wirtschaftlichen Umwälzung. Im Laufe des 19. Jahrhunderts (vor allem in der zweiten Hälfte) stiegen das **Wirtschaftswachsum** und der **allgemeine Wohlstand** in den deutschen Ländern und ab 1871 im Kaiserreich kontinuierlich an, wenn auch nicht so abrupt, wie man es von einer „Revolution" vermuten würde. Dabei profitierten zahlreiche Menschen im Privat- und Berufsleben von den **bahnbrechenden Fortschritten** der Zeit: Erfindungen wie die Dampfmaschine aus Großbritannien und der in Deutschland perfektionierte Elektromotor revolutionierten die Arbeitswelt, die sich immer stärker in **Fabriken** abspielte. Dort gab es viel Arbeit, auch für ungelernte Kräfte. Die Landwirtschaft war u. a. durch neue Anbauverfahren und chemische Düngemittel produktiver denn je, was der Lebensmittelversorgung zugute kam. Die **Eisenbahn** als Motor der **Verkehrsrevolution** ermöglichte mehr Mobilität und konnte z. B. Hungerkrisen durch den schnellen Transport von Gütern entgegenwirken. Die **Lebenserwartung** verlängerte sich aufgrund der Verbesserung **hygienischer Bedingungen** (z. B. Kanalisation in den wachsenden Städten) und wegweisender Fortschritte in der **Medizin** (z. B. Medikamente); auch die Kindersterblichkeit sank (vgl. M 3).
An einem Beispiel werden die positiven Auswirkungen der „Industriellen Revolution" direkt greifbar: Sie half dabei, die Massenarmut der 1830er-/1840er-Jahre zu überwinden. Die **Pauperismuskrise** war nicht auf die Industrialisierung, sondern v. a. auf das enorme Bevölkerungswachstum um 1800 in Verbindung mit einer unzureichenden Versorgungslage (Missernten, Hungersnöte) zurückzuführen und konnte durch zunehmenden **Arbeitsplätze in der aufstrebenden Industrie** sogar gelindert werden.

negative Folgen der Industrialisierung

Andererseits brachten die tiefen Einschnitte in die wirtschaftlichen Verhältnisse für zahlreiche Menschen **Verelendung und Armut** mit sich, was mit dem Begriff „**Soziale Frage**" zusammengefasst wird. Dies lag v. a. an den veränderten **Arbeits- und Lebensbedingungen der Industriearbeiterschaft**, die deutlich weniger und später vom

allgemeinen Wohlstand profitierte als andere Gesellschaftsschichten (v. a. Bürgertum). Die streng rational organisierte **Fabrikarbeit** war durch den Einsatz von Maschinen, überlange Arbeitszeiten und fehlende Schutzmaßnahmen anstrengend und sogar gefährlich. Da viele Menschen auf der Suche nach Arbeit in die Industriezentren zogen (**Binnenmigration**), kam es zum Überangebot an billigen Arbeitern und zu Niedrigstlöhnen, gerade für ungelernte Kräfte. Auch Frauen und sogar Kinder gingen arbeiten, um den Unterhalt der Familien zu bestreiten. Vor allem in den **Großstädten** mit ihren „Mietskasernen" zeigte sich die Massenarmut. Das Proletariat lebte unter einfachsten Bedingungen auf engstem Raum, häufig wurde an „Schlafgänger" untervermietet, für ein Privatleben war weder Zeit noch Platz. Die **hygienischen Bedingungen** waren anfangs noch katastrophal, trotz aller medizinischen Fortschritte betrafen **Krankheiten** (z. B. Cholera) stärker die Armen. Diese Punkte zeigen, dass die Industrialisierung nicht allen Beteiligten (sofort) zugute kam und die enormen wirtschaftlichen Veränderungen auch viele negative Folgen hatte.
Relativierend muss angemerkt werden, dass die **Soziale Frage** und ihr Konfliktpotenzial durchaus in Politik, Wirtschaft und Gesellschaft als Problem **gesehen** wurden. So gab es Versuche von Staat, Betrieben und Kirchen, das durch die Industrialisierung ausgelöste Elend zu bekämpfen. In den 1880er-Jahren trieb **Bismarck** die weltweit erste **Sozialgesetzgebung** voran, die Versorgungsleistungen bei Unfall, Krankheit, und Invalidität sowie im Alter bot. Auch wenn Betroffene finanziell weniger unterstützt wurden als im heutigen Sozialstaat, trugen die Sozialversicherungen doch zu einer gewissen Entlastung bei.Weitere staatliche Maßnahmen bewirkten die Verringerung der Arbeitszeit und die Regulierung bzw. das Verbot von Kinderarbeit. Aus Eigeninteresse, aber auch aus Verantwortungsbewusstsein trafen Unternehmer (z. B. Krupp) Vorkehrungen, um ihrer eigenen Belegschaft zu helfen. Außerdem begann sich die Arbeiterschaft zu organisieren und im Rahmen der Arbeiterbewegung selbst für die Veränderung ihrer schwierigen Lage einzutreten.

Fazit

Das Fazit fällt **ambivalent** aus, sodass beiden Teilen von Condraus Fragestellung **in gewisser Hinsicht zugestimmt** werden muss. Zwar brachte die Industrialisierung viele Verbesserungen mit sich, erhöhte den allgemeinen Lebensstandard und konnte zur Überwindung der vorindustriellen Pauperismuskrise beitragen. Andererseits profitierten nicht alle Menschen sofort von diesen Fortschritten, dazu kamen zahlreiche neue Probleme, die v. a. zulasten der Industriearbeiter gingen. Es bedurfte grundlegender Eingriffe in den Arbeitsmarkt sowie der gezielten Unterstützung der armen Bevölkerungsteile, damit auch diese mehr **an den positiven Auswirkungen des Fortschritts teilhaben** konnten.

WEST- UND OSTEUROPA NACH 1945: WEGE IN DIE POSTINDUSTRIELLE ZIVILGESELLSCHAFT

(4) wirtschaftlicher Aufschwung in West- und Osteuropa bis Anfang der 1970er-Jahre; (8) Aufbruchsversuche in West und Ost zu mehr Bürgerbeteiligung; (9) wirtschaftliche Krisen der 1970er- und 1980er-Jahre; (11) Zusammenbruch des Ostblocks

Aufgabenstellung

1 Stellen Sie Ursachen und Auswirkungen des wirtschaftlichen Aufschwungs in der Bundesrepublik bis in die 1970er-Jahre dar.

2 Analysieren Sie die Statistiken M 1 a–c.

3 Beurteilen Sie die Bedeutung von Aufbruchsversuchen in der DDR-Gesellschaft der 1970er- und 1980er-Jahre.

4 Analysieren Sie M 2 und vergleichen Sie M 2 mit M 3.

M 1a Gesamtwirtschaftliche Entwicklung der Bundesrepublik in den Jahren 1970 –1985

Jahr	Inflation (Veränderung in %)	Erwerbspersonen[1] (in Tausend)	Arbeitslose (in Tausend)	Arbeitslosenquote (in %)	Wachstumsraten Bruttosozialprodukt (in %)
1970	3,3	26 817	149	0,7	5,4
1975	5,9	27 184	1 074	4,6	–1,1
1980	5,5	27 948	889	3,6	0,9
1985	2,0	28 879	2 304	8,9	1,9

Auszug aus Tabellen in: Dieter Grosser, Stephan Bierling, Beate Neuss (Hgg.): Deutsche Geschichte in Quellen und Darstellung, Bd. 11: Bundesrepublik und DDR 1969–1990, Philipp Reclam: Stuttgart 1996, S. 84 f., 137.

Anmerkung

1 Erwerbspersonen = beschäftigte Arbeitnehmer plus Arbeitslose

M 1b Entwicklung der Sektoren/Wirtschaftsbereiche und ihres Anteils an der Wirtschaftsleistung der Bundesrepublik

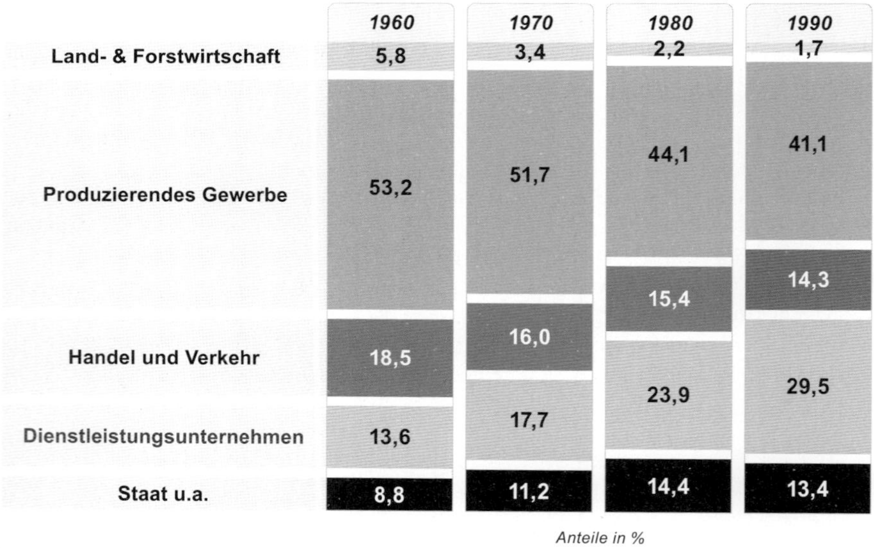

Eigene Darstellung nach Zahlen des Statistischen Bundesamts (Angabe 1990 für altes Bundesgebiet).

Anmerkung

Der Dienstleistungssektor umfasst eine Reihe von privaten und öffentlich-staatlichen Angeboten (u. a. Handel, Verkehr, Banken, Versicherungen, Telekommunikation, Bildung und Gesundheit).

M1c Erwerbstätige nach Wirtschaftssektoren (Anteile in Prozent)

	1970	1975	1980	1985
Land- und Forstwirtschaft, Fischerei (primärer Sektor)	8,4	6,6	5,1	4,4
Produzierendes Gewerbe (sekundärer Sektor)	46,5	42,4	41,1	38,1
Übrige Wirtschaftsbereiche, Dienstleistungen (tertiärer Sektor)	45,1	51,0	53,8	57,5

Aus: www.destatis.de/DE/Themen/Wirtschaft/Konjunkturindikatoren/Lange-Reihen/Arbeitsmarkt/lrerw13a.htm (letzter Zugriff: 12. 3. 22)

M2 Rede Michail Gorbatschows anlässlich des 70. Jahrestages der russischen Oktoberrevolution (Moskau, 2. November 1987)

Der Marxismus-Leninismus als schöpferische Lehre ist keine Sammlung fertiger Rezepte und doktrinärer Vorschriften. [...]

Die Umgestaltung ist nicht nur das Abschütteln von Stagnation und Konservatismus der vorausgehenden Periode und die Ausbesserung zugelassener Fehler, sondern auch die Überwindung historisch begrenzter, überholter Züge der Gesellschaftsorganisation und der Arbeitsmethoden. [...]

Unsere Hoffnung auf die revolutionäre Läuterung und Wiedergeburt besteht darin, die gewaltigen sozialen Ressourcen des Sozialismus durch Aktivierung der Persönlichkeit, des Faktors Mensch zu erschließen. [...]

Zwei Schlüsselprobleme der gesellschaftlichen Entwicklung bestimmen das Schicksal der Umgestaltung. Das sind die Demokratisierung des gesamten gesellschaftlichen Lebens und eine radikale Wirtschaftsreform. [...]

Jeder Mensch besitzt seine sozialen Erfahrungen, seinen Stand von Wissen und Bildung, seine Besonderheiten bei der Rezeption des Geschehens. Daher rührt das ungewöhnlich breite Spektrum von Meinungen, Überzeugungen und Bewertungen [...]. Wir sind für eine mannigfaltige öffentliche Meinung, für ein reiches geistiges Leben. Wir brauchen keine Angst davor zu haben, schwierige Probleme der gesellschaftlichen Entwicklung offen aufzuwerfen und zu lösen, Kritik zu üben und zu diskutieren. Gerade unter solchen Bedingungen setzt sich die Wahrheit durch, formen sich richtige Entscheidungen. [...]

Genossen! Eine feste Basis für den beschleunigten Vormarsch in allen Richtungen kann nur durch grundlegende Veränderungen in der Wirtschaft geschaffen werden. Auch die Umgestaltung selbst wird ihre ganze Stärke nur dann erreichen, wenn sie die ganze Volkswirtschaft von Grund auf aufrüttelt. Das seinerseits ist verknüpft mit tiefgreifenden Wandlungen im Wirtschaftsmechanismus, im gesamten System der Wirtschaftsleitung.

Die im Lande eingeleitete radikale Wirtschaftsreform verfolgt das Ziel, in den nächsten zwei bis drei Jahren den Übergang vom übermäßig zentralisierten und weisungsgebundenen Leistungssystem zu einem demokratischen System zu sichern, das vorwiegend auf ökonomischen Methoden, auf einem optimalen Verhältnis von Zentralleitung und Selbstverwaltung beruht. […]

Aus: Die Revolution geht weiter. Oktoberrevolution und Perestroika. Rede Michail Gorbatschows zum 70. Jahrestag der Oktoberrevolution. Edition Marxistische Blätter: Düsseldorf 1987, S. 18, 55, 57, 61 f.; Übersetzung: Lutz Lehmann.

M3 **Karikatur von Horst Haitzinger aus einer westdeutschen Zeitung vom 29. 1. 1988**

Lösungsvorschlag

1 **TIPP** *Anforderungsbereich: II, Verrechnungspunkte: 14*

Die Teilaufgabe verlangt, dass Sie Ursachen und Auswirkungen des wirtschaftlichen Aufschwungs in der Bundesrepublik von ihrer Gründung im Jahr 1949 bis zum Ende des „Wirtschaftswunders" in den 1970er-Jahren darstellen. Erklären Sie zuerst, warum der Wirtschaftsboom stattfand, und thematisieren Sie dann die Folgen für die westdeutsche Gesellschaft. Eine reine Aufzählung von Ereignissen und Begriffen reicht nicht aus. Achten Sie auf die korrekte Verwendung der Fachsprache und eine logische Argumentationsstruktur.

„Wirtschaftswunder" in der Bundesrepublik

Westdeutschland erlebte nach dem Zweiten Weltkrieg eine lange Phase des wirtschaftlichen Aufschwungs mit einem starken Wirtschaftswachstum, die als „**Wirtschaftswunder**" und **Nachkriegsboom** bezeichnet wird.

Ursachen
- keine zu starken Zerstörungen

Dafür gibt es mehrere Ursachen. So war die **westdeutsche Industrie** im Krieg **weniger zerstört** worden als zunächst angenommen. Die alliierten Luftangriffe hatten zwar die **Infrastruktur** weitestgehend zerstört, den Nachschub an Ressourcen und Vorprodukten unterbrochen und die Produktion zum Erliegen gebracht. Die **Fabrikanlagen** selbst waren aber **oft intakt** geblieben. Dies ermöglichte der westdeutschen Wirtschaft eine **schnelle Erholung**, da die Infrastruktur in kurzer Zeit erneuert werden und der Wirtschaftsstandort an **alte Kapazitäten** anknüpfen konnte. Zudem waren noch genug **Kapital** und **Expertise** vorhanden, auf die man zurückgreifen konnte.

- Unterstützung durch den Marshallplan

Der wirtschaftliche Wiederaufbau wurde von den **USA** unterstützt, da der Westen Deutschlands als **Bollwerk gegen den Sowjetkommunismus** zunehmend in den Fokus der US-amerikanischen Europapolitik geriet. Von den Geldzahlungen und Güterlieferungen aus dem **Marshallplan**, die die USA ganz Europa anboten, profitierten auch die drei Westzonen und ab 1949 die Bundesrepublik. 1948 trieben die Vereinigten Staaten die **Währungsreform** im Westen voran. Die neue **D-Mark** sollte die Menschen von einer freien Wirtschaftsordnung überzeugen und für **Stabilität** sorgen. Von einem Tag auf den anderen konnte man **genügend Waren** mit echtem Geld in den Läden kaufen und musste Güter nicht mehr auf dem Schwarzmarkt besorgen. In der Folge entwickelte sich die D-Mark zu einer **starken, erfolgreichen Währung**.

- Währungsreform

- Soziale Marktwirtschaft

Unterstützt wurde diese Entwicklung durch die **Soziale Marktwirtschaft:** Die Produktionsmittel blieben in privater Hand, die Preisbildung fand am Markt über Angebot und Nachfrage statt, der **freie**

Wettbewerb wurde politisch gewährleistet, der Staat sollte so wenig wie möglich eingreifen. Allerdings wollte man soziale Härten durch eine **aktive Sozialpolitik** auffangen. Nach dem Motto „**Wohlstand für alle**“ des ersten Wirtschaftsministers Ludwig Erhard ergänzte man die Marktwirtschaft daher durch soziale Ausgleichszahlungen, Versicherungen und Armenfürsorge. Im Rahmen des **Sozialstaats**, der zu einem zentralen Merkmal der Bundesrepublik wurde, half man zunächst Opfern des Zweiten Weltkriegs, v. a. Witwen, Waisen, Invaliden, Wohnungslosen und Vertriebenen. 1957 führte die Regierung Adenauer die **umlagenfinanzierte, „dynamische“ Rente** ein, mit der die Altersarmut gelindert werden konnte. In den Folgejahren expandierte der Sozialstaat weiter.

– Einbindung in den europäischen und internationalen Handel

Darüber hinaus erschloss die Einbindung in den **europäischen** und den **Welthandel** der Bundesrepublik **wichtige Absatzmärkte**. Der **Koreakrieg 1950–1953** kurbelte die Weltkonjunktur an („Korea-Boom“), wovon die westdeutsche Konsumgüterproduktion deutlich profitierte. Zudem legte Westdeutschland zusammen mit fünf weiteren westeuropäischen Staaten mit EGKS 1951 und EWG 1957 den Grundstein für einen **europäischen Wirtschaftsraum**.

Auswirkungen
– Wohlstand für weite Teile der Bevölkerung

Die Auswirkungen auf die westdeutsche Gesellschaft waren enorm und **stabilisierten** das neu etablierte System nachhaltig. Menschen, die zum Teil zwei Weltkriege sowie (Hyper-)Inflation und Weltwirtschaftskrise erlebt hatten, sahen eine bisher ungekannte **Zunahme von Wohlstand**. Bis zum ersten „Ölpreisschock“ 1973 wuchs die Wirtschaft kontinuierlich. Die **Reallöhne** stiegen; gleichzeitig sank die Arbeitszeit, wodurch viele Menschen mehr Freizeit hatten. Die Arbeitsplätze waren sicher, es herrschte quasi **Vollbeschäftigung** und sogar **Arbeitskräftemangel**, der mit **Gastarbeitern** aus Südeuropa kompensiert wurde. Auch Arbeiter und einfache Angestellte konnten sich nun **Konsumgüter** kaufen, die vor dem Boom Luxusprodukte gewesen waren (z. B. Fernseher, Kühlschränke, Telefone, Autos). Erste Urlaubsaufenthalte im Ausland wurden erschwinglich. In der Bundesrepublik entwickelte sich eine **Konsumgesellschaft**.

Das „Wirtschaftswunder“ brachte der breiten Bevölkerung relativen **Wohlstand** und vielfältige **Konsumchancen**. Bildung und Leistung ermöglichten die Verbesserung der eigenen Lebenssituation. Die **soziale Mobilität** nahm zu, ein Aufstieg aus den unteren Schichten der Gesellschaft war leichter möglich. In diesem Zusammenhang wird oft von der **nivellierten Mittelstandsgesellschaft** gesprochen, die durch eine breite Mittelschicht mit ähnlichen Lebensbedingungen gekennzeichnet sei. Zwar profitierten nicht alle Menschen gleichermaßen vom Wirtschaftsboom, doch konnten Schwächere durch die Sozialpolitik aufgefangen werden.

Die **politische Stabilität** der westdeutschen Demokratie stellte nach den Verbrechen der NS-Diktatur und dem Zweiten Weltkrieg einen großen Erfolg dar, der ohne das „Wirtschaftswunder" nicht zu erklären ist. Zwar hatten sich die Mütter und Väter des Grundgesetzes Gedanken über eine kluge Ausgestaltung der neuen politischen Ordnung gemacht; zudem gelang es der Bundesrepublik 1954/55, ihre **Souveränität** fast vollständig wiederzugewinnen, in die NATO aufgenommen zu werden und im Rahmen der europäischen Integration internationale Anerkennung zu erlangen. Die Zustimmung der eigenen Bürgerinnen und Bürger wurde allerdings stark durch den beispiellosen Anstieg des Wohlstands unterstützt. Der Wirtschaftsboom steigerte nicht nur das Selbstbewusstsein, sondern nahm auch viele Menschen für die **liberale Demokratie nach westlichem Vorbild** ein. Selbst überzeugte Antidemokraten, die die Republik ablehnten, mussten anerkennen, dass im neuen System ein Wohlstand erreicht wurde, den die deutsche Bevölkerung so vorher nicht gekannt hatte.

– Akzeptanz für das neue politische System

Der **wirtschaftliche Aufschwung in Westdeutschland** nach dem Zweiten Weltkrieg, der bis in die 1970er-Jahre anhielt, hatte mehrere Ursachen, brachte der Bevölkerung großen Wohlstand und führte zur Herausbildung einer **Konsumgesellschaft**. Auch sind die politische Stabilität und der Erfolg der westdeutschen Demokratie ohne das „**Wirtschaftswunder**" nicht zu erklären.

Fazit

2 **TIPP** *Anforderungsbereich: II, Verrechnungspunkte: 14*

Die zweite Teilaufgabe verlangt von Ihnen eine systematische Auswertung von drei Materialien. Stellen Sie M 1 a–c jeweils kurz vor und beschreiben Sie dann die zentralen Aussagen. Machen Sie deutlich, ob es sich im konkreten Fall um absolute oder relative Zahlen handelt und setzen Sie die Zahlen zueinander in Beziehung. Anschließend erläutern Sie den historischen Hintergrund, nämlich die wirtschaftliche Entwicklung Westdeutschlands in den 1970er- und 1980er-Jahren, und stellen dabei den Bezug zu den Materialien her.

Analyse von M 1 a
kurze Vorstellung

Die **Statistik** M 1 a zeigt tabellarisch wesentliche Angaben zur **wirtschaftlichen Entwicklung** der Bundesrepublik **1970–1985** in Fünfjahresschritten: Inflation, Zahl der Erwerbspersonen und Arbeitslosen, Arbeitslosenquote und Wachstumsrate.

zentrale Aussagen

Betrachtet man die verschiedenen Kategorien und Kennziffern der westdeutschen Volkswirtschaft, so entwickelte sich nur die **Zahl der Erwerbspersonen** durchgehend positiv. 1970 waren 26 817 000 als Erwerbspersonen registriert, 1975 waren es bereits mehr als 27 Millionen. Bis 1985 wuchs diese Zahl auf rund 28,9 Millionen an.

Die anderen Indikatoren ergeben **kein so eindeutiges Bild** und weisen auf Phasen der wirtschaftlichen **Stagnation bzw. Rezession** hin. Während für 1970 noch ein **Wirtschaftswachstum** von 5,4 % festzustellen ist, schrumpfte die westdeutsche Wirtschaft 1975 und verzeichnete mit -1,1 % den schlechtesten Wert. Diese negative Entwicklung spiegelte sich am **Arbeitsmarkt** wider: 1970 herrschte mit 149 000 Arbeitslosen und einer Arbeitslosenquote von 0,7 % quasi Vollbeschäftigung. Bis 1975 verachtfachte sich die Arbeitslosigkeit jedoch, bei einer Arbeitslosenquote von 4,6 %. 1980 scheint sich die Lage wieder etwas entspannt zu haben, ohne aber auf das Vorkrisenniveau zurückgekehrt zu sein. Die Arbeitslosenquote sank auf 3,6 %, zudem war laut M 1 a ein **leichtes Wirtschaftswachstum** von 0,9 % zu verzeichnen. Dieses Bild bestätigt sich beim Blick auf den **Geldwert:** 1970 lag die **Inflationsrate** bei 3,3 %, schnellte 1975 auf 5,9 % und ging innerhalb der nächsten fünf Jahre etwas zurück auf 5,5 %. Bemerkenswert ist das Jahr 1975, in dem sowohl die **Inflation** als auch die wirtschaftliche **Rezession** ihren **Höchststand** erreichten.

Das Jahr 1985 zeigt **keine eindeutige Entwicklung:** Die Anzahl der Erwerbspersonen stieg weiter, die Inflation sank auf 2 %, die Wirtschaft wuchs wieder etwas deutlicher (1,9 %). Diese **positiven Tendenzen** spiegelten sich jedoch nicht auf dem Arbeitsmarkt wider: Die **Arbeitslosigkeit** war mit 2,3 Millionen Arbeitslosen und einer Arbeitslosenquote von 8,9 % auf einem **Rekordwert**.

Analyse von M 1 b und M 1 c
kurze Vorstellung

Die zwei anderen Materialien verdeutlichen **strukturelle Veränderungen** der westdeutschen Wirtschaft. Das **Säulendiagramm** M 1 b zeigt den Anteil, den **Wirtschaftsbereiche** wie Land-/Forstwirtschaft, produzierendes Gewerbe, Handel/Verkehr und Dienstleistungen an der **gesamtwirtschaftlichen Leistung** hatten, und zwar in den Jahren 1960, 1970, 1980 und 1990. Die tabellarisch dargestellte **Statistik** M 1 c thematisiert auch die Rolle des **primären, sekundären und tertiären Sektors**, konzentriert sich allerdings in Fünfjahresschritten auf den Anteil der **Erwerbstätigen** 1970–1985.

zentrale Aussagen

1960 war die Bundesrepublik ein **Industriestaat**, in dem das produzierende Gewerbe für 53,2 % der wirtschaftlichen Gesamtleistung verantwortlich war und somit eine **Schlüsselposition** einnahm. Bis 1970 sank der Anteil leicht, betrug aber immer noch 51,7 %; zudem waren die meisten Menschen weiterhin in der Industrie beschäftigt (46,5 %). In den nächsten Jahren vollzog sich allerdings ein **tiefgreifender Wandel** der Wirtschaftsstruktur. So arbeiteten 1975 mit 51 % mehr Erwerbstätige im **tertiären Dienstleistungssektor** als in der Industrie (42,4 %). Auch überholten die Bereiche „Handel und Verkehr“, „Dienstleistungsunternehmen“ und „Staat u. a.“ zwischen 1970 und 1980 zusammen das produzierende Gewerbe (1980:

53,7 % zu 44,1 %) in ihrem Beitrag zur wirtschaftlichen Gesamtleistung; noch eindeutiger fiel dieses Verhältnis 1990 aus (57,2 % zu 41,1 %). Die beiden Statistiken verdeutlichen also den Strukturwandel der Bundesrepublik **von der Industrie- zur Dienstleistungsgesellschaft**. Die **Landwirtschaft**, die bis zur Industrialisierung jahrhundertelang das wirtschaftliche Leben geprägt hatte, spielte nur noch eine kleine Rolle: Der Beitrag des primären Sektors an der Wirtschaftsleistung sank zwischen 1960 und 1990 von 5,8 % auf 1,7 %; die Beschäftigtenzahl halbierte sich von 1970 bis 1985 fast.

historischer Hintergrund

Die Materialien zeigen das **Ende des „Wirtschaftswunders"** sowie den **Strukturwandel** der westdeutschen Wirtschaft in den 1970er- und 1980er-Jahren. Der enorme wirtschaftliche Aufschwung der Nachkriegszeit war vorbei. Inzwischen waren die Kriegsschäden beseitigt und viele Konsumbedürfnisse befriedigt; auch war die wirtschaftliche Aufholjagd Europas auf die USA beendet.

Dazu kamen **internationale Entwicklungen**, die stark zur ökonomischen **Stagnation und Rezession** in der Bundesrepublik beitrugen: So brach Anfang der 1970er-Jahre das **internationale Währungssystem von Bretton Woods** mit dem US-Dollar als Leitwährung zusammen; an den Devisenmärkten bestimmten sich die Wechselkurse fortan **flexibel** nach Angebot und Nachfrage. Die daraus entstehenden Unsicherheiten destabilisierten die Weltwirtschaft, was gerade für die **exportstarke westdeutsche Industrie** von zentraler Bedeutung war. Zudem wirkten sich die **zwei Ölkrisen** bzw. **„Ölpreisschocks"** 1973 und 1979/80 negativ auf die westlichen Industriestaaten aus; auch Westdeutschland wurde stark von den Preiserhöhungen durch die ölproduzierenden Länder getroffen. Öl hatte als Energieträger erst die Kohle abgelöst und war in vielen Branchen unverzichtbar. Das knappere Angebot und die zusätzlichen Kosten waren wesentliche Gründe für die Stagnation und sogar **Rezession**, die in M 1 a zu sehen ist. Da diese Entwicklung mit einer **hohen Inflationsrate** einherging (vgl. M 1 a), spricht man von **Stagflation**.

Die Krise der deutschen Volkswirtschaft lässt sich auch an der **stark gestiegenen Arbeitslosigkeit** sehen: Während 1970 Vollbeschäftigung herrschte, nahm die Zahl der Arbeitslosen rund um die beiden Ölkrisen klar zu (vgl. M 1 a) und befand sich 1985 auf einem Höchststand, obwohl schon eine gewisse wirtschaftliche Erholung eingesetzt hatte. Dies zeigt, dass auch der damalige **Strukturwandel** (vgl. M 1 b und M 1 c) mit seinen Folgen für den Arbeitsmarkt zu berücksichtigen ist. Der **technologische Fortschritt** (v. a. Mikroelektronik, Computertechnik, Telekommunikation) ermöglichte Produktionsprozesse, für die weniger Arbeitskraft gebraucht wurde. **Automatisierung**, **Rationalisierung** und **Digitalisierung** steigerten zwar die

Effizienz, setzten aber auch Arbeitskräfte frei. Dazu kam der **Bedeutungsverlust traditioneller Industrien**, der viele Langzeitarbeitslose mit sich brachte. Zwar entstanden durch den technologischen Wandel neue Arbeitsplätze, die jedoch Qualifikationen voraussetzten, die „klassische" Arbeiter kaum erfüllen konnten. Diese Entwicklung verursachte **strukturelle Arbeitslosigkeit**, die selbst bei konjunktureller Erholung nicht verschwand (**Sockelarbeitslosigkeit**).

Fazit

Das in M 1 a–c aufgeführte statistische Material zeigt **wirtschaftliche Probleme**, mit denen die Bundesrepublik ab den 1970er-Jahren zu kämpfen hatte: Die Ära des „**Wirtschaftswunders**" war **vorbei**. Nun begann eine Phase, die geprägt war von geringem Wirtschaftswachstum, von Inflation, wachsender Arbeitslosigkeit, wirtschaftlichem Strukturwandel und wachsender sozialer Ungleichheit.

3 **TIPP** *Anforderungsbereich: III, Verrechnungspunkte: 16*

Der Operator „beurteilen" fordert hier, zur Bedeutung der zivilgesellschaftlichen Aufbruchsversuche in der DDR ein eigenes Urteil zu entwickeln. Beschreiben Sie einleitend, was mit „Aufbruchsversuche" gemeint ist und welche Bewegungen entstanden sind. Dabei können Sie Gruppierungen, die Sie aus dem Unterricht kennen, darstellen. Überlegen Sie sich dann, was diese Bewegungen in den 1970er- und 1980er-Jahren erreichen wollten und unter den damaligen Rahmenbedingungen tatsächlich bewirken konnten. Strukturieren Sie Ihre Ausführungen anhand sinnvoller Kategorien und achten Sie auf eine stichhaltige, angemessene und gut begründete Argumentation. Schließen Sie mit einem differenzierten Fazit. Dabei könnten Sie ergänzend einen kurzen Ausblick auf die weitere Entwicklung während und nach der Wiedervereinigung geben.

Einleitung

Westdeutschland erlebte infolge der 68er-Bewegung und daran anknüpfender Reformen einen **Liberalisierungsschub**. Die Pluralisierung der Lebensformen, der allgemeine Wertewandel und die Emanzipation von Minderheiten bewirkten eine deutliche **Politisierung:** Proteste, Bürgerinitiativen und soziales Engagement waren in den 1970er-/1980er-Jahren sichtbare Zeichen für eine zunehmend **aktive Zivilgesellschaft** in der Bundesrepublik. In der **DDR** herrschten systembedingt **andere Rahmenbedingungen**, die eine solche Entwicklung ver-/behinderten. Trotzdem gab es auch im Osten Aufbruchsversuche, deren Bedeutung im Folgenden diskutiert werden soll.

Beurteilung

Rahmenbedingungen

Obwohl die DDR-Verfassung Grundrechte wie Meinungs-, Presse-, Vereinigungs- und Versammlungsfreiheit enthielt, waren Proteste, Demonstrationen, Bürgerinitiativen und andere Partizipationsmöglichkeiten der Bevölkerung unerwünscht. Die **SED** kontrollierte als

Staatspartei die politische, wirtschaftliche und gesellschaftliche Entwicklung. Demokratische Wahlen fanden nicht statt; ein funktionierender Rechtsstaat, der die Grundrechte der Bürgerinnen und Bürger vor staatlichen Übergriffen geschützt hätte, existierte nicht. Das **Ministerium für Staatssicherheit** überwachte die Bevölkerung und wandte verschiedene Maßnahmen an, um systemkritisches Verhalten zu unterbinden und zu bestrafen. Viele Menschen zogen sich resigniert ins Private zurück und äußerten sich nicht mehr öffentlich über Politik (**Nischengesellschaft**).

1975 unterzeichnete die DDR allerdings die **KSZE-Schlussakte** von Helsinki, die die teilnehmenden Staaten u. a. zur **Achtung der Menschen- und Bürgerrechte** verpflichtete. Fortan konnten sich DDR-Bürger darauf berufen, dass die SED-Spitze der Einhaltung von Gedanken-, Gewissens-, Religions- und Reisefreiheit zugestimmt hatte.

Gruppen und Inhalte

– Frauenbewegung

Vor diesem Hintergrund bildete sich trotz staatlicher Überwachung, Zensur und Verfolgung eine **oppositionelle Bürgerrechtsbewegung**, die aus oft miteinander vernetzten Gruppen bestand und einige Gemeinsamkeiten mit den gleichzeitig in der Bundesrepublik auftretenden „**Neuen Sozialen Bewegungen**“ hatten. So gab es eine nichtstaatliche **Frauenbewegung**, die auf eklatante Widersprüche zwischen der propagierten Gleichberechtigung und der realen Situation hinwies: Auch in der DDR erlebten viele Frauen die **Mehrfachbelastung durch Familie, Haushalt und Beruf**. Zwar konnten sie von staatlicher Förderung und flächendeckender Kinderbetreuung profitieren, waren aber am Arbeitsplatz oft durch geringere Löhne und schlechtere Karrierechancen benachteiligt. Für ihre Forderung, dem sozialistischen Anspruch der DDR mehr Geltung zu verschaffen, wurde die Bewegung von der „Stasi“ schikaniert.

– Friedensbewegung

Neben Teilen der Frauenbewegung sammelte sich die **Friedensbewegung** seit den 1970er-Jahren unter dem Dach der **evangelischen Kirche**, die im gewissen Umfang Raum und Schutz für oppositionelle Arbeit bot. Unter dem Motto „Schwerter zu Pflugscharen“ richteten sich die Proteste gegen die **Aufrüstung**, die drohende Gefahr eines **Atomkriegs** und die schleichende **Militarisierung der DDR-Gesellschaft**. Auch die Friedensaktivistinnen und -aktivisten wiesen darauf hin, dass eine große **Diskrepanz zwischen der offiziellen Propaganda** – hier die DDR als antiimperialistischer und antimilitaristischer Friedensgarant – **und der Wirklichkeit** herrschte.

– Umweltbewegung

Ebenfalls unter dem Dach der evangelischen Kirche bildeten sich erste **Umweltgruppen**, die die intensive **Zerstörung der Natur** und die **schweren Gesundheitsbelastungen der Menschen** durch die in der DDR forcierte Schwerindustrie kritisierten.

Zwar gab es viele Menschen, die die DDR möglichst schnell **verlassen** wollten, Reisefreiheit einforderten und sich in der entstehenden **Ausreisebewegung** mit Gleichgesinnten zusammenschlossen. Die meisten Aktivisten standen der DDR allerdings im Sinne einer **sozialistischen Alternative zum kapitalistischen Westen** grundsätzlich offen gegenüber. Eine Abwicklung Ostdeutschlands und eine Wiedervereinigung mit der Bundesrepublik waren zuerst keine zentralen Forderungen: Der **Sozialismus** sollte nicht überwunden, sondern durch **Reformen** menschlicher werden.

Ziele der Gruppen und Reaktion der DDR

Obwohl viele Aufbruchsversuche auf eine „**bessere DDR**" abzielten, verhielt sich die SED-Spitze ablehnend und reagierte mit systematischer Überwachung und Verfolgung. Besonders hart ging sie gegen Oppositionelle vor, die sie als **gefährliche Dissidenten** einstufte und durch Publikations- und Auftrittsverbote, Inhaftierung und Ausbürgerung bekämpfte, u. a. regimekritische Intellektuelle und Künstler wie **Robert Havemann** und **Wolf Biermann**. Dennoch wurde die **staatliche Zensur** auf unterschiedlichen Wegen umgangen, z. B. durch Untergrundzeitungen und Veröffentlichungen in westdeutschen Medien. Zudem kritisierten Kabarettisten und Sänger bei Auftritten offen die Zustände in der DDR. Oppositionelle, die freiwillig oder gezwungenermaßen in den Westen gegangen waren, prangerten von dort aus weiter die Reformunfähigkeit des SED-Regimes an.

Bedeutung in den 1980er-Jahren

Zunächst blieben der Oppositions- und Bürgerrechtsbewegung **Einfluss und Erfolg verwehrt:** Trotz gravierender Probleme weigerte sich die SED-Spitze, Reformen durchzuführen und Fehler einzugestehen. Allerdings gaben die Bewegungen der starken Unzufriedenheit ein Gesicht, äußerten zumindest in begrenztem Rahmen Kritik und waren Anlaufpunkt für Gleichgesinnte und Verfolgte.

Bedeutung für die Friedliche Revolution bis zum Mauerfall 1989

Ihre große Chance sollte 1989 kommen: Die **Friedliche Revolution** kann **als Sternstunde der ostdeutschen Zivilgesellschaft** angesehen werden. Ermuntert durch den neuen Kurs in der **UdSSR** (**Perestroika**, **Glasnost**) und verärgert über die massive Fälschung der Kommunalwahlen im Mai 1989 verstärkten die Bürgerrechtler ihre **Forderung nach demokratischen Grundrechten** und umfassenden Reformen. Gerade weil die DDR-Führung jegliche Veränderungen auch jetzt noch kategorisch ausschloss, wuchs die Enttäuschung. Trotz massiver Überwachung verloren immer mehr Menschen die Angst vor dem Regime. **Öffentliche Proteste und Massendemonstrationen** entwickelten sich im Sommer und Herbst 1989 zu einem Phänomen, das es in der DDR seit dem Volksaufstand vom 17. Juni 1953 nicht mehr gegeben hatte: Von den Friedensgebeten in Leipzig ausgehend versammelten sich immer mehr Bürgerinnen und Bürger zu regelmäßigen **Montagsdemonstrationen** in verschiedenen Städten der DDR und skandierten ihre politischen Forderungen.

Zusätzlichen Druck auf die DDR-Führung übte die **Ausreise- und Fluchtbewegung** aus: Hunderttausende verließen ihre Heimat über bundesdeutsche Botschaften im Ostblock oder nutzten den neuen Fluchtweg über Ungarn. Die SED-Spitze agierte zunehmend hilflos. Obwohl sie zunächst noch über eine **gewaltsame Unterdrückung der Proteste** nachgedacht hatte, verzichtete sie letztlich auf eine „chinesische Lösung". Im Oktober 1989 wurde Erich **Honecker** im SED-Politbüro **gestürzt**. Und als die Regierung am 9. November 1989 auf missverständliche Weise eine neue Reiseverordnung verkündete, musste sie dem immensen Druck nachgeben und die Grenzen zum Westen öffnen. Das Regime hatte vor der eigenen Bevölkerung kapituliert. Die **Friedliche Revolution** hatte **gesiegt**.

Bedeutung für die Zukunft der DDR 1989/90

Der **Fall der Berliner Mauer** kam für alle Beteiligten überraschend. Als sich anschließend die Frage nach der **Zukunft der DDR** stellte, zeigte sich, dass es **kein Konzept** gab, auf das sich alle Akteure der Bürgerrechtsbewegung hätten einigen können. Manche Gruppierungen, die sich während der Friedlichen Revolution gegründet hatten, wollten die **DDR reformieren** und einen **„dritten Weg"** zwischen bisherigem Staatssozialismus und liberal-westlichem Kapitalismus beschreiten. Zunehmend wurden diese reformbereiten Akteure aber an den Rand gedrängt. Auf den andauernden Massendemonstrationen rückte die Forderung nach **sofortiger Wiedervereinigung** auf die Tagesordnung. Zwar war es den Oppositionsgruppen durch ihre Proteste gelungen, das **SED-Regime in die Knie zu zwingen**, auf den anschließenden Prozess hatten sie letztlich aber wenig Einfluss und waren politisch marginalisiert.

Fazit und Ausblick

Die Aufbruchsversuche der DDR-Zivilgesellschaft können als **großes Vorbild für mutiges, engagiertes Vorgehen gegen einen autoritären Staat** gelten. Trotz systematischer Verfolgung ließen sich die verschiedenen Protestgruppen nicht einschüchtern und trugen wesentlich dazu bei, das **SED-Regime in der Friedlichen Revolution zu Fall zu bringen**. Allerdings ging die DDR unter, obwohl viele Bürgerrechtlerinnen und Bürgerrechtler sie reformieren und retten wollten. Letztendlich kam es im Osten Deutschlands nicht zu einem Liberalisierungsschub innerhalb des bestehenden Systems, wie es nach der 68er-Bewegung in der Bundesrepublik der Fall gewesen war. Stattdessen traten Politik, Wirtschaft und Gesellschaft der ehemaligen DDR in einen **gewaltigen Transformationsprozess** ein, der nicht nur begrüßt, sondern oft auch als **Zusammenbruch und Verlust** empfunden wurde.

4 **TIPP** *Anforderungsbereich: II, Verrechnungspunkte: 16*

Die letzte Aufgabe ist zweigeteilt. Werten Sie zunächst systematisch M 2 aus: Stellen Sie die Quelle kurz vor, fassen Sie ihren Inhalt nach übergeordneten Gesichtspunkten zusammen und ordnen Sie sie in den historischen Kontext ein. Im nächsten Schritt vergleichen Sie die Textquelle M 2 mit der Karikatur M 3 und arbeiten Gemeinsamkeiten und Unterschiede heraus. Es ist sinnvoll, hierbei auf Vergleichskriterien wie Quellenart, Urheber, Adressat, Entstehungszeitpunkt, Inhalt und Perspektive zurückzugreifen. Abschließend formulieren Sie ein Fazit, das Ihre Ergebnisse prägnant zusammenfasst.

Analyse von M 2
kurze Vorstellung

M 2 ist eine **Rede**, die **Michail Gorbatschow** am 2. November **1987** anlässlich des **70. Jahrestages der Oktoberrevolution** 1917 gehalten hat. Darin stellt der KPdSU-Generalsekretär sein **Reformprogramm** vor. Im vorliegenden Auszug geht es schwerpunktmäßig um die **Demokratisierung der Gesellschaft** und die **Umgestaltung der Wirtschaft**, was die „revolutionäre Läuterung und Wiedergeburt" (Z. 7) der UdSSR im Rahmen des Sozialismus ermöglichen sollte.

Inhalte
– Demokratisierung der Gesellschaft

Alle Menschen, so Gorbatschow, seien Individuen, die ihre **eigenen „sozialen Erfahrungen"** (Z. 13) gemacht hätten und in unterschiedlichem Umfang mit „**Wissen und Bildung**" (Z. 13 f.) ausgestattet seien. Daher gebe es in der Gesellschaft ein „ungewöhnlich breite[s] **Spektrum von Meinungen**" (Z. 14 f.). Der Redner wirbt dafür, vor einem „reiche[n] geistige[n] Leben" (Z. 16) keine Angst zu haben, sondern diese **Vielfalt** als Chance zu begreifen, um gesellschaftliche **Probleme offen und kritisch thematisieren** und zur bestmöglichen Lösung gelangen zu können (vgl. Z. 13–20).

– Wirtschaftsreformen

Als entscheidende Grundlage für einen „beschleunigten Vormarsch in allen Richtungen" (Z. 21) mahnt der Generalsekretär deutliche **wirtschaftliche Veränderungen** an: Die ganze Volkswirtschaft der UdSSR müsse **grundlegend umgewandelt** werden (vgl. Z. 21–26). Hierfür kündigt er eine Reform an, die die strikte Zentralverwaltungswirtschaft aufbrechen und demokratischer gestalten werde. Das neue Wirtschaftssystem solle das „Verhältnis von Zentralleitung und Selbstverwaltung" (Z. 30 f.) optimieren (vgl. Z. 27–31).

– Vereinbarkeit mit dem Marxismus-Leninismus

Der Redner bezeichnet sein Wirtschaftsprogramm zwar als **radikal**, hält die geplanten Reformen aber mit der Ideologie des Kommunismus **vereinbar:** Der **Marxismus-Leninismus** sei nicht starr, sondern durchaus **offen** und flexibel. Es sei möglich, veraltete Gesellschaftsstrukturen und überholte Arbeitsprozesse zu modernisieren. „Stagnation und Konservatismus" (Z. 3) könnten ebenso überwunden werden wie Fehler, die in der Vergangenheit gemacht wurden. Es bestehe die Hoffnung, durch die Berücksichtigung der Potenziale der Menschen „gewaltig[e] sozial[e] Ressourcen“ (Z. 8) zu erschließen und so den **Sozialismus weiterzuentwickeln** (vgl. Z. 1–9).

Perspektive und Intention

Die Rede wirkt zunächst **paradox**, da Rhetorik und Inhalt nur wenig zusammenzupassen scheinen. Gorbatschow wirbt für die **Demokratisierung** von Wirtschaft und Gesellschaft. Gleichzeitig stellt er seine Ideen in die **Tradition des Marxismus-Leninismus** und behauptet, das kommunistische System nicht stürzen zu wollen. Rhetorisch ist M 2 klar in der **Ideologie des Sozialismus** verankert. Der Generalsekretär spricht seine Zuhörer als Genossen an (vgl. Z. 21), verteidigt die marxistisch-leninistische Lehre und verspricht die Verbesserung bzw. „Wiedergeburt“ (Z. 7) des Sozialismus. Werte wie **Freiheit des Individuums**, **Meinungspluralismus und Demokratie**, die er dabei berücksichtigen will, sind dagegen zentrale Forderungen des **politischen Liberalismus**, des ideologischen Gegners im Kalten Krieg. Die Tatsache, dass er die **UdSSR für westliche Werte öffnen** möchte, um den „real existierenden Sozialismus“ zu retten, unterstreicht die **enorme Bedeutung seiner Pläne**.

historischer Hintergrund

Als Gorbatschow 1985 **sowjetischer Staats- und Parteichef** wurde, fand er das Land in einer tiefgreifenden Strukturkrise vor: Ende der 1970er-Jahre hatte sich der **Kalte Krieg** erneut **verschärft**; der **Rüstungswettlauf** mit den USA war wieder eskaliert, was die **Staatsverschuldung** in die Höhe trieb und die sowjetische Wirtschaft vor große Herausforderungen stellte. Die Planungsbehörden waren mit der effizienten Steuerung der Wirtschaft und Verteilung der knapper werdenden Ressourcen zunehmend überfordert. Es gab **kaum Anreize für Innovationen**, was sich gerade im Bereich der Hochtechnologie zeigte. Der **Primat der Schwerindustrie** ging zulasten der Konsumgüterproduktion und der Versorgung der Bevölkerung. Zudem nahm die Zerstörung der Umwelt immer größere Ausmaße an. Auch politisch-gesellschaftlich hatte die Sowjetunion, wie der ganze Ostblock, mit einer **Legitimationskrise** zu kämpfen. **Demokratische Partizipation** war in der „Diktatur des Proletariats“ **nicht vorgesehen**, die politische Macht lag in den Händen überalterter Kader der kommunistischen Partei. Der breiten Bevölkerung wurden **Freiheitsrechte** konsequent **verweigert**.

Gorbatschow wollte der Krise mit **tiefgreifenden Reformen** begegnen: Die **grundlegende Modernisierung** von Politik, Wirtschaft und Gesellschaft sollte die UdSSR wettbewerbsfähiger machen, ohne den Kommunismus als grundlegende Ideologie abzulösen. „**Perestroika**“ (Umgestaltung) versprach u. a. die Verbesserung der ineffizienten Planwirtschaft, indem man gewisse marktwirtschaftliche Strukturen zuließ. „**Glasnost**“ (Transparenz) sollte mehr Meinungsfreiheit und öffentliche Diskussion bringen. Politische Häftlinge wurden aus dem Gefängnis entlassen und Demonstrationen zugelassen. Ein Erfolg der Reformen **blieb** aber weitgehend **aus:** Während die wirtschaftliche Öffnung Versorgungsengpässe verschärfte und die Inflation ankurbelte, verstärkten die neuen Partizipationsmöglichkeiten die **Legitimationskrise** des Regimes.

Vergleich mit M3
Thema, Autor, Quellenart, Perspektive

M 3 thematisiert ebenfalls Gorbatschows **Reformprogramm**, allerdings aus westlicher Perspektive. Es handelt sich um eine **Karikatur** von **Horst Haitzinger**, die **1988** in einer westdeutschen Zeitung veröffentlicht wurde. Während in der **Rede** M 2 von **1987** das Reformprogramm vom sowjetischen Parteichef persönlich vorgestellt und begründet wird, macht sich der Künstler in M 3 über die vermeintlichen **Folgen des neuen Moskauer Kurses für die DDR** lustig.

Inhalt: Darstellung der Reformen

Der **Ostblock** wird hier als **Hausgemeinschaft** angedeutet; zu sehen sind zwei übereinanderliegende Wohnungen, die mit **UdSSR** (oben) und **DDR** (unten) gekennzeichnet sind. Im ersten Stock bringt Gorbatschow ein Gemälde mit einem prunkvollen Rahmen an. Es zeigt einen lächelnden Engel, der ein Banner mit der Aufschrift „**Glasnost**" hält. Die **Modernisierung der Sowjetunion** wird als Renovierung bzw. Verschönerung der Wohnung dargestellt. Durch das Einschlagen des Nagels fällt jedoch im Erdgeschoss ein Bild mit der Aufschrift „**Opposition**" von der Wand und stürzt dem völlig überraschten **Erich Honecker** auf den Kopf. Der SED-Generalsekretär sitzt auf einem Sofa, liest Zeitung und trinkt Kaffee. Das O von „Opposition" ist mit Teufelshörnern und langen Eckzähnen gezeichnet.

Haitzinger sieht Gorbatschows Reformprogramm **durchaus positiv und wohlwollend**. Er verweist aber auch darauf, dass „**Glasnost**" die DDR vor große Herausforderungen stellte. Tatsächlich konnten sich die **oppositionellen Bürgerrechtsbewegungen**, die das SED-Regime schon länger kritisierten, auf den **Politikwechsel in Moskau** berufen und ihrer Kritik und ihren Forderungen mit Verweis auf die Führungsmacht des Ostblocks Nachdruck verleihen. Der Karikaturist weist zu Recht darauf hin, dass die politische Führung der DDR darauf **nicht vorbereitet war** und es ablehnte, einen ähnlichen Kurs einzuschlagen. Die Reformen in der UdSSR hatten Haitzinger zufolge eine nicht beabsichtigte Folge: die **Destabilisierung der DDR**.

Fazit

Während in M 2 der sowjetische Staats- und Parteichef persönlich um **Unterstützung für sein Reformprojekt** wirbt, beschäftigt sich M 3 bereits **kritisch mit den Auswirkungen** seiner Ideen auf andere Ostblock-Länder: Am Beispiel der DDR wird ironisch verdeutlicht, dass die Vorgänge in der UdSSR weitreichende Folgen hatten. Dass diese Dynamik sogar zum **Zusammenbruch des Ostblocks** führte, ist aber in M 3 nicht ersichtlich.

WEST- UND OSTEUROPA NACH 1945: WEGE IN DIE POSTINDUSTRIELLE ZIVILGESELLSCHAFT

(4) wirtschaftlicher Aufschwung in West- und Osteuropa bis Anfang der 1970er-Jahre; (5) Umgang mit Protest in West- und Osteuropa; (9) wirtschaftliche Krisen der 1970er- und 1980er-Jahre; (11) Zusammenbruch des Ostblocks

Aufgabenstellung

1 Analysieren Sie M 1 und vergleichen Sie M 1 mit M 2.

2 Erläutern Sie den unterschiedlichen Umgang mit Protest in West- und Osteuropa in den 1950er- und 1960er-Jahren an je einem Beispiel Ihrer Wahl.

3 Analysieren Sie M 3.

4 Die DDR ist an ihrer Reformunfähigkeit zugrunde gegangen. Überprüfen Sie diese These.

M1 Wahlwerbeschreiben Konrad Adenauers (August 1957, Auszug)

Meine lieben Landsleute,
seit acht Jahren trage ich die Verantwortung für die deutsche Politik. Heute wende ich mich an Sie, um Ihnen für das Vertrauen zu danken, das Sie mir in dieser langen und schicksalsschweren Zeit geschenkt haben. [...]

Im Jahre 1949 waren wir noch ein verarmtes und rechtloses Volk. Die Schatten des verlorenen Krieges verdunkelten unser Leben.

Sie haben es miterlebt, wie sich die Dinge Schritt für Schritt zum Besseren gewendet haben. Heute stehen wir wieder fest auf eigenen Füßen. Die Bundesrepublik ist ein souveräner, gleichberechtigter Staat. Unsere Stimme wird gehört: in Washington, London, Paris und in Moskau. <u>Wir sind nicht mehr allein</u>. Die Mächte der freien Welt sind unsere Freunde; sie verbürgen unsere Sicherheit. [...]

Die deutsche Wirtschaft hat einen großen Aufschwung genommen. Die D-Mark ist stabil, sie ist mit dem Dollar und dem Schweizer Franken die <u>beste Währung der Welt</u>. [...]

Der Lebensstandard in der Bundesrepublik ist von Jahr zu Jahr gestiegen; jeder hat seinen Teil davon bekommen. Wir haben über die Sorge für die Schaffenden in Stadt und Land auch das Alter nicht vergessen: die Rentenreform sichert heute allen, die nicht mehr im Berufsleben stehen, einen sorgenfreien Lebensabend.

Glauben Sie, daß dieser Aufstieg aus dem Nichts ein Zufall war? Gewiss, Sie haben oft über Ihre Kräfte hinaus gearbeitet. Aber auch unsere Brüder und Schwestern in der Sowjetzone sind in diesen Jahren fleißig gewesen. Wie sieht jedoch ihr Leben aus? Sie hatten nicht das Glück, in Freiheit eine Regierung zu wählen, die für das Wohl des gesamten Volkes arbeitet. Ein unbarmherziges System, das auf den Menschen und seine Bedürfnisse keine Rücksicht nimmt, hat sie um die Früchte ihres Schaffens betrogen. [...]

Der Wille der Sowjetunion, die Welt zu erobern, besteht nach wie vor. <u>Wir dürfen vor der kommunistischen Gefahr nicht die Augen verschließen</u>. [...] Es liegt bei Ihnen, meine lieben Landsleute, ob die erfolgreiche Politik der Bundesregierung in den nächsten vier Jahren fortgesetzt werden kann oder nicht. Es erscheint mir ein Gebot der Klugheit, <u>jetzt keine Experimente zu machen</u>.

Original in Privatbesitz; Unterstreichungen entsprechen dem Original.

M2 Erfolge des ersten Fünfjahrplans – Plakat von 1952

Quelle: https://ddr-reklame.tumblr.com/post/182784569009/ein-f%C3%BCnfjahresplan-auch-f%C3%BCnfjahrplan-oder (letzter Zugriff: 13. 07. 22)

Hinweis: Eine Farbabbildung des Bildes zum Download finden Sie unter: https://www.stark-verlag.de/mystark (Code auf den Farbseiten vorne im Buch).

M3 Bundeskanzler Helmut Schmidt vor dem Deutschen Bundestag zur Lage der Nation, 9. April 1981

Nun haben gleichzeitig die **Strukturkrise der Weltwirtschaft** und die **Folgen der zweiten Ölpreisexplosion** [...] unser eigenes Land hart getroffen. Wir in der Bundesrepublik haben Mühe, die seit 1978 eingetretene abermalige Verdoppelung unserer jährlichen Ölrechnung auf 60 Milliarden DM zu verkraften. Unter dem Druck von außen werden auch bei uns **Bruttosozialprodukt und Volkseinkommen** in diesem Jahr real etwas zurückgehen. [...] Die Sorge um Arbeitsplätze hat zugenommen. [...]

Für uns kommt es vor allem darauf an, unser **Leistungsbilanzdefizit**[1] zu **verringern**, es abzubauen. [...] Wir können nicht auf die Dauer höhere Rechnungen an das Ausland bezahlen, als wir selber an Zahlungen aus dem Ausland erhalten. Dies bedeutet vor allem, unsere Einfuhr an Öl weiterhin zu drosseln. Es bedeutet ebenso allgemeine Einsparung von Energie, und es bedeutet ebenso, die Wettbewerbsfähigkeit unserer Produkte am Weltmarkt nochmals zu verbessern, um mehr verkaufen zu können. [...]

Bei uns – und ähnlich in der DDR – gibt es manchen, der sich Sorgen um seine wirtschaftliche Zukunft macht. Angst um den Frieden, Angst um Sicherheit insgesamt kommen hinzu, und dies keineswegs nur unter jüngeren Menschen. Gewiß kann niemand ihnen Sicherheit gegen alle Fährnisse des Lebens bieten. [...] Gewiß soll auch keiner die Probleme anderer, zumal ihre Sorgen und Ängste, kleiner schreiben, als sie sind.

Aber es bleibt auch richtig, daß die allermeisten Menschen auf der ganzen Welt ihren Platz gern mit einem Deutschen tauschen würden. [...]

Der Beginn der 80er Jahre stellt an die **Gesellschaft** Anforderungen von größerer Bedeutung und von anderer Bedeutung, anderer Qualität als der Beginn der 70er Jahre. Die Bürger müssen sich **aus dem einseitigen Anspruchsdenken befreien**, das die Wachstumsgesellschaft zunächst mit sich gebracht hat. [...]

Sie müssen lernen, ihre Lebenschancen wirklich zu nutzen, die im Kern etwas wesentlich anderes und wesentlich mehr als nur die Chance zur fortlaufenden Steigerung des Lebensstandards darstellen. [...]

Wir haben in der heutigen Gesellschaft große Möglichkeiten zur Verwirklichung jener Entfaltungsideale der Person, wie sie von der Arbeiterbewegung und der Sozialdemokratie, wie sie vom freiheitlichen Bürgertum und vom Liberalismus verstanden wurden und verstanden werden. Wer seine **Chance zur Selbstverwirklichung** bewußt nutzt, der muß keine Angst haben. [...]

Allerdings kann er dabei nicht allein bestehen. Der **Grundwert der Brüderlichkeit** ist als Solidarität der Arbeitenden untereinander und der Arbeitenden mit den sozial Schwachen in unsere umfassende Sozialgesetzgebung weitgehend eingegangen. Aber damit ist er allein noch nicht gesichert. Es gibt zum Beispiel Auswüchse, die bei einigen auf eine verkümmernde Sozialfähigkeit und Sozialverantwortung hinweisen. Das Verhältnis zu den bei uns lebenden und bei uns arbeitenden Ausländern gibt dafür mancherorts beredte Beispiele.

Manche **Minoritäten** werden bisweilen ziemlich brutal von der Solidarität ausgeschlossen. Sicherlich mangelt es bisweilen auch an der Solidarität gegenüber der Jugend und auch gegenüber künftigen Menschen, die erst noch geboren werden sollen, wenn die Heutigen die natürliche Umwelt bisweilen unbedacht zerstören lassen.

Aus: Helmut Schmidts Bericht zur Lage der Nation, in: Deutscher Bundestag. Stenographischer Bericht 31. Sitzung (Bonn, 9. April 1981), S. 1543–1545 (Hervorhebungen folgen der Vorlage.)

Anmerkung

1 Leistungsbilanz(defizit): Ausgaben und Einnahmen einer Volkswirtschaft aus dem Import und Export von Waren und Dienstleistungen. Es besteht ein Defizit, wenn eine Volkswirtschaft mehr Geld für Importe ausgibt, als sie mit Exporten verdient.

Lösungsvorschlag

1 **TIPP** *Anforderungsbereich: II, Verrechnungspunkte: 16*

Die erste Aufgabe besteht aus zwei Teilen. Analysieren Sie zunächst systematisch die Quelle M 1: Stellen Sie sie kurz vor, fassen Sie den Inhalt nach übergeordneten Gesichtspunkten zusammen und ordnen Sie sie in den historischen Kontext ein. Im Anschluss untersuchen Sie M 1 und M 2 auf Gemeinsamkeiten und Unterschiede. Benennen Sie sinnvolle Vergleichskriterien wie Quellenart, Urheber, Adressaten, Entstehungszeitpunkt, Inhalt und Intention. Abschließend formulieren Sie ein Fazit, das Ihre Ergebnisse prägnant zusammenfasst.

Analyse von M 1
kurze Vorstellung der Quelle

Bei der Quelle M 1 handelt es sich um den Auszug aus einem **Wahlwerbeschreiben** vom **August 1957**. Darin wendet sich der damalige **Bundeskanzler Konrad Adenauer** (CDU) im Wahlkampf zur anstehenden Bundestagswahl direkt an die **Bürgerinnen und Bürger der Bundesrepublik** und ruft zu seiner Wiederwahl auf.

zentrale Aussagen
– Ausgangslage 1949

Adenauer blickt zunächst zurück auf den **Beginn seiner Kanzlerschaft**. Dabei zeichnet er die Lage Westdeutschlands im Jahr **1949** in **düsteren Farben**. Die (West-)Deutschen seien „ein verarmtes und rechtloses Volk" (Z. 5) gewesen, über dem die **„Schatten des verlorenen Krieges"** gelegen hätten (Z. 5 f.). Ausgehend von dieser Bestandsaufnahme beschreibt der Bundeskanzler die seiner Ansicht nach positiven **politisch-wirtschaftlichen Veränderungen**, die die Bundesrepublik in den letzten acht Jahren **unter seiner Führung** erfahren habe: „Sie haben es miterlebt, wie sich die Dinge Schritt für Schritt **zum Besseren** gewendet haben." (Z. 7 f.)

– politische Veränderungen

Adenauer verweist darauf, dass Westdeutschland wieder den Status eines **„souveräne[n], gleichberechtigte[n] Staat[es]"** (Z. 9) erlangt habe, der sich in der internationalen Politik bei den Siegermächten Gehör verschaffen könne (vgl. Z. 9–10). Dabei verweist er auf die in seinen Augen existenzielle **Integration der Bundesrepublik in das westliche Bündnissystem:** „Wir sind nicht mehr allein." (Z. 10)

– wirtschaftliche Veränderungen

Die wirtschaftliche Entwicklung Westdeutschlands beschreibt der Verfasser als **Wirtschaftsboom**, der sich günstig auf das Leben aller Bürgerinnen und Bürger auswirke; so sei deren **„Lebensstandard** […] von Jahr zu Jahr gestiegen" (Z. 15). Durch die Politik seiner Regierung werde der **Wohlstand** auch gerecht in der Bevölkerung verteilt. Besonders hebt er die **stabile, starke Währung** und die **Rentenreform** hervor, die den Rentnerinnen und Rentnern „einen sorgenfreien Lebensabend" (Z. 18) ermögliche (vgl. Z. 12–18).

Anschließend vergleicht Adenauer die Lage der Bürger im Westteil Deutschlands mit derjenigen „**unsere[r] Brüder und Schwestern in der Sowjetzone**" (Z. 20 f.). Letztere hätten genauso hart und fleißig gearbeitet, seien aber „um die Früchte ihres Schaffens **betrogen**" (Z. 24 f.) worden. Dies liege am dortigen „**unbarmherzige[n] System**" (Z. 23), in dem der Einzelne, seine Bedürfnisse und sein Wohlergehen keine Rolle spielen würden (vgl. Z. 23–25). Die **vehemente Ablehnung des Kommunismus** spricht auch aus den Äußerungen zur **Sowjetunion** (vgl. Z. 26 f.): Da diese weiterhin die Welt erobern wolle, dürfe man, so Adenauers Warnung, „vor der **kommunistischen Gefahr** nicht die Augen verschließen" (Z. 27).

– Antikommunismus

Am Ende des Wahlwerbeschreibens **appelliert** der amtierende Bundeskanzler an die Bürgerinnen und Bürger, ihn und seine Partei **wiederzuwählen**, um den so positiv beschriebenen **Kurs fortsetzen** zu können (vgl. Z. 27–30). Er schließt M 1 mit dem leicht abgewandelten Wahlspruch der CDU 1957: „**[K]eine Experimente**" (Z. 30).

– Aufforderung, Adenauer wiederzuwählen

Die Quelle ist im Kontext des **Kalten Krieges**, der **deutschen Teilung** und des „**Wirtschaftswunders**" der 1950er-Jahre zu verorten. Nach der **Gründung der Bundesrepublik** im Mai 1949 unterstützte die Regierung Adenauer entschlossen die **Integration** des Landes in das **politische, wirtschaftliche und militärische System des Westens**. So wurde Westdeutschland 1954/55 Mitglied der NATO und erhielt (mit Ausnahme gewisser alliierter Vorbehaltsrechte) die Souveränität zurück.

Einordnung in den historischen Kontext

– Westintegration der Bundesrepublik

Als weiterer **Stabilitätsanker** für die **junge parlamentarisch-liberale Demokratie** erwies sich der **beispiellose wirtschaftliche Boom**, der Westeuropa nach dem Zweiten Weltkrieg erfasste. Das über Jahre in Westdeutschland anhaltende **Wirtschaftswachstum** hatte unterschiedliche Ursachen: So waren die Industrieanlagen durch den Krieg weniger zerstört als angenommen. Die 1948 eingeführte **D-Mark** entwickelte sich zu einer **stabilen Währung**. Die Einbindung in das westeuropäische Wirtschaftssystem und die steigende Nachfrage nach westdeutschen Produkten infolge des Koreakriegs („**Korea-Boom**") eröffneten der bundesdeutschen Wirtschaft große Absatzmärkte. Der wirtschaftliche Aufschwung beseitigte die **Arbeitslosigkeit**, bis quasi **Vollbeschäftigung** herrschte, und eröffnete neue Konsummöglichkeiten, sodass sich zum ersten Mal in der deutschen Geschichte eine **Konsumgesellschaft** herausbildete.

– „Wirtschaftswunder"

Als Erfolgsmodell stellte sich das von Wirtschaftsminister **Ludwig Erhard** forcierte Konzept der **Sozialen Marktwirtschaft** heraus, das die Marktwirtschaft mit sozialem Ausgleich verband: Während der Staat Privateigentum, freien Wettbewerb und freie Preisbildung am Markt gesetzlich garantieren, auf weitergehende wirtschaftliche Eingriffe aber möglichst verzichten sollte, galt es durch den **Ausbau des Sozialstaats** soziale Härten des kapitalistischen Systems zu mildern und „**Wohlstand für alle**“ (Erhard) zu ermöglichen. So richtete sich z. B. die **Rentenreform** 1957 („Generationenvertrag“, „dynamische Rente“) gegen Altersarmut und ließ auch Rentnerinnen und Rentner **am Wirtschaftswachstum teilhaben**.

– deutsche Teilung und Antikommunismus

Der scharfe **Antikommunismus**, der in M 1 anklingt, war prägender Bestandteil der damaligen politischen Kultur in der Bundesrepublik. In den 1950er-Jahren zeigte er sich anlassbezogen (v. a. Koreakrieg) sowie grundsätzlich im **Verhältnis zum ostdeutschen Teilstaat:** Die Bundesregierung erkannte die DDR nicht als souveränen Staat an und unterhielt damals noch keine diplomatischen Beziehungen mit ihr. Offiziell sprach man u. a. von der „Sowjetzone“. In diesem Zusammenhang ist auch die **Westbindung der Bundesrepublik** zu sehen, die in der „Ära Adenauer“ als alternativlos galt.

Perspektive und Intention

Adenauer zeigt sich in M 1 als **geschickter Wahlkämpfer**, der den Bürgerinnen und Bürgern bewusst vor Augen führt, welch erfolgreiche Entwicklung die Bundesrepublik seit ihrer Gründung zurückgelegt hat. Dabei stellt er konkrete Maßnahmen seiner Kanzlerschaft gezielt heraus (z. B. Rentenreform). Die **freundliche Ansprache** und die Darstellung der **positiven Errungenschaften** seiner Regierungszeit sind gepaart mit der schroffen Ablehnung des Kommunismus, wobei die **sozialistische DDR als negatives Gegenbeispiel** herangezogen wird. Letztlich schürt der Bundeskanzler auch unterschwellig **Angst**, indem er den Eindruck erweckt, dass der hohe Lebensstandard und die Freiheit in Westdeutschland auf dem Spiel stünden, sollte die CDU nicht wiedergewählt werden.

Vergleich M 1 und M 2

Gemeinsamkeiten

– positive Darstellung der wirtschaftlichen Entwicklung

Vergleicht man Adenauers Wahlschreiben mit dem **Plakat aus der DDR**, so fallen ein paar **Gemeinsamkeiten** auf. Auch in M 2 steht die **wirtschaftliche Entwicklung** des eigenen Staates (hier also der DDR) im Mittelpunkt, die ebenfalls sehr **positiv dargestellt** wird und die jeweilige Bevölkerung für ihre Regierung einnehmen soll. So zeigt das Plakat **lächelnde Männer und Frauen**, die gemeinsam und voller Tatkraft eine Mauer errichten. Im Hintergrund sind Industrieanlagen und bewirtschaftete Ackerflächen zu sehen. Durch die Bildunterschrift wird verkündet, dass der **wirtschaftliche Aufbau** der DDR-Wirtschaft **schnell voranschreite**. Der Stolz auf den wirtschaftlichen Fortschritt im Rahmen des sozialistischen Systems wird durch das **Symbol des Fünfjahresplans** oben links verdeutlicht: Hammer, Zirkel, Kornähren sowie die Zahl 5 in den deutschen Farben **Schwarz-Rot-Gold**.

Auch spielt die **Warnung vor dem politischen Gegner** hier eine ähnliche Rolle wie in M 1. Während Adenauer eindringlich mahnt, die **Gefahr des Kommunismus** weiterhin ernst zu nehmen, wird auf dem Plakat der **Westen als Feind** dargestellt: Ein amerikanischer Soldat (Mütze mit der Aufschrift „US“) und drei schwarz gekleidete Politiker versuchen – letztlich erfolglos – die vermeintlichen Errungenschaften der DDR mit einer dunklen Plane, auf deren Flicken „**Lügen**“ und „**Hetze**“ zu lesen ist, zu verdecken. Ein weiterer Mann mit einem aus **Zeitungspapier** gefalteten Hut, der neue Stücke an die Plane näht, steht für die Rolle der westlichen Medien.

– Warnung vor dem politischen Gegner

Ungeachtet der Ähnlichkeiten wird aber deutlich, dass sich die beiden Quellen auch in vielen Punkten **unterscheiden**. So ist M 1 eine **Textquelle** von **1957**, M 2 dagegen ein **Plakat**, das bereits fünf Jahre zuvor, **1952**, veröffentlicht wurde.

Unterschiede
– Formales

Zudem stehen die zwei Materialien für **verschiedene Systemvorstellungen** im Kontext des Kalten Kriegs. Die DDR begriff sich als **Arbeiter- und Bauernstaat** und sah sich (zumindest theoretisch) der **Idee einer klassenlosen Gesellschaft** verpflichtet. Die Wirtschaft wurde zentral geplant und organisiert (**Plan-/Zentralverwaltungswirtschaft**), besonders durch Fünf- bzw. Siebenjahrespläne. 1952 lief gerade der **erste Fünfjahresplan**.

– Darstellung unterschiedlicher Systeme

Der **Aufschwung**, den der Osten Deutschlands in den 1950er-Jahren durchaus erlebte, fiel **bescheidener** aus als im Westen, weil die **Rahmenbedingungen schlechter** waren. So waren nach 1945 große Teile der Industrieanlagen und der Infrastruktur von der sowjetischen Besatzungsmacht **demontiert** und als **Reparationsleistungen** in die UdSSR verbracht worden. Zudem zeigte sich die zentrale **Planungsbehörde** bald mit der Steuerung der Volkswirtschaft **überfordert**, was zu Zulieferproblemen bei Rohstoffen und Vorprodukten führte. Das **Recht auf Arbeit** bedeutete zwar, dass es offiziell keine Arbeitslosigkeit gab, was aber kaum die vielen wirtschaftlich-sozialen Probleme und politischen Unfreiheiten verdeckte. Dies gelang auch nicht durch den Anspruch, dass der **Versorgungsstaat** allen Bürgerinnen und Bürgern kostenlose Sozialleistungen garantieren und Grundbedürfnisse befriedigen sollte. Problematisch war zudem, dass die SED den **gezielten Auf- und Ausbau der Schwerindustrie** forcierte und dafür die Konsumgüterproduktion vernachlässigte.

Die Wirtschaft der DDR war zwar eine der **erfolgreichsten Ökonomien des ganzen Ostblocks**, allerdings blieben die Qualität der Produkte und der Wohlstand der Bevölkerung weit hinter dem Westen zurück. Da die Einwohner der DDR ihre Situation und ihren Lebensstandard vor allem **mit der Bundesrepublik verglichen**, versuchte die SED, die Bürgerinnen und Bürger mit **Propaganda** wie M 2 von ihren Erfolgen zu überzeugen. Letztlich verfingen derartige Botschaften jedoch kaum, was zur **Destabilisierung des SED-Regimes** maßgeblich beitrug. So verließen zahlreiche Bürgerinnen und Bürger in den 1950er-Jahren bis zum Mauerbau 1961 das Land.

Fazit

Beide Quellen verfolgen das Ziel, die **eigene Bevölkerung** von den **vermeintlichen Erfolgen** der jeweiligen Regierung zu überzeugen. Adenauer wirbt mit dem beispiellosen Wirtschaftsboom und warnt vor dem Kommunismus, um seine Wiederwahl zu ermöglichen. Das Propagandaplakat feiert den wirtschaftlichen Aufbau der DDR und verurteilt Kritik als Lüge und Hetze.

2 **TIPP** *Anforderungsbereich: II, Verrechnungspunkte: 14*

Die zweite Teilaufgabe fordert von Ihnen, dass Sie den Umgang mit Protesten in West- und Osteuropa bis zum Ende der 1960er-Jahre an zwei geeigneten Beispielen „erläutern“. Eine reine Aufzählung von Ereignissen reicht dafür nicht aus. Sie müssen ausführlicher erklären, warum der Umgang mit konkreten Formen des Widerstands und Protests in Ost und West unterschiedlich ausfiel und welche Folgen dies nach sich zog. Als Alternativen zu den im Folgenden ausgewählten Beispielen sind die Wiederbewaffnungs-Debatte in der Bundesrepublik, der Ungarnaufstand 1956 und der „Prager Frühling“ 1968 denkbar.

Einleitung

Wie unterschiedlich die Möglichkeiten der Bevölkerung in Ost und West waren, **durch Proteste Kritik** am politischen, wirtschaftlichen und gesellschaftlichen System zu **artikulieren** und die Politik zu Reformen zu bewegen, kann beispielhaft am **Aufstand des 17. Juni 1953 in der DDR** und an der **68er-Bewegung in der Bundesrepublik** gezeigt werden.

Ost: Volksaufstand vom 17. Juni 1953

Tod Stalins und „Neuer Kurs“ Moskaus

Im März 1953 starb **Stalin**, der über 30 Jahre lang die Sowjetunion beherrscht hatte. Daraufhin verfügte die **neue Führung in Moskau** einen „**Neuen Kurs**“, der die Lebensmittelversorgung der Bevölkerung verbessern und die systematische Verfolgung durch die Sicherheitsbehörden beenden sollte. Diese Anfänge einer „Entstalinisierung“ wurden auch den anderen Ländern des Ostblocks empfohlen.

Reaktion der DDR-Führung

In der **DDR** reagierte die **SED-Führung unter Walter Ulbricht** mit hinhaltendem Widerstand gegen die Reformvorschläge des „Neuen Kurses“. Ulbricht war überzeugter Anhänger Stalins gewesen und wurde nun von den Vorschlägen aus Moskau überrumpelt. Demonstrativ hielt die DDR-Regierung am 1952 proklamierten „**planmäßigen Aufbau des Sozialismus**“ fest. Zwar kündigte sie auf sowjetischen Druck hin ebenfalls einen „Neuen Kurs“ (u. a. mehr Förderung der Konsumindustrie, Einstellung repressiver Maßnahmen gegen Systemkritiker) an und gestand Fehler ein; allerdings erhöhte sie gegen den Willen Moskaus im Mai 1953 die **Arbeitsnormen** in der Industrie, was Lohnkürzungen für die Arbeiterschaft bedeutete.

Entwicklung des Aufstands

Die Enttäuschung der Bevölkerung, die auf Reformen gehofft hatte, äußerte sich am **16./17. Juni 1953** in **Streiks und Arbeitsniederlegungen**, die sich von Berlin aus auf die **ganze DDR** ausbreiteten. Neben der Rücknahme der Normerhöhungen wurden **freie Wahlen, die Absetzung der Regierung und die Wiedervereinigung** gefordert. Den Demonstrationen schlossen sich auch Angehörige der städtischen Mittelschicht, Bauern und Intellektuelle an, wodurch sich die Erhebung zu einem **Volksaufstand** entwickelte. Die politische Führung hatte die Lage nicht mehr im Griff, Polizei und Staatssicherheit konnten die Proteste nicht eindämmen.

Reaktion der Machthaber

In der Reaktion auf die Erhebung zeichnete sich ein Muster ab, das sich **in anderen Ostblockländern wiederholen** sollte: Verloren die Regierungen die Kontrolle über das Geschehen, **intervenierte Moskau militärisch** zugunsten der jeweiligen kommunistischen Partei. Der Volksaufstand in der DDR wurde **gewaltsam** mit Panzern der Roten Armee **niedergeschlagen**. Die während der Proteste geforderten politisch-wirtschaftlichen Reformen wurden nicht umgesetzt, die **Überwachung der Bevölkerung** durch das Ministerium für Staatssicherheit ausgeweitet. Anstatt sich selbst und die eigene Agenda zu hinterfragen, erklärte die SED-Führung, der Aufstand sei **ein vom Westen unterstützter „faschistischer Putschversuch**" gewesen. Viele Bürger traten daraufhin die **Flucht in den Westen** an. Die von der DDR-Führung als „**Republikflucht**" geschmähte „Abstimmung mit den Füßen" konnte erst mit der Abriegelung der Grenzen und dem **Bau der Berliner Mauer 1961** beendet werden.

West: 68er-Bewegung

Themen und Forderungen

Die **Proteste der 68er-Bewegung in der Bundesrepublik** hatten andere Ursachen. Sie wurden maßgeblich getragen durch die **junge Nachkriegsgeneration**, die während des „Wirtschaftswunders" mit starkem Wirtschaftswachstum, Massenwohlstand und ungeahnten Konsumchancen sozialisiert wurde und Krieg und Entbehrung nur aus Erzählungen kannte. In den 1960er-Jahren erfasste ein **tiefgreifender Wertewandel** die westlichen Gesellschaften: Bisherige Leitwerte wie Pflichterfüllung, Disziplin, Gehorsam und Autoritätshörigkeit wurden zunehmend von **Freiheit, Selbstverwirklichung und Individualismus** abgelöst. Der daraus resultierende **Generationenkonflikt** wurde in der westlichen Welt wesentlich von Studenten getragen, die v. a. Reformen an den Universitäten einforderten. Zudem protestierten sie vehement **gegen die USA**, die sie durch den brutal geführten **Vietnamkrieg moralisch diskreditiert** sahen, und solidarisierten sich mit den kommunistischen Kräften in Vietnam. In der Bundesrepublik verband sich diese Kritik noch mit der Forderung nach **konsequenter Aufarbeitung der NS-Vergangenheit**. Die junge Generation warf ihren Eltern vor, die Verbrechen der NS-Zeit und des Zweiten Weltkriegs nicht kritisch thematisiert zu haben. Auch hatten die Studenten maßgeblichen Anteil an der „**Außerparlamentarischen Opposition**" gegen die 1966 gebildete **Große Koalition**. Als die Regierung aus CDU/CSU und SPD 1968 die **Notstandsgesetze** durch das Parlament brachte, durch die Grundrechte eingeschränkt werden können, sahen sich viele APO-Mitglieder an die Notverordnungen nach **Art. 48 der Weimarer Verfassung** erinnert, die den **Aufstieg der Nationalsozialisten** befördert hatten.

Protestformen und Entwicklung

Der **Protest gegen das „Establishment"** äußerte sich in vielfältiger Weise. So organisierten die Studenten u. a. **Massendemonstrationen, Sitzstreiks und Diskussionsrunden** an Universitäten. Dabei kam es wiederholt zu schweren Auseinandersetzungen mit der Polizei und nahezu vergiftete Beziehungen mit den Medien, besonders der Springer-Presse. Ihren Höhepunkt erreichte die Bewegung 1968 („**68er**"), danach zerfiel sie überraschend schnell in unterschiedliche Strömungen. Das **liberale, pluralistische System** der Bundesrepublik ermöglichte es, die eigene Meinung in etablierten Institutionen einzubringen. Viele gemäßigte Studierende traten **Parteien** bei und begannen den „**langen Marsch durch die Institutionen**". Erleichtert wurde ihnen dieses Engagement durch den Regierungswechsel 1969 und die **Reformprojeke der sozialliberalen Regierung unter Willy Brandt** (SPD), die Forderungen der „68er" aufgriffen und einen Liberalisierungsschub in Politik und Gesellschaft bewirkten. Die zunehmende Politisierung und Pluralisierung der Bevölkerung setzte sich in den **Bürgerrechtsbewegungen** der 1970er-/1980er-Jahre fort, die sich u. a. für die Emanzipation der Frau, den Schutz der Umwelt oder den Weltfrieden einsetzten. Ein radikaler Teil der Studentenbewegung blieb allerdings kritisch gegenüber dem parlamentarischen System. Besonders herausgefordert wurde die Bundesrepublik durch linksextreme Gruppierungen wie die **Rote Armee Fraktion**, die einen Umsturz mit terroristischen Mitteln anstrebten.

Fazit

Vergleicht man den Umgang mit Protesten in Ost- und Westdeutschland, so wird deutlich, dass **systembedingt** unterschiedlich vorgegangen wurde. Bereits 1953 zeigte sich, dass der **Staatssozialismus** in der DDR **reformunfähig** und die SED-Führung nicht zu Zugeständnissen bereit war. Die Tatsache, dass zahlreiche Arbeiter an dem Aufstand beteiligt waren, **delegitimierte den „Arbeiter- und Bauern-Staat"**, der in seinem Selbstverständnis stets die wahren Interessen der Bevölkerung im Blick habe. Nachdem die kommunistischen Kader in Ost-Berlin vollständig die Kontrolle verloren und die

Intervention der Roten Armee benötigt hatten, war ihnen klar, dass sie sich nicht auf die Akzeptanz der eigenen Bevölkerung verlassen konnten, was zum **Ausbau des Überwachungs- und Unterdrückungsapparats** der DDR führte.

Die Bundesrepublik konnte wegen der **auf Pluralismus ausgelegten Demokratie** anders mit Protesten umgehen. Zwar gab es durchaus Grenzen in Bezug auf radikale Strömungen, die zur Anwendung von Gewalt bereit waren; allerdings gelang es, dem gemäßigten Teil der 68er-Bewegung Partizipationsangebote zu machen. Das politische System der Bundesrepublik zeigte sich **flexibler, anpassungsfähiger und offener für neue Ideen** als dasjenige der DDR. Zwar verliefen die Auseinandersetzungen auch im Westen nicht vollkommen harmonisch und waren teils sogar erbittert; trotzdem ermöglichten die Proteste der „68er" einen **Liberalisierungsschub** von Politik, Kultur und Gesellschaft, den es in der DDR nicht gegeben hat.

3 **TIPP** *Anforderungsbereich: II, Verrechnungspunkte: 14*

In dieser Teilaufgabe ist erneut eine systematische Quellenanalyse verlangt. Stellen Sie zunächst M 3 mit den wichtigsten Informationen vor. Fassen Sie dann den Inhalt nach übergeordneten Gesichtspunkten zusammen, arbeiten Sie Perspektive und Intention des Autors heraus und ordnen Sie die Quelle schließlich in den historischen Kontext ein.

Vorstellung von M 3

M 3 ist eine **Rede**, die **Bundeskanzler Helmut Schmidt** (SPD) am **9. April 1981** im Deutschen Bundestag gehalten hat. In seiner Ansprache zur Lage der Nation, die sich über die anwesenden Abgeordneten hinaus an die ganze **bundesdeutsche Bevölkerung** richtet, analysiert er die **damalige Krise der Bundesrepublik** und skizziert seine politischen Vorstellungen. Dabei geht er im vorliegenden Auszug v. a. auf ökonomische und gesellschaftliche Aspekte ein.

Inhalte von M 3
Auswirkungen der weltweiten Wirtschaftskrise

Schmidt beschreibt zunächst die **gravierenden Auswirkungen der weltweiten Wirtschaftskrise**, ausgelöst durch die „Strukturkrise der Weltwirtschaft" (Z. 1) und den **„Ölpreisschock" 1978**, auf die Bundesrepublik. Die Kosten für die Ölimporte hätten sich verdoppelt, was Westdeutschland in eine **Rezession** geführt habe: Bruttosozialprodukt und Volkseinkommen würden sinken, die Arbeitslosigkeit dagegen steigen (vgl. Z. 1–6). Perspektivisch empfiehlt der Bundeskanzler, das durch hohe Importkosten verursachte **Leistungsbilanzdefizit** durch die geringere Einfuhr von Öl und das Sparen von Energie auszugleichen. Auch müsse man in die Wettbewerbsfähigkeit westdeutscher Produkte investieren, um den Absatz auf dem Weltmarkt zu steigern (vgl. Z. 7–10).

Diese wirtschaftliche Entwicklung mache ein **Umdenken der Bürgerinnen und Bürger notwendig**. Während des Wirtschaftsbooms sei eine **einseitige Anspruchshaltung** der westdeutschen Bevölkerung entstanden. Mit dem Ende der Wachstumsgesellschaft müssten sich die Menschen **neu orientieren** (vgl. Z. 21–27). Obwohl auch in der Bundesrepublik generationenübergreifend **Sorgen um die wirtschaftliche Zukunft, Frieden und Sicherheit** vorhanden seien (vgl. Z. 13–18), würden wohl „die allermeisten Menschen auf der ganzen Welt ihren Platz gerne mit einem Deutschen tauschen“ (Z. 19 f.).

Konsequenzen für die Bevölkerung

Schmidt **beruhigt** die Zuhörer jedoch auch: Es gebe keinen Grund, vor den Herausforderungen, die auf die Gesellschaft zukämen, Angst zu haben. Die **freie Entfaltung der Person** sei in hohem Maße möglich, was sowohl Forderungen der Sozialdemokratie als auch des Liberalismus erfülle. Es gelte, die „**Chance zur Selbstverwirklichung**“ (Z. 31) tatsächlich zu nutzen (vgl. Z. 28–32). Er mahnt aber auch zur **Solidarität** innerhalb der Gesellschaft. Die sozial Stärkeren müssten solidarisch mit den Schwachen sein. Der Staat leiste mit der **Sozialgesetzgebung** seinen Teil, der Umgang mit in Deutschland arbeitenden **Ausländern** ist aber für den Redner ein Beleg dafür, dass einige Bürger eine „verkümmernde Sozialfähigkeit und Sozialverantwortung“ (Z. 37) an den Tag legten. Es gebe Minderheiten, die „ziemlich brutal“ (Z. 40) ausgeschlossen seien. Aus Rücksicht auf die Jugend und nachfolgende Generationen mahnt Schmidt auch einen **bewussteren Umgang mit der Umwelt** an, die „bisweilen unbedacht“ (Z. 43) zerstört werde (vgl. Z. 33–43).

Selbstverwirklichung und Solidarität

Mit seiner Rede **informiert** der Bundeskanzler die Bundestagsabgeordneten und die bundesdeutsche Bevölkerung über die aktuellen wirtschaftlichen und gesellschaftlichen Entwicklungen in der Bundesrepublik. Seine **Analyse der damaligen Lage** verbindet er mit **Appellen**, die bestehenden Probleme aktiv und mit Zuversicht anzugehen. Dabei verzichtet Schmidt auf politische Polemik und betont Werte, die von beiden Koalitionsparteien, SPD und FDP, vertreten werden: **Freiheit, Selbstverwirklichung und Solidarität**.

Perspektive und Intention

In den 1970er-Jahren **endete** in Westeuropa der **langjährige Wirtschaftsboom** der Nachkriegszeit („**Golden Age**“), was die westeuropäischen Staaten vor enorme Herausforderungen stellte. Gründe hierfür waren der allgemeine **Strukturwandel** der Wirtschaft und die **massive Verteuerung von Erdöl**, das Kohle als Energieträger ersetzt hatte, durch die **Ölkrisen** 1973 und 1979/80 (vgl. Z. 1 f.). Die Bundesrepublik erlebte in den 1970er- und frühen 1980er-Jahren Phasen der „**Stagflation**“: Die Wirtschaft **stagnierte** und befand sich zwischenzeitlich sogar in einer Rezession, während die **Inflation** das Geldvermögen entwertete. Der gleichzeitige Strukturwandel hin zu

historischer Hintergrund

neuen Technologien (Computer, Roboter, Mikroelektronik) und der **Übergang von der Industrie- zur Dienstleistungsgesellschaft** verursachten **strukturelle Arbeitslosigkeit**. Viele Menschen, die ihre Arbeit verloren hatten, fanden u. a. wegen ihrer Qualifikation oder ihres Alters selbst in Zeiten wirtschaftlicher Erholung keine Stelle. Diese **Sockelarbeitslosigkeit** führte zur wachsenden Spaltung der Gesellschaft. Die Errungenschaften des Nachkriegsbooms waren zwar nicht verschwunden, die Zukunftsaussichten verdüsterten sich aber. Vor diesem Hintergrund waren Einsparungen in der Sozialpolitik und eine **Pause beim Ausbau des Wohlfahrtsstaats** nötig.

Auch **gesellschaftlich** erlebte die Bundesrepublik einen starken Wandel. Die Reformen der seit 1969 bestehenden sozialliberalen Koalition hatten Politik, Gesellschaft und Kultur **liberalisiert**. Viele Menschen erlebten diese Zeit als **Aufbruch** und nutzten verschiedene **Partizipationsmöglichkeiten**, um sich vielfältig zu engagieren. Im Rahmen der **Neuen Sozialen Bewegungen** setzten sie sich für die Emanzipation der Frau, den Umweltschutz, die „Dritte Welt" und für Weltfrieden und Abrüstung ein.

Fazit

Schmidts Rede zeigt eine gewisse **Sorge** der Regierung wegen der großen Herausforderungen, denen sich die Bundesrepublik 1981 angesichts der damaligen Wirtschaftskrise widmen musste. Der Bundeskanzler ruft die Bevölkerung dazu auf, ihre Lebenschancen zu nutzen. Außerdem deutet er an, dass **neue politische, wirtschaftliche und gesellschaftliche Themen** sowie Möglichkeiten der Selbstverwirklichung und Partizipation auf die Tagesordnung rückten.

4

TIPP *Anforderungsbereich: III, Verrechnungspunkte: 16*

In der vierten Teilaufgabe ist Ihr Urteil gefragt. Überprüfen Sie die vorgegebene These, die DDR sei an ihrer Reformunfähigkeit zugrunde gegangen, indem Sie verschiedene Gründe für ihren Zusammenbruch darstellen. Dabei können Sie auch andere inhaltliche Schwerpunkte setzen und müssen nicht zum gleichen Ergebnis kommen wie die folgende Musterlösung. Achten Sie aber in jedem Fall darauf, dass Sie zentrale Begrifflichkeiten korrekt verwenden und dass Sie Ihre Argumentation und Ihr Fazit schlüssig begründen.

Einleitung

Als am **9. November 1989** die **Berliner Mauer** fiel, waren viele Beobachter verblüfft, dass die **Friedliche Revolution** in der DDR gesiegt hatte. Nun rückte das Ende des SED-Regimes nahe. Eine solche Entwicklung hatte sich bereits abgezeichnet, jedoch hatte wohl kaum jemand mit der Geschwindigkeit, mit der das System zusammenbrach, gerechnet. Im Folgenden werden konkrete **Ursachen des**

Scheiterns der DDR diskutiert: Hätte die SED-Spitze deren Untergang **durch Reformen verhindern** können?

Ausgangslage: Krise des Ostblocks (auch der DDR)

In den 1970er- und 1980er-Jahren befanden sich die Staaten des **Ostblocks** in einer **gravierenden politisch-wirtschaftlichen Krise** und litten unter ähnlichen Problemen, die auf strukturelle Defizite zurückgingen. Die Planungsbehörden der Zentralverwaltungswirtschaften waren überfordert mit der effektiven Steuerung der Wirtschaftsprozesse und der optimalen Zuteilung der knapper werdenden Ressourcen, was zu dauerhaften **Versorgungsengpässen** v. a. bei Konsumgütern führte und zur wachsenden Staatsverschuldung beitrug. Das militärische **Wettrüsten** im Rahmen des Kalten Kriegs riss weitere Löcher in die Staatshaushalte. Trotz großer Aufwendungen konnten **Innovationsdefizite** (z. B. in der Elektrotechnik) nicht aufgeholt werden. Durch die Konzentration auf die Schwerindustrie und den Raubbau natürlicher Ressourcen verstärkte sich die Umweltzerstörung, was auch gesundheitliche Folgen für die Bevölkerung hatte.

Neben den wirtschaftlichen Verhältnissen sorgten **politische Unfreiheit, Erstarrung und Repression** für große Unzufriedenheit. Pluralismus und abweichende Meinungen waren nicht erwünscht, Oppositionelle wurden strengstens überwacht, in der DDR durch die „Stasi". Mehrfach hatte die UdSSR Aufbruchsversuche in Ostblockländern unterbunden (z. B. DDR 1953, ČSSR 1968). Nachdem die Unterzeichnung der KSZE-Schlussakte von 1975 erste Hoffnungen auf Veränderungen geweckt hatte, schlug mit dem **Machtwechsel in Moskau 1985** die Stunde der Reformer: Der neue Staats- und Parteichef **Michail Gorbatschow** wollte die Krise mit tiefgreifenden Reformen bekämpfen. Unter den Schlagworten „**Glasnost**" (Offenheit) und „**Perestroika**" (Umgestaltung) sollten der Sozialismus demokratischer und die Wirtschaft leistungsfähiger werden.

Überprüfung der These: Lage in der DDR

Reaktionen auf Gorbatschows Reformkurs

In der DDR wurden Gorbatschows Reformvorschläge aufgegriffen und zwar von **Oppositionellen und Vertretern der Bürgerrechtsbewegungen**, die schon länger die demokratischen Defizite, die fehlenden Grund- und Freiheitsrechte, den Rüstungswettlauf, die Umweltverschmutzung und die schlechte Versorgungslage kritisierten. Durch den neuen Kurs in Moskau (Reformen, Ende der „Breschnew-Doktrin") schöpften sie wieder Mut. Die **SED-Führung** unter Erich Honecker **lehnte** allerdings jedwede Reformbestrebung **ab**.

zunehmender Druck: Proteste, Flucht/Ausreise

Die Reformunfähigkeit des SED-Regimes sorgte für **große Enttäuschung** und bestärkte zahlreiche Bürger in ihrem Wunsch, die DDR gen Westen zu verlassen. Die **Ausreisebewegung** stand damit im Widerspruch zu den Bürgerrechtsgruppen, die Reformen in der DDR forderten. Trotz aller Gegensätze erhöhten sie gemeinsam den **Druck auf das SED-Regime: 1989** beteiligten sich immer mehr Menschen an Massendemonstrationen, stellten Ausreiseanträge oder wagten die Flucht, v. a. über Ungarn, das sich an Gorbatschows Kurs orientierte. Obwohl die hilflose SED-Spitze angesichts der Proteste eine gewaltsame Lösung nicht ausschloss, verzichtete sie letztlich auf ein solches Vorgehen. Auch Honeckers Rücktritt im Oktober 1989 hielt die Friedliche Revolution nicht mehr auf. Mit der (von der SED nicht gewollten) Öffnung der Mauer am 9. November 1989 war der **endgültige Zusammenbruch** der DDR **gewaltlos eingeleitet**.

Rettung durch Reformen?

Tatsächlich hat die SED-Führung durch ihren Widerstand gegen jede Reform den **Untergang der DDR maßgeblich mitverschuldet**. Viele Oppositionelle und Bürgerrechtler der 1980er-Jahre standen dem Sozialismus grundsätzlich wohlwollend gegenüber. Sie forderten daher weniger die Abschaffung als vielmehr die Veränderung der DDR und waren durchaus bereit, an einer **Reform des sozialistischen Systems** mitzuwirken. Da die SED-Spitze sämtliche Reformen strikt verweigerte, **verstärkte** sie die Legitimationskrise; das Misstrauen und die Enttäuschung der Bevölkerung wurden größer.

Ob die DDR allerdings mit behutsamen Reformen zu retten gewesen wäre, kann **nicht klar beantwortet** werden. Selbst in osteuropäischen Ländern (allen voran der UdSSR), in denen sich die kommunistischen Parteien an die Spitze der Reformbewegungen setzten, war die tiefe Strukturkrise nicht leicht zu beheben. Zudem war die DDR-Führung mit einem Problem konfrontiert, das es im restlichen Ostblock nicht gab: die staatliche **Teilung Deutschlands**. Die kapitalistisch-liberale **Bundesrepublik** bildete das **ideologische Gegenstück** zur DDR und zog viele Ostdeutsche durch politische Freiheit und Wohlstand an, was sich v. a. an den hohen Fluchtzahlen 1949–1961 und 1989 zeigte. Die SED musste befürchten, dass ein Reformprogramm mit Zugeständnissen und Lockerungen letztlich sogar die Forderung nach der deutschen Wiedervereinigung auf den Plan rufen würde. Wegen der anhaltenden Strukturkrise, der großen Unzufriedenheit der Bürger und des neuen Kurses in Moskau waren Reformen zwar dringend nötig, stellten jedoch auch eine **Bedrohung für die staatliche Existenz** der DDR dar. Aus diesem Dilemma fand die SED-Spitze bis zuletzt keinen Ausweg.

Fazit

Zusammenfassend kann man durchaus die Meinung vertreten, dass die **DDR an ihrer Reformunfähigkeit gescheitert** ist. Fraglich ist allerdings, ob eine größere Bereitschaft zur Reform des Sozialismus dem ostdeutschen Staat das Überleben gesichert hätte, zumal sich viele DDR-Bürger mehr an der politisch-wirtschaftlich starken Bundesrepublik orientierten. Schließlich war mit dem **Zusammenbruch des sozialistischen Ostblocks**, der die DDR jahrzehntelang gestützt hatte, das **Ende des SED-Regimes und der DDR besiegelt.**

WEST- UND OSTEUROPA NACH 1945: WEGE IN DIE POSTINDUSTRIELLE ZIVILGESELLSCHAFT

(4) wirtschaftlicher Aufschwung in West- und Osteuropa bis Anfang der 1970er-Jahre; (8) Aufbruchsversuche in West und Ost zu mehr Bürgerbeteiligung; (9) wirtschaftliche Krisen der 1970er- und 1980er-Jahre; (11) Zusammenbruch des Ostblocks

Aufgabenstellung

1 Arbeiten Sie aus M 1 die Merkmale des „Goldenen Zeitalters" heraus und erläutern Sie zusätzliche Aspekte am Beispiel der Bundesrepublik Deutschland.

2 Arbeiten Sie die Kernaussagen der Tabelle M 2 heraus und analysieren Sie das Material.

3 Analysieren Sie M 3 und erläutern sie die Zusammenhänge von M 2 und M 3 mit dem in M 1 beschriebenen Ende des „Goldenen Zeitalters".

4 „[Alle] Probleme, die die Autoren als ‚fundamentale Weltprobleme' aufgerollt haben, sind in den sozialistischen Ländern heute entweder überhaupt keine Probleme oder solche, die im Laufe der Zeit gelöst werden."

DDR-Wirtschaftswissenschaftler Jürgen Kuczynski im Jahr 1973 über den Bericht „Grenzen des Wachstums" (1972) des „Club of Rome", in dem vor den Folgen ungebremsten Wirtschaftswachstums (u. a. Umweltprobleme, Verknappung von Rohstoffen) gewarnt wird

Zitiert in: Wolfgang Girnus (Hrsg.): Sozialistischer Weltbürger und Enzyklopädist: Mosaiksteine zu Jürgen Kuczynski, Leipziger Universitätsverlag: Leipzig 2007, S. 87

Überprüfen Sie – unter Einbeziehung von Kuczynskis Aussage – den Umgang in Ost und West mit der wirtschaftlichen und ökologischen Krise der 1980er-Jahre.

M1 Eric Hobsbawm[1]: Das Zeitalter der Extreme (1995, Auszug)

Wenig überraschend war der Energieverbrauch überall in die Höhe geschossen – in den USA hatte er sich zwischen 1950 und 1973 verdreifacht [...]. Denn ein Grund, der das Goldene Zeitalter letztlich so golden machte, war der Preis für ein Barrel[2] saudisches Öl: Die ganze Spanne zwischen 1950 und 1973 kostete es im Durchschnitt weniger als zwei Dollar, wodurch Energie lächerlich billig geworden war und immer billiger wurde. Die OPEC (das Kartell der erdölproduzierenden Länder) beschloß erst 1973 endlich, den Höchstpreis zu verlangen, den der Markt noch zu zahlen bereit war [...]; ironischerweise haben die Umweltschützer erst danach begonnen, von den Auswirkungen des explodierenden Autoverkehrs Notiz zu nehmen, der schon damals den Himmel über den Großstädten in den motorisierten [...] Weltregionen verdunkelt hat. [...]

Zuerst war dieser ungewöhnliche wirtschaftliche Aufschwung nur als gigantische Version dessen erschienen, was schon längst bestand: als Globalisierung des Zustands, in dem sich die USA schon vor 1945 befunden hatten und dem es zu verdanken war, daß dieses Land zum Modell der kapitalistischen Industriegesellschaft schlechthin werden konnte. In gewissem Sinn war dies auch so. Das Zeitalter des Automobils hatte in Nordamerika schon längst begonnen; nach dem Krieg brach es auch in Europa an und etwas später und in bescheidenerem Maß auch in der sozialistischen Welt und in der lateinamerikanischen Mittelklasse. Billiges Benzin machte Lastwagen und Busse zu den wichtigsten Transportmitteln in fast allen Gebieten dieser Erde. Der Aufstieg der westlichen Wohlstandsgesellschaft könnte anhand der Vermehrung von privaten PKWs gemessen werden [...]. [...]

Was einst Luxus gewesen war, gehörte nun zumindest in den reichen Ländern zum selbstverständlichen Komfort: der Kühlschrank, die private Waschmaschine, das Telefon. 1971 gab es über 270 Millionen Telefone auf der Welt, die meisten davon in Nordamerika und Westeuropa, und es sollten zusehends mehr werden: Zehn Jahre später hatte sich die Zahl nahezu verdoppelt. [...]

Am auffälligsten an dieser Periode ist, in welchem Ausmaß der wirtschaftliche Aufschwung von der technologischen Revolution angetrieben wurde. Sie vervielfachte nicht nur verbesserte Produkte der alten Art, sie brachte auch ganz beispiellose Produkte mit sich, wozu viele gehörten, die vor dem Krieg nicht einmal vorstellbar gewesen wären. [...]

Mehr als jede frühere Periode basierte das Goldene Zeitalter auf wissenschaftlicher Forschung. Sie war nicht nur fortgeschrittener und oft dem Laien unverständlicher denn je, sondern konnte auch im Lauf von nur wenigen Jahren ihre praktische Anwendung finden. Industrie und sogar die Landwirtschaft hatten zum erstenmal entschlossen die Grenzen der Technologie des 19. Jahrhunderts überschritten [...]. [...]

Der schreckliche und unausweichliche Zyklus aus Auf- und Abschwüngen, der sich zwischen den Kriegen so mörderisch ausgewirkt hatte, verwandelte sich dank des intelligenten makroökonomischen Managements von Regierungen – zumindest glaubten dies die keynesianischen Ökonomen, die mittlerweile Regierungen berieten – in eine Abfolge von milden Fluktuationen. Massenarbeitslosigkeit? Wo in der entwickelten Welt hat es sie in den sechziger Jahren noch gegeben? [...] Und hätte nicht für den

Fall, daß wieder einmal schlechte Zeiten anbrechen sollten, ein großzügiger Wohlfahrtsstaat (der sich immer mehr durchgesetzt hatte) Schutzmaßnahmen angeboten, von denen man früher nicht einmal geträumt hatte und die mittlerweile nicht nur vor den Risiken von Krankheit und Unglück, sondern sogar vor Not im Alter schützten, die die Armen so gefürchtet hatten? Die Einkommen stiegen beinahe schon automatisch Jahr für Jahr an. Warum sollten sie nicht auch in Zukunft steigen?

Aus: Eric Hobsbawm: Das Zeitalter der Extreme. Weltgeschichte des 20. Jahrhunderts, Carl Hanser Verlag: München, Wien 1995, S. 331–334, 337. Übersetzt von Yvonne Badal.

Anmerkung

1 Eric Hobsbawm: britischer Historiker (1917–2012), der besonders im Bereich Wirtschafts- und Sozialgeschichte geforscht hat.
2 Barrel: 159-Liter-Fass; im angloamerikanischen Raum verwendetes Hohlmaß, das als Maßeinheit für Rohöhl verwendet wird.

M2 Primärenergieverbrauch in der Bundesrepublik Deutschland

Jahr	Mineral öl	Stein-kohle	Braun kohle	Erd-gas	Kern-energie	Wasser kraft	Sonsti-ge	Ins-gesamt
	Mio. t SKE[1]							
1957	21,6	137,1	28,8	0,6	–	5,5	2,4	196,1
1960	44,4	128,4	29,2	0,9	–	6,6	2,0	211,5
1970	178,9	96,8	30,6	18,3	2,1	8,4	1,7	336,8
1973	208,9	84,2	33,1	38,6	3,9	8,2	1,6	378,5
1979	206,9	75,8	38,1	65,9	13,9	5,8	1,8	408,2
1980	185,7	77,1	39,2	64,3	14,3	7,6	2,0	390,2
1981	167,5	78,3	39,8	60,0	17,6	8,6	2,1	374,1
1982	159,8	76,7	38,4	55,1	20,9	8,1	2,5	361,5
1983	158,5	77,7	38,3	56,7	21,6	9,0	2,9	364,7
1984	158,0	79,3	38,4	59,7	30,4	6,8	3,5	376,1
1985	159,9	79,4	36,1	59,6	41,1	5,9	3,6	385,0
1986	167,6	77,7	33,1	58,8	38,7	7,1	3,4	386,4
1987	161,0	75,0	31,3	64,5	42,2	7,7	4,3	386,0

Aus: Gerhard Voss: Belastungen und Risiken, in: Informationen zur politischen Bildung 219: Umwelt, 2. Quartal 1988, S. 8–20, hier: S. 11.

Anmerkung

1 SKE = Steinkohleeinheiten

M3 Entwicklung von Wirtschaftswachstum und Arbeitslosigkeit in der Bundesrepublik 1962–2001

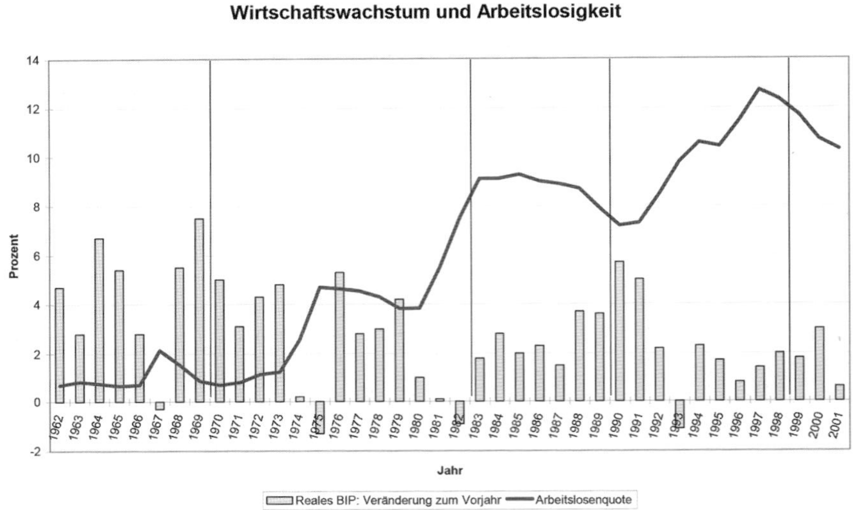

Aus: Jutta Hinrichs/Elvira Giebel-Felten, Die Entwicklung des Arbeitsmarktes 1962–2001, S. 6, abrufbar unter: https://www.kas.de/c/document_library/get_file?uuid=21593393-4d59-3806-114c-17d164465456&groupId=252038 (letzter Zugriff: 13. 07. 22.)

Anmerkung
Bruttoinlandsprodukt (BIP): Das BIP ist der Gradmesser für die Wirtschaftsleistung einer Volkswirtschaft. Beim realen BIP wird der Wert des BIP anhand der Preise eines Basisjahres bemessen. Preisveränderungen (z. B. durch Inflation) spielen hier also (anders als beim nominalen BIP) keine Rolle.

Lösungsvorschlag

1 **TIPP** *Anforderungsbereich: I/II, Verrechnungspunkte: 14*

Der erste Teil der Aufgabe verlangt, dass Sie bestimmte Inhalte aus dem Material „herausarbeiten" (AFB I), also dem Text die wichtigsten Gesichtspunkte und Sachverhalte entnehmen. Da sich M 1 allgemein auf das „Goldene Zeitalter" und nicht explizit auf Westdeutschland bezieht, wird erwartet, dass Sie noch weitere, für die Bundesrepublik relevante Aspekte „erläutern" (AFB II). Vermeiden Sie die Wiederholung von Punkten, die Sie schon näher ausgeführt haben, und bringen Sie regelmäßig Beispiele/Belege an entsprechenden Stellen ein.

In dem vorliegenden Auszug aus dem wissenschaftlichen Werk „**Das Zeitalter der Extreme**“ von **1995** beschreibt der Historiker **Eric Hobsbawm** das 20. Jahrhundert aus einer übergeordneten weltgeschichtlichen Perspektive. Konkret geht es um das „**Goldene Zeitalter**“, das er zwischen dem Ende der unmittelbaren Nachkriegszeit um **1950** und der ersten Ölpreiskrise **1973** ansetzt.

Einleitung
kurze Vorstellung des Materials

Die Grundlage des enormen **wirtschaftlichen Aufschwungs** war, so Hobsbawm, das **billige Erdöl aus Saudi-Arabien**, dessen Preis im genannten Zeitraum bei durchschnittlich weniger als zwei Dollar pro Barrel lag. In diesem Kontext habe sich der **Energieverbrauch** insgesamt deutlich erhöht, in den USA beispielsweise verdreifacht. Erst 1973 habe sich die **OPEC** darauf verständigt, nun den **Höchstsatz am Markt für Erdöl** zu verlangen (vgl. Z. 1–7).

Merkmale des „Goldenen Zeitalters“
billiges Erdöl als Energieträger

Die wirtschaftliche und gesellschaftliche Entwicklung vor allem in Westeuropa sieht er als „**Globalisierung** des Zustands, in dem sich die USA schon vor 1945 befunden hatten“ (Z. 13 f.), geht also davon aus, dass sich die westlichen und zumindest in Ansätzen die sozialistischen Staaten zeitversetzt auf dem **Weg zu einer Massenkonsumgesellschaft** befanden (vgl. Z. 12–16). Hobsbawm spricht hier auch vom „**Zeitalter des Automobils**“ (Z. 16), dessen Verbreitung als Indikator des Aufschwungs, der steigenden Mobilität und der „westlichen **Wohlstandsgesellschaft**“ (Z. 21) gesehen werden könne (vgl. Z. 16–22). Zudem seien **langlebige Gebrauchsgegenstände** wie Waschmaschine, Kühlschrank und Telefon keine Luxusgüter mehr, sondern „selbstverständliche[r] Komfort“ (Z. 24, vgl. Z. 23–27).

westliche Wohlstandsgesellschaft mit Massenkonsum

Als weitere zentrale Merkmale der damaligen Entwicklung betont er die Bedeutung der „**technologischen Revolution**“ (Z. 29) und der **wissenschaftlichen Forschung:** Es sei nun möglich, neue Wege in Industrie und Landwirtschaft zu bestreiten, innovative Produkte zu schaffen und alte Waren zu verbessern. Dabei habe sich eine bis dato ungekannte Dynamik entwickelt (vgl. Z. 28–37).

technologischer und wissenschaftlicher Fortschritt

Schließlich kommt der Autor auf den **Staat** zu sprechen. Mit makroökonomischen, vom **Keynesianismus** geprägten Mitteln habe man den „Zyklus aus Auf- und Abschwüngen“ (Z. 38), also die **Konjunktur**, in eine „Abfolge von milden Fluktuationen“ (Z. 42) verwandelt (vgl. Z. 38–42). Die Arbeitslosigkeit sei stark zurückgegangen. Zudem habe sich ein „**großzügiger Wohlfahrtsstaat**“ (Z. 44 f.) entwickelt, der die Bürger vor „den Risiken von **Krankheit und Unglück** [und] vor Not im Alter“ (Z. 47) schütze. Auch würden die **steigenden Löhne** positive Erwartungen wecken (vgl. Z. 42–49): „Warum sollten sie nicht auch in Zukunft steigen?“ (Z. 49)

Zusammenspiel Wirtschaft und Staat

Hobsbawm schildert die **Erfolgsgeschichte der westlichen Nachkriegsgesellschaften** aus der zeitlich übergeordneten Perspektive eines Historikers, der um das Ende des „Goldenen Zeitalters" in den 1970er-Jahren weiß. Dabei deutet er wiederholt an, was er von konkreten Entwicklungen hält: Erdöl sei „lächerlich billig" (Z. 5) gewesen, die OPEC habe 1973 „endlich" (Z. 7) mehr verlangt, die Umweltschützer hätten die negativen Auswirkungen der Mobilisierung „ironischerweise" (Z. 8) erst durch den „Ölpreisschock" realisiert und die Keynesianer „glaubten" (Z. 40), die Konjunktur zu kontrollieren.

Zwischenfazit

Blickt man auf die **Nachkriegsgeschichte der Bundesrepublik**, so kann man die in M 1 genannten Ursachen und Entwicklungen des „Goldenen Zeitalters" weitgehend **bestätigen**, muss diese aber noch durch spezifische Aspekte **ergänzen**, um das westdeutsche „**Wirtschaftswunder**" umfassend erklären zu können. So wurde der große Bedarf an Kapital für den wirtschaftlichen Wiederaufbau u. a. durch die Hilfsmittel des US-amerikanischen **Marshallplans** von 1948 sowie durch die erfolgreiche **Währungsreform** und die Einführung der **Deutschen Mark** als stabiler Währung 1948 gedeckt. Obwohl Millionen Flüchtlinge und Vertriebene aus den früheren Ostgebieten in den Westzonen bzw. der Bundesrepublik integriert wurden, waren Arbeitskräfte wegen des „Wirtschaftswunders" bald Mangelware, sodass man gezielt „**Gastarbeiter**" aus Südeuropa anwarb.

Besonderheiten des westdeutschen „Wirtschaftswunders

Marshallplan und Währungsreform

Anwerbung von Gastarbeitern

In wirtschaftspolitischer Hinsicht war das „Wirtschaftswunder" eng mit dem Prinzip der **Sozialen Marktwirtschaft** verbunden, das maßgeblich auf den ersten Wirtschaftsminister, **Ludwig Erhard**, zurückging und den freien Wettbewerb mit sozialstaatlichen Maßnahmen verknüpfte. Als die Bundesrepublik in den 1960er-Jahren erstmals eine Phase konjunkturellen Abschwungs erlebte, wurden 1967 mit dem Stabilitätsgesetz wesentliche **Gedanken des Keynesianismus** in die Wirtschafts- und Fiskalpolitik integriert. Insgesamt erwies sich der „**Rheinische Kapitalismus**" als so erfolgreich, dass er zu einem weltweiten Vorbild für andere Staaten wurde. Die Kooperation einer stark gewerkschaftlich organisierten Arbeitnehmerschaft (DGB) und der Unternehmerverbände verschonte das Land vor größeren Streikwellen und trug zur Stabilität bei. Die **große Nachfrage im Inland** und die durch den „Korea-Boom" einsetzenden **Exporterfolge** (v. a. im Maschinenbau und in der Automobil-, Chemie- und Elektroindustrie) sorgten für hohe Wachstumsraten. Zu bedenken ist jedoch, dass der Ausgangspunkt (**Basiswert**) nach der Kriegsniederlage von 1945 sehr niedrig war und das Wachstum deshalb besonders gewaltig erschien (Basiseffekt).

Soziale Marktwirtschaft, Keynesianismus, „Rheinischer Kapitalismus"

Insgesamt lässt sich das westdeutsche „**Wirtschaftswunder**" klar in das von Hobsbawm beschriebene „**Goldene Zeitalter**" **einordnen**,

Fazit

da es zur Ausbildung einer regelrechten „**Wohlstandsgesellschaft**" kam. In Westdeutschland spielte der wirtschaftliche Erfolg zudem eine große **politische Rolle**, da er der neuen Demokratie zu Akzeptanz verhalf. Allerdings war der enorme wirtschaftliche Aufschwung auch einer der Gründe, warum die Auseinandersetzung mit der NS-Vergangenheit zunächst deutlich in den Hintergrund rückte.

2

TIPP *Anforderungsbereich: II, Verrechnungspunkte: 12*

Der Operator „herausarbeiten" verlangt von Ihnen zunächst, die Hauptaussagen der Tabelle in Worte zu fassen. Bei der Analyse sollten Sie dann über die reine Wiedergabe hinaus gezielt Zusammenhänge suchen und auswerten. Greifen Sie dabei auf das Material und auf Ihr historisches Hintergrundwissen zurück.

Vorstellung von M 2

Die **tabellarische Übersicht** über den „**Primärenergieverbrauch** in der Bundesrepublik Deutschland" stammt aus einer Publikation der **Bundeszentrale für politische Bildung** aus dem Jahr 1988. Sie enthält **statistisches Material** zum Einsatz verschiedener **Energieträger** (Mineralöl, Stein- und Braunkohle, Ergas, Kernenergie und Wasserkraft). Um **Vergleichbarkeit** zu gewährleisten, sind alle Angaben in „Steinkohleeinheiten" (SKE, nach der damals gängigen Energiequelle) umgerechnet. Ganz links ist eine **Zeitachse** eingetragen, die **nicht linear** verläuft: Für die Jahre 1957–1979 springt sie in scheinbar willkürlichen Intervallen wie im „Zeitraffer", während der Zeitraum 1979–1987 im jährlichen Rhythmus dargestellt ist.

Inhalte von M 2

Gesamtenergieverbrauch

Betrachtet man den **Gesamtenergieverbrauch**, der ganz rechts **als Summe der anderen Spalten** vermerkt ist, fällt auf, dass dieser sich zwischen 1957 und 1979 mehr als verdoppelte und 1979 mit 408,2 Mio. t SKE den Höchstwert erreichte. Dann hatte er eine leicht sinkende, ab 1983 wieder eine überwiegend steigende Tendenz.

Entwicklung von Steinkohle und Mineralöl

Vergleich man die Spalten für **Steinkohle und Mineralöl**, zeigt sich eine **gegenläufige Entwicklung** bei diesen Ressourcen: Die Steinkohle machte 1957 noch mehr als die Hälfte des ganzen Energieverbrauchs aus und war somit der klare **Hauptenergieträger**. Bis 1979 halbierte sich der Wert aber von 137,1 Mio. t SKE auf 75,8 Mio. t SKE und pendelte sich dann auf fast gleichbleibenden Niveau ein. Der Mineralölverbrauch wuchs im gleichen Zeitraum dagegen rasant an. Hatte er 1957 noch einen recht niedrigen Wert (21,6 Mio. t SKE), so verzehnfachte er sich bis 1979 (206,9 Mio. t SKE). Bereits 1970 hatte das Mineralöl die Steinkohle **als dominierenden Energieträger abgelöst** und deckte nun über die Hälfte des Bedarfs.

Der Verbrauch von **Braunkohle** war annähernd konstant von geringer Bedeutung und wurde 1973 vom **Erdgas** überholt, das 1987 etwa doppelt so stark nachgefragt wurde (64,5 zu 31,3 Mio. t SKE). Für die **Kernenergie** liegen erst ab 1970 Angaben vor, ab 1985 lag sie zumindest über der Braunkohle. Kaum eine Rolle spielten die **Wasserkraft** (konstant unter 10 Mio. t SKE) und weitere Energieträger.

Braunkohle, Kernenergie und Wasserkraft

Die Tabelle spiegelt anhand aussagekräftigen, verständlichen Zahlenmaterials den Bedeutungsverlust der **Steinkohle als einstiger Hauptenergieträger** und den umfassenden Einstieg in die **Mineralölwirtschaft** wider. Damit verbunden war die **starke Abhängigkeit** von ausländischen Energielieferanten, was sich 1973 und 1979 zeigte, als die in der OPEC vereinten arabischen Länder **die Preise drastisch erhöhten** (vgl. auch M 1) und damit die westlichen Volkswirtschaften schwer trafen. In M 2 spiegelt sich dies in den Daten ab 1979 wider: Hier deutet sich an, dass in Reaktion auf die „**Ölpreisschocks**" versucht wurde, den Verbrauch von Öl und somit den Gesamtenergieverbrauch zu reduzieren. Dass dies über Jahre gelang – erst 1986 stieg die eingesetzte Mineralölmenge wieder an –, könnte die Folge der während der Ölpreiskrisen gedrosselten Industrieproduktion, von Effizienzgewinnen (z. B. Rationalisierungs- und Optimierungsprozesse in Betrieben) und Energiesparmaßnahmen sein. Der ab dem zweiten „Ölpreisschock" 1979 zunehmende, im Vergleich zum Mineralöl aber noch maßvolle Einsatz der **Kernenergie** hatte dagegen in den 1980er-Jahren gesellschaftspolitische Folgen: So war die **Umwelt- und Anti-Atom-Kraft-Bewegung** sowohl gegen die militärische als auch die **zivile Nutzung der Atomenergie** und demonstrierte z. B. gegen den Bau von Kernkraftwerken.

Einordnung in den historischen Kontext

3 **TIPP** *Anforderungsbereich: II, Verrechnungspunkte: 16*

In dieser Teilaufgabe sollen Sie alle drei Materialien einbeziehen. Analysieren Sie zunächst die neue Grafik M 3, indem Sie auf formale Aspekte, Inhalte und Quellenwert eingehen. Vergessen Sie dann nicht, noch die Zusammenhänge zwischen M 1–3 zu verdeutlichen und mit Beispielen zu belegen. Es bietet sich an, dies in einem Abschnitt zum historischen Hintergrund vorzunehmen.

Die **Grafik „Wirtschaftswachstum und Arbeitslosigkeit"** stammt aus einer Publikation von **Jutta Hinrichs und Elvira Giebel-Felten** und wurde online veröffentlicht. Sie zeigt **Datenmaterial zur Entwicklung der bundesdeutschen Wirtschaft** von den 1960er-Jahren bis zur Jahrtausendwende.

Analyse von M 3
Formales

Es handelt sich um eine Kombination aus **Säulendiagramm** („reales BIP") und **Liniendiagramm** („Arbeitslosenquote"). Die horizontale Achse bildet den **Zeitraum 1962–2001** in Jahresschritten ab, über die Vertikale werden Angaben **in Prozent** zur Entwicklung des BIP bzw. zur Arbeitslosigkeit gemacht.

Darstellung und Inhalte

Die Balken stellen jeweils die **Veränderung des BIP** im Vergleich zum Vorjahr dar. Hier wird die **Konjunktur**, also die zyklische Entwicklung des Wirtschaftswachsums sichtbar, im idealtypischen Fall eine Art Sinuskurve mit vier Phasen: Aufschwung, Boom (Hochkonjunktur), Abschwung (Rezession) und Krise (Depression). Ein Beispiel hierfür liefern die Jahre 1963–1967.

– Entwicklung des BIP (Konjunkturverlauf)

Generell ist erkennbar, dass die jährlichen Wachstumsraten eher kleiner wurden, nachdem 1969 der Höchstwert mit über 7 % erreicht war. Im weiteren Verlauf auffällig sind nur die zwei aufeinanderfolgend starken Jahre 1990/91, die von der Grundtendenz abweichen. Diese Grundtendenz (geringere Wachstumsraten) lässt sich mit dem **Basiseffekt** erklären: Je größer die Wirtschaft schon geworden ist, desto geringer wirken sich einige Milliarden Zuwachs auf das BIP aus.

Problematisch sind die Jahre, in denen das Wachstum unter die horizontale Achse, also in den Minusbereich fällt: In diesen Jahren kam es zu einer so **heftigen Rezession**, dass die Wirtschaftsleistung im Vergleich zum Vorjahr sogar „**geschrumpft**" ist. Die betroffenen Jahre kann man historisch erklären: 1967 befand sich die Steinkohleindustrie in der Krise, 1975 und 1982 zeigten sich die Auswirkungen der „Ölpreisschocks" und 1993 machten sich die Folgen der deutschen Wiedervereinigung bemerkbar.

Die Linie bildet die **Arbeitslosenquote** ab, also den Anteil der registrierten Arbeitslosen an der Zahl der abhängig Beschäftigten. Auch hier zeigt sich eine **zyklische Bewegung**, die jedoch entgegengesetzt zur Konjunktur verläuft. Da die Arbeitslosigkeit in Abschwungphasen und besonders in Krisen steigt, im Aufschwung aber wieder fällt, ist dieser Zusammenhang leicht verständlich.

– Entwicklung der Arbeitslosigkeit

Über den gesamten Zeitraum zeigt sich allerdings eine **gravierende Erhöhung der Arbeitslosenquote** von weniger als 1 % 1962 auf mehr als 10 % 2001; 1987 erreichte sie mit über 12 % ihren Höchststand. Das bedeutet, dass sich der bundesdeutsche Arbeitsmarkt von der **Vollbeschäftigung** Anfang der 1960er-Jahre hin zur dauerhaften **Massenarbeitslosigkeit** entwickelt hat. Es ist auffällig, dass die Arbeitlosigkeit auf dem Weg zu den zwischenzeitlichen Höhepunkten (z. B. 1967, 1975, 1983) steil ansteigt, der anschließende Rückgang dagegen stets flacher verläuft und weniger tief geht, sodass eine Art Treppe erkennbar ist. Nach den wirtschaftlichen Krisenjahren 1967,

1975, 1982 und 1993 blieb also jeweils eine höhere **Sockelarbeitslosigkeit**. Da diese nicht mehr allein durch die Konjunktur erklärbar ist, liegt es nahe, **strukturelle Ursachen** (u. a. Rationalisierung und Digitalisierung) zu vermuten. Insgesamt kann man von einer „Entkopplung“ der zwei Darstellungen sprechen: Das Wirtschaftswachstum braucht offensichtlich weniger Menschen, die es produzieren.

Quellenkritik

M 3 ist **übersichtlich** und scheinbar **leicht verständlich**, da die Entwicklung beider Werte durch die gleiche Jahres- bzw. prozentuale Skala abgebildet werden kann und somit keine separaten Grafiken nötig ist. Die Darstellung enthält aber auch eine Tücke: Es wird nicht klar, ob sich die Zahlen nach der deutschen Einheit 1990/91 auf Gesamtdeutschland oder weiter nur auf das alte Bundesgebiet beziehen. Hier müsste man die angegebene Publikation konsultieren.

Erläuterung des historischen Kontextes (mit M1–3)

Ende des ständig steigenden Wohlstands

Das von **Hobsbawm** in M 1 beschriebene „**Goldene Zeitalter**“ kam mit den beiden Ölkrisen der 1970er-Jahre zu einem **abrupten Ende**. Starke **Konjunktureinbrüche** und **Massenarbeitslosigkeit** zeigten, dass die keynesianischen Vorstellungen von einer intelligenten Wirtschaftssteuerung teils illusionär waren. Stetig steigender Wohlstand war nicht mehr selbstverständlich.

Bedeutung der „Ölpreisschocks“

Die gerade erst von Steinkohle auf Erdöl umgestellte westliche Wirtschaft erlebte 1973 und 1979/80 durch die **Preispolitik der OPEC zwei schwere Schocks**, gegen die man nicht gewappnet war und die man nicht durch andere Energieträger (wie die neue Atomkraft) auffangen konnte. Nun musste sogar Energie gespart werden (vgl. M 2).

Umweltprobleme

Vor diesem Hintergrund begann man, mehr über die **ökologischen Folgen des massiven Energieeinsatzes** zu sprechen. Zu dieser Zeit war den wenigsten bewusst, wie sich z. B. der **Verbrauch fossiler Brennstoffe** (v. a. Kohle, Öl, Gas) auf den Treibhauseffekt auswirkt. Diskutiert wurde eher über Einzelaspekte, wie z. B. die Luftqualität („Smog“), das „Waldsterben“ und die Endlichkeit der Ressourcen.

Strukturwandel

Die „**technologisch[e] Revolution**“ (M 1, Z. 29), so legt es M 2 nahe, half dabei, in der Folge der Ölkrisen mit weniger Primärenergie auszukommen und die Erholung der Wirtschaft im Verlauf der 1980er-Jahre bei gleichem Energieeinsatz voranzutreiben. Die Arbeitslosenkurve in M 3 deutet dagegen darauf hin, dass die technologischen Fortschritte es auch ermöglichten, **Wachstum mit weniger Arbeitskraft** zu **erzeugen**. Damals machte die Bundesrepublik einen Transformationsprozess **von der Industrie- zur Dienstleistungsgesellschaft** durch, was von regional hoher Arbeitslosigkeit begleitet war. Besonders betroffen waren z. B. die Steinkohleindustrien an Ruhr und Saar, die zuvor schon die Energiewende von der Steinkohle zum Erdöl erlebt hatten.

4 **TIPP** *Anforderungsbereich: III, Verrechnungspunkte: 18*

Unter Einbeziehung des Zitats eines DDR-Wirtschaftswissenschaftlers aus dem Jahr 1973 sollen Sie den Umgang in Ost und West mit der Wirtschafts- und Umweltkrise der 1980er-Jahre kritisch anhand Ihres Fachwissens beleuchten und ein begründetes Urteil fällen. Bringen Sie dabei konkrete Beispiele ein, die Sie im Unterricht bei der Behandlung der weltwirtschaftlichen Entwicklung, aber auch der Neuen Sozialen Bewegungen bzw. der Dissidentenbewegungen kennengelernt haben. Die folgende Lösung liefert Ihnen einige Anhaltspunkte.

Einleitung

1972 warnte der „**Club of Rome**" mit der Studie „**Grenzen des Wachstums**" vor den Folgen uneingeschränkten Wirtschaftswachstums, u. a. vor massiven Umweltproblemen und Ressourcenknappheit. Auf diesen Bericht bezieht sich das Zitat des DDR-Wirtschaftswissenschaftlers Jürgen Kuczynski, das Bestandteil der folgenden Überprüfung werden soll: Wie ging man in **Ost und West** mit der **Wirtschafts- und Umweltkrise der 1980er-Jahre** um?

Umgang mit der wirtschaftlichen Krise

Westen

In den 1980er-Jahren kämpften die Volkswirtschaften weltweit auf unterschiedliche Weise mit den Folgen der „Ölpreisschocks". Im Westen kam es zu einer Kombination aus Wachstumsschwäche und gleichzeitiger Inflation („**Stagflation**"), als der bis dato billige Energieträger Erdöl deutlich höhere Kosten erforderte. Da die Krise mit bisherigen wirtschaftspolitischen Maßnahmen nicht zu beheben war, kam es zu einem Umdenken: Ausgehend vom angelsächsischen Raum setzte man auf den **Neoliberalismus**, der im keynesianischen Modell nicht die Lösung, sondern ein Problem sah. Statt der Nachfrage- wollte man die Angebotsseite stärken. Nun wurden der Staatsanteil der Wirtschaft verringert und die Bedingungen für Unternehmen verbessert; statt auf teure Konjunkturprogramme setzte man auf Geldmengensteuerung durch die Zentralbank. Besonders radikal wurde der Neoliberalimus in Großbritannien und den USA umgesetzt, gemäßigter u. a. in der Bundesrepublik (ab 1982 unter Helmut Kohl, CDU). Der wirtschaftspolitische Richtungswechsel hatte mehr oder weniger starke sozialpolitische Folgen: Während die angelsächsischen Länder eher dazu neigten, den **Sozialstaat** abzubauen, und auf Wachstum und freie Märkte setzten, hielt die Bundesrepublik am wohlfahrtsstaatlichen Modell weitgehend fest.

Osten

Im Westen äußerte sich die angespannte Lage besonders in der stark gestiegenen **Arbeitslosigkeit**, die es im **Sozialismus** per Definition nicht gab, obgleich sie de facto oft durch Leerlauf und geringe Produktivität verschleiert wurde. Die durch die „Ölpreisschocks" ausgelöste Krise zeigte sich aber auch im **Ostblock**, wo sie auf die **strukturellen Schwächen** des sozialistischen Wirtschaftssystems traf.

Den **Zentralverwaltungswirtschaften** gelang es immer weniger, die Versorgung der Bevölkerung zu sichern. Nach wie vor herrschte eine „**Tonnenideologie**": Die Erfüllung meist unrealistischer Wirtschaftspläne stand im Vordergrund; Qualität, tatsächliche Nachfrage und Umweltfolgen waren zweitrangig. In die Infrastruktur und neue, effektivere und womöglich umweltschonendere Produktionsanlagen wurde kaum investiert.

Umgang mit der ökologischen Krise

Westen

Im Westen hatte der Zugang zu **scheinbar unbegrenzten, billigen Ressourcen** (v. a. Erdöl) das gewaltige Wirtschaftswachstum des „Goldenen Zeitalters" ermöglicht; über die Folgen für die Umwelt, die die massive Nutzung fossiler Brennstoffe hat, wurde jedoch erst allmählich gesprochen, eine staatliche Umweltpolitik lief schleppend an. Nachdem Willy Brandt 1961 im Wahlkampf gegen Konrad Adenauer gefordert hatte, dass der „Himmel über dem Ruhrgebiet wieder blau" werden müsse, verabschiedete die von ihm geführte sozialliberale Koalition 1971 das erste Umweltprogramm . Durch umweltpolitische Eingriffe versuchte man fortan, erkennbaren Umweltschäden meist durch Ver- und Gebote (u. a. Grenzwerte für Schadstoffe), Anreize oder Steuererhebung zu begegnen.

Der Umgang mit der ökologischen Krise erreichte besonders in der Bundesrepublik die **Zivilgesellschaft**, die selbst aktiv wurde. Man diskutierte in den 1980er-Jahren u. a. über das „Waldsterben" und über die Folgen des Atomunglücks in Harrisburg, USA. Die **Umwelt- und Anti-Atomkraft-Bewegung** führte zu Bürgerinitiativen, Verbänden und einer Partei: So wurde 1975 der Bund für Umwelt und Naturschutz (BUND) gegründet, 1980 formierten sich die „**Die Grünen**", die 1983 erstmals in den Bundestag einzogen.

Osten

Angesichts der Entwicklung im Osten, wo stark auf den Energieträger Kohle gesetzt wurde und umweltpolitische Innovationen keine Rolle spielten, wirkte die Umweltproblematik im Westen geradezu geringfügig. Im Ostblock waren die vermutlich **schmutzigsten Industriereviere** der Welt anzutreffen, wie z. B. die Chemieregion um Bitterfeld in der DDR und das schlesische Kohlerevier um Katowice in Polen. **Luft, Böden und Gewässer** waren flächendeckend **verseucht**. 1986 kam es dann noch zum Super-GAU von Tschernobyl in der UdSSR.

Staatliche Stellen kümmerten sich weniger um die Umweltprobleme selbst als um die **Unterdrückung** derer, die sie öffentlich machen wollten. Das Verbot von Monika Marons Romans „Flugasche" 1981 in der DDR war dafür charakteristisch. Auch hatte die **Zivilgesellschaft** im Osten aufgrund des repressiven politischen Systems einen **deutlich schwereren Stand** als diejenige im Westen. Zwar gab es oppositionelle Kräfte wie die Bewegung „**Charta 77**" in der ČSSR, die sich auf die KSZE-Schlussakte von Helsinki 1975 berief, oder die polnische „**Solidarność**", die 1980 unter Führung Lech Wałęsas als erste freie Gewerkschaft des Ostblocks gegründet wurde. Beide Bewegungen entsprangen aber dem Bedürfnis nach politischer Freiheit, Bürgerrechten oder besserer Versorgung; der Umweltaspekt war bestenfalls sekundär. In der DDR dagegen wurde Umwelt zu einem wichtigen Thema der stärker werdenden **Friedens- und Bürgerrechtsbewegung**, der es tatsächlich gelang, das Bewusstsein für die Problematik zu schärfen. Allerdings war die **staatliche Verfolgung** zu hoch, um mehr erreichen zu können.

Fazit

(mit Einbindung des Zitats)

Zum Umgang des **Westens** – den Kuczynski im vorliegenden Zitat nicht (explizit) anspricht – mit der wirtschaftlichen und ökologischen Krise der 1980er-Jahre lässt sich folgendes Fazit ziehen: Die Wirtschaftskrise, die in den frühen 1970er-Jahren dem scheinbar unbegrenzten Wachstum des „Goldenen Zeitalters" ein Ende gesetzt hatte, war im Westen **keineswegs gelöst** und die Hoffnungen der Keynesianer hatten sich nicht erfüllt. So führten heftige Rezessionen durch „Ölpreisschocks", Globalisierung und Strukturwandel u. a. zu dauerhafter **Massenarbeitslosigkeit**. Diese Folgen wurden im Westen mithilfe des Neoliberalismus bekämpft, wobei sich Unterschiede z. B. im Umgang mit dem Sozialstaat zeigten. In der Umweltpolitik wurden der Staat, besonders aber die **zivilgesellschaftliche Umweltbewegung** zunehmend aktiv, um auf die Gefahren einer exzessiven Wirtschafts- und Energiepolitik aufmerksam zu machen. Insgesamt kann man die **Bilanz des Westens** als „**gemischt**" bezeichnen.

Den **Ostblock** spricht Kuczynski dagegen explizit an. Seine Behauptung, im Sozialsmus seien die vom „Club of Rome" genannten Probleme überhaupt nicht vorhanden oder lösbar, erweist sich aber eindeutig als falsch: Zwar gab es im Sozialismus systembedingt **kein Gewinnstreben** wie im westlichen Kapitalismus, das zulasten der Umwelt hätte gehen können. Allerdings erwies sich die im Ostblock typische Produktionsorganisation nicht nur als unökonomisch und angesichts der weltweiten Wirtschaftskrise unflexibel, sondern war auch unökologisch, ja regelrecht **rücksichtslos gegenüber Natur und Mensch** und somit alles andere als nachhaltig. Auf die Warnungen der Umweltschützer wurde nicht gehört; diese wurden stattdessen als unerwünschte Überbringer schlechter Nachrichten bespitzelt und verfolgt.

WEST- UND OSTEUROPA NACH 1945: WEGE IN DIE POSTINDUSTRIELLE ZIVILGESELLSCHAFT

(5) Umgang mit Protest in West- und Osteuropa; (11) Zusammenbruch des Ostblocks

Aufgabenstellung

1 Analysieren Sie M 1.

2 Vergleichen Sie M 2 und M 3.

3 Stellen Sie eine Oppositionsbewegung in einem Staat des Ostblocks dar und beurteilen Sie deren Beitrag zum Ende der bipolaren Weltordnung.

4 Überprüfen Sie die These des Historikers Eric Hobsbawm zu Michail Gorbatschow: „Wenn es überhaupt irgendeinem einzelnen Menschen zugeschrieben werden kann, den vierzigjährigen globalen Kalten Krieg beendet zu haben, dann ihm.“

Eric Hobsbawm: Das Zeitalter der Extreme. Weltgeschichte des 20. Jahrhunderts, Carl Hanser Verlag: München, Wien 1995, S. 594. Übersetzt von Yvonne Badal.

M1 Horst Haitzinger, Satirezeitschrift „Nebelspalter“ (Schweiz) September 1969

Die Abbildung zeigt den Generalsekretär der KPdSU, Leonid Breschnew, bei der Arbeit. Im Hintergrund ist Mao Zedong zu sehen, der Chef der Kommunistischen Partei Chinas, die 1949 die Macht in China übernommen hat. Zwischen der UdSSR und der Volksrepublik China kam es 1969 zu militärischen Auseinandersetzungen am Grenzfluss Ussuri. Vorausgegangen waren jahrelange Spannungen und Streitigkeiten über die weitere Entwicklung des Kommunismus.

M2 **Rede des Generalsekretärs der KPdSU, Leonid Breschnew, auf dem V. Parteitag der Polnischen Vereinigten Arbeiterpartei, 12. November 1968**

Es ist bestens bekannt, daß die Sowjetunion manches für die reale Stärkung der Souveränität und Selbständigkeit der sozialistischen Länder getan hat. Die KPdSU setzte sich immer dafür ein, daß jedes sozialistische Land die konkreten Formen seiner Entwicklung auf dem Wege zum Sozialismus unter Berücksichtigung der Eigenart seiner nationalen Bedingungen selbst bestimmte. Aber bekanntlich, Genossen, gibt es auch allgemeine Gesetzmäßigkeiten des sozialistischen Aufbaus, und ein Abweichen von diesen Gesetzmäßigkeiten könnte zu einem Abweichen vom Sozialismus im allgemeinen führen. Und wenn innere und äußere dem Sozialismus feindliche Kräfte die Entwicklung eines sozialistischen Landes zu wenden und auf eine Wiederherstellung der kapitalistischen Zustände zu drängen versuchen, wenn also eine ernste Gefahr für die Sache des Sozialismus in diesem Lande, eine Gefahr für die Sicherheit der ganzen sozialistischen Gemeinschaft entsteht – dann wird dies nicht nur zu einem Problem für das Volk dieses Landes, sondern auch zu einem gemeinsamen Problem, zu einem Gegenstand der Sorge aller sozialistischen Länder.

Fundort: Russischer Text in der „Prawda" vom 13. November 1968, deutsche Übersetzung in der Beilage zu „Sowjetunion heute" vom 16. Dezember 1968

M3 **Erklärung der Teilnehmerstaaten des Warschauer Paktes, Juli 1989 (Auszug)**

Am 7./8. Juli 1989 traf sich der Politische Beratende Ausschuss des Warschauer Pakts in der rumänischen Hauptstadt Bukarest. Zu den anwesenden führenden Staatsmännern des Ostblocks gehörten neben Michail Gorbatschow (UdSSR) u. a. auch Erich Honecker (DDR) und Wojciech Jaruzelski (Polen).

Die verbündeten sozialistischen Staaten messen der Gewährleistung der militärisch-politischen und territorialen Stabilität in Europa erstrangige Bedeutung bei. Sie gehen davon aus, daß jedes Volk selbst das Schicksal seines Landes bestimmt und das Recht hat, selbst das gesellschaftspolitische und ökonomische System, die staatliche Ordnung, die es für sich als geeignet betrachtet, zu wählen. Für die Gestaltung der Gesellschaft gibt es nicht nur einen Standard.

Stabilität setzt den Verzicht auf Konfrontationsdoktrinen, auf Gewalt sowie die Unzulässigkeit einer direkten und indirekten Einmischung in die inneren Angelegenheiten anderer Staaten voraus. Kein Land darf den Verlauf der Ereignisse innerhalb eines anderen Landes diktieren, keiner darf sich die Rolle eines Richters oder Schiedsrichters anmaßen.

Aus: Tagung des Politischen Beratenden Ausschusses der Teilnehmerstaaten des Warschauer Vertrages, Bukarest, 7./8. Juli 1989, Dietz Verlag: Berlin 1989, S. 25f.

Lösungsvorschlag

1 **TIPP** *Anforderungsbereich: II, Verrechnungspunkte: 14*

Nach einer kurzen Einleitung, in der Sie die Formalia von M 1 anführen, sollten Sie wesentliche Bild- und Textelemente der Karikatur beschreiben und in einen Zusammenhang bringen. Ordnen Sie die Abbildung anschließend in den historischen Kontext der Breschnew-Ära ein und deuten Sie die Aussageabsicht. Achten Sie bei der Bearbeitung der Aufgabe auch auf die zusätzlichen Hinweise unter der Karikatur zu den Beziehungen zwischen der Sowjetunion und China.

Analyse von M 1
Formalia

Die **Karikatur** (M 1) von **Horst Haitzinger** stammt aus der Satirezeitschrift **„Nebelspalter"**. Sie wurde im **September 1969**, also rund ein Jahr nach der Niederschlagung des „Prager Frühlings" veröffentlicht. Trotz der relativ geringen Reichweite des Schweizer Mediums kann davon ausgegangen werden, dass die ganze **westliche Öffentlichkeit** angesprochen werden sollte.

Beschreibung und Deutung der Bildinhalte

In der Mitte von M 1 sieht man einen korpulenten **Totengräber** bei der Arbeit. Er steht in einem breiten, schon recht tief ausgehobenen **Grab**. Im Vordergrund befinden sich **drei kleinere Gräber**, über die bereits „Gras gewachsen" ist. Die Grabsteine sind schlicht gestaltet und unterscheiden sich lediglich durch ihre **Inschriften: „Berlin 1953"**, **„Ungarn 1956"** und **„CSSR 1968"**. Vom Totengräber unbemerkt betrachtet ein asiatisch aussehender Herr das Geschehen. Über seinem Kopf befindet sich eine im Comic-Stil gestaltete Gedankenblase mit einem **großen Fragezeichen**.

Der Totengräber, der sich mit missmutiger Miene auf seine Arbeit konzentriert, ist aufgrund der charakteristischen Gestaltung seiner Gesichtszüge als **Leonid Breschnew** zu identifizieren, der zu dieser Zeit **Chef der KPdSU** und somit führender Mann der Sowjetunion war. Die Figur im Hintergrund stellt den Vorsitzenden der Kommunistischen Partei Chinas, **Mao Zedong** dar, erkennbar an der schlichten Uniform im „Mao-Look". Er wirkt **alarmiert** und scheint sich zu fragen, für wen das große Grab, das Breschnew gerade aushebt, bestimmt sein könnte.

Die Inschriften der drei kleinen Gräber weisen auf **Opfer der sowjetischen Machtpolitik** in Europa hin. Es wird angespielt auf die Niederschlagung des **Volksaufstandes in der DDR** 1953 durch sowjetische Panzer, die blutige Beendigung des **Ungarnaufstandes** unter Imre Nagy 1956 und die in der unmittelbaren Vorgeschichte von M 1 liegende Intervention in der ČSSR gegen den Reformkommunismus Alexander Dubčeks , den **„Prager Frühling"** 1968.

Diese drei Ereignisse waren nicht nur für die betroffenen kommunistischen Regierungen, sondern gerade auch für die Sowjetunion als Führungsmacht des Ostens von **existenzieller Bedeutung:** Sie stellten den bisher praktizierten Staatssozialismus infrage und waren auf diese Weise eine Bedrohung für den Bestand des Ostblocks und die Aufrechterhaltung des Kommunismus. Nach dem „Prager Frühling" 1968 formulierte die Spitze der UdSSR mit der „**Breschnew-Doktrin**" den Anspruch, dort zu intervenieren, wo der Sozialismus in Gefahr sei. Darüber hinaus gab es seit geraumer Zeit **Konflikte mit dem kommunistischen China unter Mao:** Es ging um den „richtigen" Weg bei der Ausgestaltung des Sozialismus und um die Vorherrschaft in der kommunistischen Welt. 1969 mündeten diese Spannungen sogar in eine bewaffnete Auseinandersetzung am Grenzfluss Ussuri. In diesem Sinne ist Maos fragender Blick in M 1 zu deuten: Drohte auch für China Gefahr aus Moskau?

Einordnung in den historischen Kontext

Der Blick auf die Vorgänge im Ostblock erfolgt aus **westlicher Sicht**. Die Intention des Karikaturisten ist es, **Kritik an den Verhältnissen in der kommunistischen Welt** zu üben: Offensichtlich konnte die Sowjetunion eine Reihe von sozialistischen Staaten **nur mit Gewalt unter Kontrolle** halten. Die zentrale Figur ist Breschnew, der gerade erst durch seine „Doktrin" von der **begrenzten Souveränität der kommunistischen Staaten** (vgl. M 2) das Vorgehen der UdSSR im Ostblock gerechtfertigt hatte. Im weiteren Sinne könnte man aus M 1 ableiten, dass Breschnew auch der „**Totengräber**" **des Sozialismus im Westen** sei, da sich um 1970 kommunistische Parteien in Italien, Spanien und Frankreich vom sowjetischen Vormachtanspruch lösten und sich als „**Eurokommunisten**" den parlamentarischen Demokratien annäherten.

Perspektive und Intention

2 **TIPP** *Anforderungsbereich: II, Verrechnungspunkte: 14*

Nachdem Sie die Materialien M 2 und M 3 mit ihren Basisinformationen in den jeweiligen Kontext eingeordnet haben, müssen Sie Gemeinsamkeiten und Unterschiede beider Quellen einander gegenüberstellen. Insgesamt sollten Sie die historische Bedeutung der zwei Texte gewichten.

M 2 ist eine **Rede**, die der Generalsekretär der KPdSU, **Leonid Breschnew**, im November **1968** persönlich auf dem 5. Parteitag der Polnischen Vereinigten Arbeiterpartei, also einer „Bruderpartei" der KPdSU, gehalten hat. Sie richtet sich in erster Linie an die Entscheidungsträger der sozialistischen Parteien. Als öffentliche Ansprache, die zudem noch publiziert wurde, hatte sie jedoch auch eine darüber hinausgehende **Signalwirkung**.

Vergleich von M 2 und M 3

Formales

– M 2

Bei M 3 handelt es sich dagegen um eine gemeinsame **Erklärung der Staaten des Warschauer Paktes** vom Juli **1989**. Bei den Beratungen, die dieser Textquelle zugrunde lagen, war auch der damalige KPdSU-Parteichef und führende Mann des Ostblocks, **Michail Gorbatschow**, anwesend. Das Dokument richtet sich grundsätzlich an die gesamte Welt, ist aber besonders für die sozialistischen Staaten sowie für Europa von Bedeutung. – M 3

M 2 und M 3 sind **unterschiedlichen Quellenarten** zuzuordnen, geben jedoch beide **Einblick in die offizielle Linie der UdSSR**, vertreten durch die jeweiligen Generalsekretäre der KPdSU. Von daher definieren sie zentrale Positionen der mächtigsten Führer des „sozialistischen Lagers", die die politische Ausrichtung des Ostblocks entscheidend festlegten.

Zusammenfassung und Deutung der Inhalte

Inhaltlich geht es sowohl in der Rede von 1968 als auch in der Erklärung von 1989 um die **Ausgestaltung der „sozialistischen Gemeinschaft"** (M 2, Z. 12) bzw. das **Verhältnis der „verbündeten sozialistischen Staaten"** (M 3, Z. 1), v. a. um die Frage, wie abhängig bzw. unabhängig diese von der Sowjetunion agieren konnten. Hierbei sind deutliche **Unterschiede** auszumachen.

– M 2

Zwar betont Breschnew, dass die KPdSU die Ostblockstaaten stets bei der **selbstständigen Ausgestaltung des Kommunismus** unterstützt habe (vgl. M 2, Z. 1–5). Allerdings beruft er sich anschließend auf „allgemeine **Gesetzmäßigkeiten** des sozialistischen Aufbaus" (M 2, Z. 6), von denen man **nicht abweichen** dürfe. Der Generalsekretär spielt auf die marxistische Vorstellung an, die Geschichte der Menschheit sei geprägt von Klassenkämpfen und werde von der antiken „Sklavenhaltergesellschaft" zum **klassenlosen Kommunismus** führen. Demgemäß befanden sich die Staaten des Ostblocks gerade im **Sozialismus**, einer Übergangsphase zwischen Kapitalismus und Kommunismus. Darauf nimmt Breschnew Bezug, wenn er vor einer „Wiederherstellung der kapitalistischen Zustände" (M 2, Z. 9 f.) warnt, die durch „innere und äußere **dem Sozialismus feindliche Kräfte**" (M 2, Z. 8) angestrebt werde. Dies sei nicht nur ein Problem des betroffenen Landes, sondern eine **gemeinsame Gefahr für alle sozialistischen Staaten**.

In M 2 sieht der Redner den (von Karl Marx ursprünglich als Ergebnis einer Weltrevolution gedachten) **Weg vom Sozialismus zum Kommunismus bedroht**, da es noch reaktionäre Kräfte gebe, die das Rad der Geschichte zurückdrehen wollten. Angesichts des anhaltenden **Systemkonflikts im Kalten Krieg** betrachteten führende Vertreter des Ostblocks nichtsozialistische und vor allem kapitalistische Länder als **Gefahr**, der die sozialistische Staatengemeinschaft unter Führung der Sowjetunion gemeinsam begegnen sollte. Der entscheidende Anstoß kam von Breschnew selbst, der sich die **Rolle eines Richters über die sozialistischen Länder** und ihre innere Entwicklung zuschrieb.

In der gemeinsamen Erklärung der Ostblockstaaten von 1989, angeführt von der Sowjetunion unter Gorbatschow, wird dagegen betont, dass ein ausdrücklicher „**Verzicht auf Konfrontationsdoktrinen**" (M 3, Z. 7) nötig sei, um die „militärisch-politisch[e] und territorial[e] Stabilität in Europa" (M 3, Z. 1 f.) zu erhalten. Im Gegensatz zu M 2 wird hier die „Rolle eines Richters oder Schiedsrichters" (M 3, Z. 10) im Hinblick auf die Verhältnisse in fremden Ländern klar abgelehnt. Stattdessen wird auf zentrale Gedanken des Völkerrechts wie das **Selbstbestimmungsrecht der Völker**, **Gewaltverzicht** und die **Nichteinmischung** „in die Angelegenheiten anderer Staaten" (M3, Z. 8 f.) verwiesen. Jedes Volk solle berechtigt sein, „das gesellschaftspolitische und ökonomische System [und] die staatliche Ordnung" (M 3, Z. 4 f.) **selbst zu wählen**. – M 3

Während in M 2 klare Vorgaben und **Grenzen bei der Ausgestaltung des Sozialismus** gesetzt werden und das kapitalistische System als Bedrohung angesehen wird, sollen gemäß M 3 alle Staaten ihr „Schicksal" (M 3, Z. 3) selbst bestimmen können. Zumindest im vorliegenden Auszug klingt es sogar so, als dürften sich auch die „verbündeten sozialistischen Staaten" (M 3, Z. 1) vollständig **gegen den Sozialismus entscheiden**.

historischer Kontext

– M 2

Die zwei Quellen müssen mit ihren **gegensätzlichen Inhalten** noch vor ihrem jeweiligen historischen Hintergrund beleuchtet werden. Dabei ist die „**Breschnew-Doktrin**", wie die Ausführungen aus M 2 später genannt wurden, als **Rechtfertigung für die Beendigung des „Prager Frühlings**" wenige Monate zuvor zu verstehen. Gleichzeitig diente sie als **Warnung an die sozialistischen Staaten**, nicht zu eigenständig zu werden und den Vorrang der UdSSR stets zu achten. Die Berufung auf angebliche historische „Gesetzmäßigkeiten" sollte den **Machtanspruch der Sowjetunion** über ihre Satellitenstaaten philosophisch-ideologisch begründen und ihre **Führungsposition** im östlichen Bündnis **unantastbar** machen. In diesem Sinne könnte neben dem Zeitpunkt von M 2 die Wahl des Ortes relevant gewesen sein: Nachdem bereits die Bewegungen bzw. Aufstände in der **DDR** 1953, in **Ungarn** 1956 und in der **Tschechoslowakei** 1968 niedergeschlagen worden waren, war es **Polen**, das Schauplatz von Breschnews historischer Rede wurde.

M 3 kann als direkte Bezugnahme auf Breschnews Mahnung und als Absage an seine Vorstellung von der Ordnung der sozialistischen

Staatenwelt verstanden werden. Die Erklärung steht im **Kontext von Gorbatschows Reformpolitik** (ab 1985). Unter den Schlagworten „**Glasnost**" (Offenheit) und „**Perestroika**" (Umgestaltung) wollte der neue KPdSU-Generalsekretär der gravierenden Strukturkrise in seinem Land entgegenwirken und die Sowjetunion durch eine **vorsichtige Reform des Sozialismus** politisch-wirtschaftlich stärken. Dabei ermunterte er auch die sozialistischen „Bruderstaaten", eigene Wege zu gehen. In Anlehnung an ein bekanntes Lied des US-amerikanischen Sängers Frank Sinatra („My Way") wurde diese Neuausrichtung „**Sinatra-Doktrin**" genannt. Gleichzeitig signalisierte Gorbatschow dem Westen sein Interesse **an Entspannung im Kalten Krieg**, was sich ebenfalls in M 3 bemerkbar macht: Anders als in M 2 klingt das Denken in ideologischen Blöcken nicht an.

Gorbatschows Reformpolitik, die in der Erklärung von 1989 zum Ausdruck kommt, hatte entscheidende Auswirkungen auf den Ostblock. Für die sozialistischen Staatsführungen und „Bruderparteien" war sie ein Signal, dass sie zukünftig **keine Hilfe aus Moskau** mehr zu erwarten hätten, wenn der Sozialismus vor Ort in Bedrängnis geriet. Reformbereite Politiker und besonders die bisher von „oben" bekämpften **Oppositionsbewegungen** konnten sich dagegen ermuntert fühlen, Veränderungen in ihrem Land voranzutreiben: Ob „**Solidarność**"-Bewegung in Polen, „**Friedliche Revolution**" in der DDR oder „**Samtene Revolution**" in der Tschechoslowakei – all diese Reformbestrebungen und Umbrüche waren nun „inner[e] Angelegenheiten" (M 3, Z. 8) und bestimmten das „Schicksal" (M 3, Z. 3) der jeweiligen Staaten. Da sich die Sowjetunion selbst letztlich als nicht reformierbar erwies und keines der „Bruderländer" das sozialistische System beibehielt, war die „Sinatra-Doktrin" historisch gesehen ein Schritt auf dem Weg zum Zusammenbruch der „ganzen sozialistischen Gemeinschaft" (M 2, Z. 11 f.)

3 **TIPP** *Anforderungsbereich: II, Verrechnungspunkte: 16*

Die Aufgabe stellt Ihnen die Wahl eines geeigneten Beispiels, das Sie ausführlicher behandeln, frei: Zu denken ist hier an Bewegungen in der DDR (z. B. Bürgerrechts-, Umwelt-, Ausreise-, Friedensbewegung) sowie an Oppositions- und Unabhängigkeitsbewegungen in anderen Ostblockstaaten (u. a. Akteure der „Charta 77" und der „Samtenen Revolution" in der Tschechoslowakei). In der folgenden Lösung geht es um die Solidarność in Polen. Achten Sie in Ihrer Darstellung darauf, dass alle Zusammenhänge klar werden. Da außerdem eine Beurteilung verlangt ist, sollten Sie ausführen, inwiefern Ihr Beispiel einen Beitrag zum Ende des Ost-West-Konflikts geleistet hat.

Die **polnische Gewerkschaftsbewegung „Solidarność“** (polnisch für „Solidarität“) hat eine besonders wichtige Rolle im Hinblick auf den Umbruch in Polen sowie im ganzen Ostblock gespielt und soll daher im Folgenden näher behandelt werden.

Darstellung: die Solidarność

Die **unabhängige Gewerkschaft** Solidarność ging **1980** aus einer Streikbewegung in Polen hervor: Damals begann die Arbeiterschaft, ausgehend von der Lenin-Werft in **Danzig**, sich zu organisieren und politische sowie wirtschaftliche Forderungen zu stellen. Unter der Führung des charismatischen Elektrikers **Lech Wałęsa** entwickelte sie sich zu einer starken Konkurrenz für die **Polnische Vereinigte Arbeiterpartei** (PZPR) und deren Alleinherrschaft. Da die PZPR im Verbund mit den von ihr abhängigen Gewerkschaften den Erfolg der Solidarność nicht verhindern konnte, wurde die Legitimationsbasis des kommunistischen Staates in ihrem Kern angegriffen: Streiks und Massendemonstrationen der Arbeiterschaft und Proteste gegen die dominierende Arbeiterpartei waren in einem „Arbeiter-und-Bauern-Staat“ eine geradezu **systemsprengende Herausforderung**.

Entstehung und frühe Entwicklung

In der Folge wurde die Solidarność immer mehr zu einem **Sammelbecken** der gesellschaftlichen Opposition und zog Millionen Menschen an, die mit dem realsozialistischen System in Polen **unzufrieden** waren, neben Arbeitern z. B. viele Intellektuelle. Dazu kam eine polnische Besonderheit: Das in der Bevölkerung starke **Bekenntnis zum Katholizismus** förderte die Abkehr vom „gottlosen“ (= atheistischen) System des Sozialismus und war **identitätsbildend** gegenüber der Sowjetunion, der Vormacht im Ostblock. Dieser Gegensatz verschärfte sich noch mit dem Amtsantritt des strikt antikommunistischen polnischen Papstes **Johannes Paul II.** 1978, der bereits ein Jahr nach seiner Wahl nach Polen reiste und sich bei seinem zweiten Besuch in der Heimat 1983 mit Wałęsa traf. Zudem bot die katholische Kirche **Schutz und Freiräume** für oppositionelle Tätigkeiten.

Bedeutung des Katholizismus

Im Laufe des Jahres 1981 nahmen die Spannungen zwischen Regierung und Opposition immer mehr zu. Um eine **Intervention Moskaus** zur Aufrechterhaltung des Sozialismus gemäß der „**Breschnew-Doktrin**“ zu verhindern, ergriff die polnische Führung selbst Maßnahmen, anders, als dies in weiteren Ländern des Ostblocks der Fall gewesen war (z. B. Volksaufstand in der DDR 1953, „Prager Frühling“ 1968). Der damalige Ministerpräsident General **Wojciech Jaruzelski**, der zudem den Oberbefehl über die **Streitkräfte** inne hatte, rief den **Kriegszustand** aus und regierte fortan mithilfe des Militärs und des **Kriegsrechts** – die Armee hatte quasi die Macht übernommen. Da die Bewegung mittlerweile aber eine kritische Größe überschritten hatte, konnten das 1982 ausgesprochene **Verbot der Solidarność** und die **Repressionen** sie nicht mehr stoppen.

Kriegsrecht und Verbot

1983 wurde der Kriegszustand endgültig aufgehoben, 1988 erzwangen Streiks die **Wiederzulassung der Solidarność**. Anschließend begannen Gespräche zwischen reformbereiten Kräften in der Partei- und Staatsführung sowie Vertretern von Kirche und Opposition, u. a. der Solidarność („**Runder Tisch**"). Im Folgenden wurde die Macht der Kommunisten schrittweise eingeschränkt. 1989 wurde der Oppositionelle und Solidarność-Berater **Tadeusz Mazowiecki** erster nichtkommunistischer Regierungschef im Ostblock. Wałęsa, der 1983 den **Friedensnobelpreis** erhalten hatte, wurde nach dem Ende des Sozialismus 1990 erster frei gewählter **Staatspräsident Polens**.

Wiederzulassung, Rolle 1988/89

Die Entwicklung in Polen hat in mehrfacher Hinsicht einen zentralen **Beitrag zum Ende der bipolaren Weltordnung** geleistet: So war die Solidarność anderen oppositionellen Bewegungen des Ostblocks um Jahre voraus, was auch damit zusammenhing, dass sich die ökonomischen **Probleme der Planwirtschaft** in Polen besonders stark zeigten und regelmäßig Proteste auslösten. Zudem handelte es sich bei der polnischen Streikbewegung um eine **Massenbewegung** von unten, die nicht nur von intellektuellen und kirchlichen Oppositionellen, sondern von einer breiten Schicht getragen wurde, nämlich der für sozialistische Systeme zentralen **Arbeiterklasse**. Dieser Umstand erschwerte es der Staatsmacht, sie zu diskreditieren und zu isolieren. Dabei profitierte die Opposition von einer **nationalpolnischen, katholischen Grundströmung**, die wesentlicher Bestandteil der polnischen Identität war und bis heute ist. Polen, das im Laufe seiner Geschichte wiederholt von seinen mächtigen Nachbarn zerrieben worden war, hatte sich gerade in den Phasen, in denen es nicht als Staat existierte, über den Katholizismus definiert und abgegrenzt. Durch die Forderung nach demokratischen Reformen und das beharrliche Engagement für inneren Wandel nahm die maßgeblich von der Solidarność geprägte polnische Opposition eine **Vorreiterrolle** ein und zeigte den Nachbarstaaten, dass die **Allmacht der sozialistischen Einheitsparteien nicht unüberwindbar** bleiben musste.

Bedeutung der Solidarność für das Ende der bipolaren Welt

4 **TIPP** *Anforderungsbereich: III, Verrechnungspunkte: 16*

Da die zu überprüfende Aussage den historischen Begriff „Kalter Krieg" enthält, empfiehlt es sich, diesen vorab kurz zu definieren. Beziehen Sie Hobsbawms These mit ein und nutzen Sie diese als Überleitung zum Hauptteil, in dem Sie dann das Urteil des Historikers über Gorbatschow und das Ende des Ost-West-Konflikts anhand konkreter Sachverhalte untersuchen. Dabei können Sie auch andere Erklärungsversuche als die in der folgenden Lösung entwickelten Argumente heranziehen. Bitte beachten Sie: Der Teilstandard 12, in dem es um die deutsche Wiedervereinigung und den endgültigen Zusammenbruch der Sowjetunion geht, ist im Abitur 2023 nicht verpflichtend. Sollten Sie aber hierzu Wissen in Ihre Lösung einfließen lassen wollen (z. B. Ausblick zu Gorbatschows weiterer Rolle im Hinblick auf das Ende der UdSSR), so ist dies durchaus möglich.

Einführung
Bestimmung und zeitliche Einordnung des Begriffs „Kalter Krieg“

Als „**Kalter Krieg**“ wird eine Epoche bezeichnet, die mit dem Zerbrechen der „unnatürlichen“ Anti-Hitler-Koalition der kapitalistischen Westmächte und der sozialistischen UdSSR 1945/47 begann und in den darauffolgenden Jahrzehnten mehr oder weniger kritische Momente erlebte. Der Systemkonflikt wurde durch den Umbruch im Ostblock abgemildert und 1990 offiziell für beendet erklärt. **Hobsbawms These** bezieht sich auf die **Endphase** des Kalten Kriegs in den 1980er-Jahren, als sich der Ost-West-Gegensatz nach dem sowjetischen Einmarsch in Afghanistan nach jahrelanger Entspannungspolitik erneut verschärft hatte. Dass es dennoch gelingen sollte, den **„vierzigjährigen globalen Kalten Krieg“ zu beenden**, schreibt der Historiker sehr stark einem Mann zu: **Michail Gorbatschow**.

Einbindung von Hobsbawms These

Überprüfung
Rolle Gorbatschows für den Umbruch im Ostblock und für das Ende des Kalten Kriegs

Gorbatschow wurde 1985 **Generalsekretär** des Zentralkomitees **der KPdSU** und **mächtigster Mann des gesamten Ostblocks**. Er beendete eine lange Phase der **Stagnation**, die seine Vorgänger zu verantworten hatten (Breschnew) bzw. nicht überwinden konnten, da sie nur kurz im Amt waren (Tschernenko, Andropow). Nun setzte er sich mit der für die Sowjetunion sehr schmerzhaften Erkenntnis auseinander, dass die **sozialistische Planwirtschaft** und das verkrustete **politische Einparteiensystem** stark reformbedürftig waren, was auch außenpolitische Folgen hatte: Vor dem Hintergrund neuer Spannungen im Kalten Krieg zeigte sich immer deutlicher, dass sich die UdSSR den **Rüstungswettlauf** mit dem Westen gar nicht mehr leisten konnte, was die Bereitschaft zu einer Politik der Abrüstung erhöhte. Auf den desolaten Zustand der Sowjetunion reagierte Gorbatschow mit einem **Reformprogramm** unter den Schlagworten „**Glasnost**“ (Offenheit, Transparenz) und „**Perestroika**“ (Umbau, Umgestaltung). Seine politischen, wirtschaftlichen und gesellschaftlichen Liberalisierungspläne stießen auf ein über viele Jahre aufgebautes zentralistisches Kommandosystem und zu wenig Expertise, auf die man bei der ökonomische Umgestaltung hin zu mehr Marktwirtschaft hätte zurückgreifen können. Letztlich blieb Gorbatschow der Erfolg verwehrt: Es kam nicht zur Reform des sozialistischen Systems, sondern zum völligen **Zusammenbruch der UdSSR**.

Sein Kurs hatte nicht nur Auswirkungen auf die Sowjetunion, sondern wegen der **Führungsrolle der UdSSR** auch auf den gesamten Ostblock und sogar auf die Entwicklung des Kalten Kriegs. So galt er in einer Reihe osteuropäischer Satellitenstaaten als großer **Hoffnungsträger reformbereiter und oppositioneller Kräfte**, die sich seine Unterstützung für Veränderungen erhofften, v. a. in Polen und Ungarn sowie in der DDR-Bürgerrechtsbewegung. Dazu trug auch die Abkehr von der „Breschnew-Doktrin“ bei: Die Ostblockstaaten sollten neue Wege einschlagen dürfen („**Sinatra-Doktrin**“).

Für den Westen war er ein **unverhoffter Gewinn als zugänglicher Verhandlungspartner**, der an friedlicher Koexistenz und **Entspannung** interessiert war. So führte er 1986 in Reykjavik erste **Abrüstungsgespräche** mit US-Präsident Ronald Reagan, denen weitere Treffen und Vereinbarungen zwischen den Blöcken folgten. Auch für die deutsche Wiedervereinigung spielte er eine wichtige Rolle. Während der **Friedlichen Revolution in der DDR** 1989 griff die UdSSR (anders als beim Volksaufstand 1953) nicht militärisch ein und stimmte 1990 sogar der **deutschen Einheit** zu.

Bei der Würdigung von Gorbatschows Verdiensten muss relativierend angemerkt werden, dass er mit seinem Reformprogramm auf **strukturelle Notwendigkeiten** reagierte: Die geringe Produktivität der sozialistischen Zentralverwaltungswirtschaft, die ständigen Versorgungsprobleme und die teure Rüstung wirkten sich auf Dauer immer negativer auf den allgemeinen Lebensstandard aus und sorgten für **Unzufriedenheit**. Da die Bevölkerung jedoch mehrheitlich keine Erfahrung mit ökonomischer und politischer Freiheit besaß, wäre eine Fortsetzung der Stagnation durchaus denkbar gewesen. Ob Gorbatschows Vorgänger (v. a. Breschnew) in seiner Lage ähnliche Entscheidungen getroffen und offen die **Schwächen des kommunistischen Systems** angesprochen hätten, kann zwar nicht beantwortet werden; so recht vorstellbar erscheint es aber nicht.

Rolle der Westmächte und ihres politischen Personals

Natürlich spielten im Hinblick auf die Entwicklung und das Ende des Kalten Kriegs auch die **Westmächte** (mit der Bundesrepublik) **und ihr politisches Personal** eine wichtige Rolle. Hier wurde die Blockbildung zwar oft beklagt, man hatte sich aber mittlerweile in der bipolaren Weltordnung eingerichtet. Eine Überwindung des Ost-West-Konflikts und der deutschen Teilung schien in den 1980ern in weite Ferne gerückt. Zu dieser Einstellung passen die Reaktionen auf den unerwarteten Fall der Berliner Mauer am 9. November 1989, der plötzlich die Frage der **Wiedervereinigung** aktuell werden ließ: **Entsetzen und Abwehr** (Großbritannien, Frankreich) bzw. große **Überraschung** (Bundesregierung unter Helmut Kohl). Zuerst äußerten sich nur US-Vertreter wie Außenminister Baker positiv.

In gewisser Hinsicht hatte die feste Haltung der westlichen Mächte in der **Frage der Nachrüstung** ihren Anteil an der Beendigung des

Konflikts. Trotz heftiger Proteste der Friedens- und Anti-Atomkraftbewegung hielten sie an der Stationierung von Mittelstreckenraketen in Westeuropa und besonders der Bundesrepublik fest. Kombiniert war der „NATO-Doppelbeschluss“ allerdings mit dem Angebot, **Gespräche über Abrüstung** zu führen und mit dem Osten in Kontakt zu bleiben. Zwar wirkten Hochrüstungspläne der US-Regierung unter Reagan (z. B. SDI = Programm zur Militarisierung des Weltraums) und eine aggressive Rhetorik des US-Präsidenten (Sowjetunion als „Reich des Bösen“) nicht gerade vertrauensbildend. Der ständige und um 1980 wieder verschärfte Rüstungswettlauf hat aber die Kosten für die UdSSR derart hochgetrieben, dass sich dort die Einsicht breit machte, dass der Kalte Krieg nicht zu gewinnen sei. Als Gorbatschow vorschlug, über Rüstungsbegrenzung zu verhandeln, nahm der Westen das Angebot an. Nun war eine neue **Phase der Entspannung in den Ost-West-Beziehungen** möglich, die auf früheren Annäherungsinitiativen wie der Neuen Ostpolitik der sozialliberalen Bundesregierung und dem KSZE-Prozess aufbauen konnte.

Fazit und (optionaler) Ausblick

All diese personellen und strukturellen Faktoren trugen zum Ende des Kalten Kriegs bei. **Gorbatschows herausragende Rolle** bleibt davon aber **unberührt**. Er war der erste Staats- und Parteichef der Sowjetunion, der nicht starr am bisher praktizierten Staatssozialismus festhielt, sondern Reformen anstieß und es den Ostblockstaaten ermöglichte, eigene Wege zu gehen. Außerdem war er auf internationaler Ebene **für Gespräche mit dem Westen offen** und schuf als ehrlicher Verhandlungspartner die nötige **Vertrauensbasis**.
Auf diese Weise **trug er maßgeblich zum Ende des Kalten Kriegs bei**. In der UdSSR konnte er sich dagegen bald kaum noch mit seiner Politik durchsetzen. 1991 zerfiel die Sowjetunion, er selbst trat nach einem gegen ihn gerichteten Putschversuch zurück. Von daher ist es durchaus verständlich, dass sein **Nimbus im Ausland weit größer** war als in Russland selbst.

WEGE IN DIE WESTLICHE MODERNE

Die Arbeiterbewegung und die „Soziale Frage“

Aufgabenstellung

1 Fassen Sie den Inhalt von M 1 zusammen.

2 Erläutern Sie den Begriff „Soziale Frage“ und arbeiten Sie heraus, inwiefern er in Herweghs „Bundeslied“ eine Rolle spielt.

3 Überprüfen Sie, inwiefern das Lied mit Motiven, Zielen und Methoden der Arbeiterbewegung vereinbar ist.

M 1 Bundeslied für den Allgemeinen Deutschen Arbeiterverein, Text von Georg Herwegh (1863)

1863 gründete Ferdinand Lassalle, einer der Väter der deutschen Sozialdemokratie, in Leipzig die erste deutsche Arbeiterpartei, den „Allgemeinen Deutschen Arbeiterverein“ (ADAV). Aus diesem Anlass bat er den Dichter Georg Herwegh (1817–1875), der mit seinen Liedern während der Revolution von 1848/49 berühmt geworden war, ein „Bundeslied“ für den ADAV zu schreiben. Zwar stellte sich die erste Vertonung als sehr kompliziert heraus; dennoch wurde das Lied von der Arbeiterschaft schnell angenommen, vielfach gedruckt und gemeinsam gesungen.

You are many, they are few.
(Eurer sind viele, ihrer sind wenig.)

Bet’ und arbeit’! ruft die Welt,
Bete kurz! denn Zeit ist Geld.
An die Thüre pocht die Noth –
Bete kurz! denn Zeit ist Brot.

Und Du ackerst und Du säst,
Und Du nietest und Du nähst,
Und Du hämmerst und Du spinnst –
Sag, o Volk, was Du gewinnst!

Wirkst am Webstuhl Tag und Nacht,
Schürfst im Erz- und Kohlenschacht,
Füllst des Ueberflusses Horn,
Füllst es hoch mit Wein und Korn –

Doch wo ist Dein Mahl bereit?
Doch wo ist Dein Feierkleid?
Doch wo ist Dein warmer Herd?
Doch wo ist Dein scharfes Schwert?

Alles ist Dein Werk! o sprich,
Alles, aber Nichts für Dich!
Und von Allem nur allein,
Die Du schmiedst, die Kette, Dein!

[…]

Menschenbienen, die Natur,
Gab sie Euch den Honig nur?
Seht die Drohnen um Euch her!
Habt Ihr keinen Stachel mehr?

Mann der Arbeit, aufgewacht!
Und erkenne Deine Macht!
Alle Räder stehen still,
Wenn Dein starker Arm es will.

[…]

Brecht das Doppeljoch entzwei!
Brecht die Noth der Sklaverei!
Brecht die Sklaverei der Noth!
Brot ist Freiheit, Freiheit Brot!

Aus: Georg Herwegh. Werke und Briefe. Band 2: Gedichte 1849–1875. Kritische und kommentierte Gesamtausgabe, hrsg. von Ingrid Pepperle, Bielefeld 2019, S. 87f.

Lösungsvorschlag

1 **TIPP** *Anforderungsbereich: I*

In der mündlichen Abiturprüfung ist es üblich, die Teilaufgaben nach Schwierigkeitsgrad zu stufen. So wird bei Bildquellen meist zuerst eine Beschreibung gefordert, bei Textquellen eine Zusammenfassung, so auch hier. Die vorliegende Quelle will zwar u. a. durch die vielen Metaphern richtig verstanden werden, ist allerdings aufgrund der einfachen Wortwahl nicht zu komplex. Dies passt zum Zweck des Liedes, das leicht zu fassen und zu singen sein sollte. Formulieren Sie die Zusammenfassung in eigenen Worten. Verlangt ist eine Inhaltsangabe; eine reine Nacherzählung würde den Zweck verfehlen. Denken Sie daran, das Material zu Beginn des Vortrags in einem Basissatz kurz einzuführen. Für diese Aufgabe sollten Sie nicht mehr als zwei von zehn Minuten brauchen.

M 1 = Auszug (8 Strophen) aus dem **Bundeslied** von **Georg Herwegh** für den Allgemeinen Deutschen Arbeiterverein, Liedtext **1863** in **Gedichtform** entstanden
→ Thema: schwierige Lage der Arbeiterschaft, die gemeinsam geändert werden soll

Zusammenfassung des Inhalts → drei Sinnabschnitte erkennbar

1. Strophe 1–3: Darstellung der **prekären Situation der Arbeiterschaft**, die in Bergbau, (Textil-)Industrie und Landwirtschaft regelrecht **ausgebeutet** wird
2. Strophe 4–6: **direkte Ansprache der Arbeiterschaft**, zuerst einzeln („Du"), dann in der Gesamtheit („Euch")
   - Aufforderung, die eigene Lage zu überdenken
   - mehrfache Frage, warum die Arbeiter in Abhängigkeit und einfachen Verhältnissen leben, für wen sie die harte Arbeit leisten und warum sie sich nicht dagegen wehren (V. 27: „Habt Ihr keinen Stachel mehr?")
3. Strophe 7–8: **Aufforderung**, sich der **eigenen Kraft** bewusst zu werden, **endlich aktiv zu werden** und die bestehenden Verhältnisse zu verändern
   - **Macht durch Verweigerung der Arbeit:** „Alle Räder stehen still, / Wenn Dein starker Arm es will" (V. 30 f.)
   - Betonung, dass **wirtschaftliche und gesellschaftlich-soziale Freiheit** einander bedingen: „Brot ist Freiheit, Freiheit Brot!" (V. 36)

2 **TIPP** *Anforderungsbereich: I/II*

Der erste Teil dieser Aufgabe ist noch recht einfach: Es gilt, mit „Soziale Frage" einen zentralen Begriff aus dem Bildungsplan zu definieren, der auch die Schattenseiten der Modernisierung in den Blick rückt. Hier können Sie leicht Punkte sammeln; sollte Ihnen jedoch nichts dazu einfallen, ist der zweite Teil der Aufgabe kaum zu lösen. Es ist also durchaus sinnvoll, vor der Abiturprüfung noch einmal die wichtigsten Begriffe des Bildungsplans durchzugehen. Der nächste

Schritt, der Zusammenhang zwischen Begriff und Quelle, ist schon anspruchsvoller. Wichtig ist, die Grundbotschaft des Liedes herauszuarbeiten; dabei können Sie auch andere Verse im Lösungsvorschlag einbeziehen. Es erscheint sinnvoll, im Vortrag ca. drei Minuten auf diese Aufgabe zu verwenden.

Erläuterung des Begriffs „Soziale Frage"

- Soziale Frage = Oberbegriff für eine Reihe gesellschaftlich-sozialer Probleme, die mit der **Industrialisierung** in Deutschland einhergingen und besonders mit der schwierigen bis katastrophalen Lage der **Industriearbeiterschaft** verbunden waren
- Herausforderung durch **veränderte Arbeits- und Lebensbedingungen:**
  - schrittweise Ablösung der traditionellen Produktionsweise (überwiegend Heim- und Handarbeit) durch **industriell-maschinelle Fertigung in Fabriken** → u. a. Billiglöhne, lange Arbeitszeiten, keine Schutzvorkehrungen, starke Belastung der Gesundheit, Frauen- und sogar Kinderarbeit
  - „Landflucht" und wachsende Großstädte → **katastrophale Wohnbedingungen** der Arbeiterschaft in separaten Wohnvierteln und „Mietskasernen", viel **Armut und Krankheit**, zunehmende Unterschiede zwischen Arm und Reich

Ausprägungen der Sozialen Frage im „Bundeslied"

- Darstellung der **harten Arbeitsbedingungen** in mehreren Branchen (vgl. V. 11–14: Textilindustrie, Bergbau und Landwirtschaft) sowie der allgemeinen **Not und Abhängigkeit der Arbeitskräfte** (z. B. V. 5: „An die Thüre pocht die Noth"; V. 22: „Die du schmiedst, die Kette, Dein!")
- zentrale Frage nach der **Beteiligung der Arbeiterschaft am Gewinn** der industriellen Produktivität: „Sag, o Volk, was Du gewinnst!" (V. 10)
- in weiteren Fragen Einbeziehung von Begriffen, die auf verschiedene Aspekte der Sozialen Frage anspielen
  - **„Mahl"** (V. 15): Forderung einer sicheren **Versorgungslage** (v. a. Lebensmittel)
  - **„Feierkleid"** (V. 16): Wunsch nach angenehmer sozialer Interaktion abseits der Arbeit, **mehr Lebensqualität** und Freizeit
  - **„warmer Herd"** (V. 17): Symbol für zumutbare **Wohnbedingungen**
  - **„scharfes Schwert"** (V. 18): steht für die nötigen Mittel, sich selbst gegen solche Zumutungen und Ungerechtigkeiten zu **wehren** und gemeinsam die Notlage der Arbeiterschaft zu verbessern = Grundgedanke der **Arbeiterbewegung**

3 TIPP *Anforderungsbereich: III*

Diese Aufgabe liegt im AFB III und wird die größte Herausforderung darstellen, deshalb sollte sie auch den breitesten Raum in Ihrem Vortrag einnehmen. Es geht um die im ersten Halbjahr der Kursstufe verpflichtenden Begriffe „Arbeiterbewegung: Reform, Revolution". Überlegen Sie sich, welche Motive, Ziele und Methoden die Arbeiterbewegung des 19. Jahrhunderts ausmachten, und untersuchen Sie Herweghs „Bundeslied" auf diese Aspekte. Schließen Sie die Ergebnisse zu dieser Aufgabe und somit Ihren Vortrag mit einem kurzen Fazit ab.

Motive und Ziele der Arbeiterbewegung in M 1?

- **klare Kritik** an den Arbeits- und Lebensbedingungen des Proletariats als wesentlicher Gedanke von Sozialdemokratie, Sozialismus und Kommunismus
  - zentrale **Rolle der ökonomischen Verhältnisse** → Arbeiterschaft, die unter harten Arbeits- und Lebensbedingungen leidet *(Verweis auf Aufgabe 2 möglich)*
  - **Ausbeutung** der abhängigen Arbeiterschaft (V. 34: „Sklaverei“) durch die herrschende Klasse (v. a. Fabrikbesitzer, in M 1 jedoch nicht näher thematisiert)
  - **Entfremdung der Arbeiter** von den Produkten, die sie herstellen, von denen sie jedoch nicht profitieren: „Alles ist Dein Werk! [...] / Alles, aber Nichts für dich!“ (V. 19 f.)
- Überzeugung, dass **wirtschaftlich-soziale Veränderung dringend nötig ist** → entschlossene Aufforderung an die Arbeiterschaft, daran selbst mitzuwirken, z. B. „Brecht das Doppeljoch entzwei!“ (V. 33)
- Bewusstsein, dass **große Macht von den Arbeitern ausgeht**, die gemeinsam viel erreichen können: „Mann der Arbeit, aufgewacht! / Und erkenne Deine Macht!“ (V. 28 f.); „Eurer sind viele, ihrer sind wenig.“ (V. 2)

Methoden der Arbeiterbewegung in M 1?

- im Lied selbst **kaum konkrete Ideen**, wie die Befreiung der Proletarier und die Verbesserung ihrer Lebens- und Arbeitsbedingungen erreicht werden könnten
  - mögliche Anspielung auf **Streiks**, um Druck auf Fabrikbesitzer zu erzeugen: „Alle Räder stehen still, / Wenn Dein starker Arm es will“ (V. 30 f.)
  - möglicher Hinweis auf **gewaltsames Vorgehen** durch „Brecht das Doppeljoch entzwei“ (V. 33)? → eher metaphorische Darstellung der harten Arbeitsbedingungen (Z. 34: „Noth der Sklaverei“) und der schwierigen Lebenslage (Z. 35: „Sklaverei der Noth“) der Arbeiterschaft als konkrete Handlungsanweisung
- zwei große Strömungen innerhalb der Arbeiterbewegung:
  - gemäßigte Vertreter, die schrittweise **Veränderungen v. a. über Reformen** anstreben ↔ radikale Strömung, die einen **revolutionären Umsturz** der Verhältnisse möchte (v. a. Kommunismus)
  - Hinweis auf Methoden durch den **Auftraggeber** von M 1? → Ferdinand Lassalle und Allgemeiner Deutscher Arbeiterverein = **reformorientiert**
    allerdings: in M 1 keine Andeutungen, wie die Soziale Frage durch das **politische Engagement der Sozialdemokratie** gelöst werden soll

→ aber: **Besonderheit der Quellenart beachten!** → Das Lied kann keine politischen Programme mit konkreten Zielen und Handlungsanweisungen ersetzen, sondern soll den Zusammenhalt und das **proletarische Klassenbewusstsein stärken**.

→ **Fazit:** Herweghs „Bundeslied“ als **typische Quelle der Arbeiterbewegung** des 19. Jahrhunderts, die die 1863 schon zutage tretende Soziale Frage thematisiert

DIKTATUREN IM 20. JAHRHUNDERT ALS GEGENENTWÜRFE ZUR PARLAMENTARISCHEN DEMOKRATIE

Die „Harzburger Front" und der Nationalsozialismus

Aufgabenstellung

1 Analysieren Sie die Quelle M 1.

2 Überprüfen Sie, ob die Forderungen, Versprechen und Ziele der Autoren von M 1 in den Jahren 1933–1939 in Deutschland verwirklicht wurden.

M 1 Auszug aus der Hauptresolution der Harzburger Tagung („Harzburger Front") vom 11. Oktober 1931

Im Oktober 1931 trafen sich in Bad Harzburg Vertreter der DNVP (unter Alfred Hugenberg), der DVP, der NSDAP (mit ihrem Parteivorsitzenden Adolf Hitler) und verschiedener rechtsnationalistischer und vaterländischer Verbände, zudem prominente Militärs wie der ehemalige Chef der Heeresleitung der Reichswehr, Hans von Seeckt. Die Großkundgebung wurde von Reden sowie einem riesigen Aufmarsch paramilitärischer Verbände (v. a. Stahlhelm und SA) begleitet. Am 11. Oktober 1931 veröffentlichte die Versammlung folgenden Text:

Die nationale Opposition hat seit Jahren vergeblich gewarnt, vor dem Versagen der Regierungen und des Staatsapparates gegenüber dem Blutterror des Marxismus, dem fortschreitenden Kulturbolschewismus und der Zerreißung der Nation durch den Klassenkampf, […] vor einer Politik, die in der politischen, wirtschaftlichen und militärischen Entmannung Deutschlands noch über das Diktat von Versailles hinausgeht, vor einer Politik, die die heimische Wirtschaft zugunsten weltwirtschaftlicher Utopien preisgibt, vor einer Politi[k] der Unterwürfigkeit dem Ausland gegenüber […].

Entschlossen, unser Land vor dem Chaos des Bolschewismus zu bewahren, unsere Politik durch wirksame Selbsthilfe aus dem Strudel des Wirtschaftsbankerotts zu retten und damit der Welt zu wirklichem Frieden zu verhelfen, erklären wir:

Wir sind bereit, im Reich und in Preußen in national geführten Regierungen die Verantwortung zu übernehmen. Wir stoßen keine Hand zurück, die sich uns zu wirklich ehrlicher Zusammenarbeit anbietet. Wir müssen es aber ablehnen, die Erhaltung eines falschen Systems und Fortsetzung eines falschen Kurses in einer nur national getarnten Regierung der bisherigen Kräfte irgendwie zu stützen.

Jede Regierung, die gegen den Willen der geschlossenen nationalen Opposition gebildet werden sollte, muß mit unserer Gegnerschaft rechnen.

So fordern wir den sofortigen Rücktritt der Regierungen Brüning und Braun[1], die sofortige Aufhebung der diktatorischen Vollmachten der Regierungen, deren Zusammensetzung nicht dem Volkswillen entspricht, und die sich nur noch mit Notverordnungen am Ruder halten; wir fordern sofortige Neuwahl der überalterten Volksvertretungen, vor allem im Reich und in Preußen.

Im vollen Bewußtsein der damit übernommenen Verantwortung erklären wir, daß die in der nationalen Opposition stehenden Verbände bei kommenden Unruhen wohl Leben und Eigentum, Haus, Hof und Arbeitsstelle derjenigen verteidigen werden, die sich mit uns offen zur Nation bekennen, daß wir es aber ablehnen, die heutige Regierung und das heute herrschende System mit dem Einsatz unseres Blutes zu schützen.

Wir verlangen Wiederherstellung der deutschen Wehrhoheit und Rüstungsausgleich. [...]

Wir beschwören den durch uns gewählten Reichspräsidenten v. Hindenburg, daß er dem stürmischen Drängen von Millionen vaterländischer Männer und Frauen, Frontsoldaten und Jugend entspricht und in letzter Stunde durch Berufung einer wirklichen Nationalregierung den rettenden Kurswechsel herbeiführt.

Die Träger dieser Nationalregierung wissen um die Wünsche und Nöte des deutschen Volkes aus ihrer blutmäßigen Verbundenheit mit diesem. Sie haben die Entwicklung der letzten Jahre vorausgesagt. [...] Darin sehen wir in tiefstem Sinne die Berechtigung zur Uebernahme der Regierungsgewalt. Nur der starke nationale Staat kann Wirtschaft und Arbeitsplatz schützen, nur der starke nationale Staat kann das Leistungsprinzip in jeder Form verwirklichen und die zur Herbeiführung einer wahren Volksgemeinschaft notwendigen sozialen Maßnahmen durchführen.

Aus: Hauptresolution der Harzburger Tagung, 11. 10. 1931, auf: https://www.1000dokumente.de/index.html?c=dokument_de&dokument=0206_har&object=translation&st=&l=de (zuletzt abgerufen am 07. 07. 2021)

Anmerkung

1 Regierungen Brüning und Braun: Gemeint sind die damalige Reichsregierung, ein Präsidialkabinett unter Heinrich Brüning (Zentrum), und die preußische Regierung unter Otto Braun (SPD). Letztere bestand seit 1925, verlor erst im April 1932 ihre parlamentarische Mehrheit und wurde im Juli 1932 im „Preußenschlag" vom Reichspräsidenten und der Reichsregierung unter Franz von Papen entmachtet.

Lösungsvorschlag

1 **TIPP** *Anforderungsbereich: II*

In dieser Aufgabe müssen Sie M 1 „analysieren“, also „systematisch und gezielt untersuchen und auswerten“. Lesen Sie sich die Quelle gut durch und notieren Sie sich die Punkte, die Sie in der Prüfung ansprechen möchten. Stellen Sie die formalen Merkmale vor, fassen Sie den Inhalt mit eigenen Worten zusammen, überlegen Sie sich, welche Intention hinter der Abfassung des Materials stehen könnte, und ordnen Sie das Schriftstück in den historischen Kontext ein. Die Gliederung Ihrer Lösung können Sie im Vortrag durch Überleitungen und kurze Pausen zwischen einzelnen Aspekten verdeutlichen. Falls Sie besonders prägnante Passagen direkt zitieren möchten, sollten Sie dies z. B. durch passende Hinführungen und mitgesprochene Anführungszeichen hervorheben.

Vorstellung von M 1:

- Abschlusserklärung („Hauptresolution“) der „**Harzburger Front**“ = Versammlung bzw. Bündnis **rechtsgerichteter Parteien** (DNVP, DVP, NSDAP) **und Verbände** (u. a. Stahlhelm, SA) der Weimarer Republik
- Ort und Datum der Veröffentlichung: **Bad Harzburg**, 11. Oktober **1931**

Inhalt von M 1:

- Darstellung der **Lage Deutschlands als Katastrophe**, vor der die Rechten (Z. 1: „nationale Opposition“) lange **gewarnt** hätten → Vorwürfe: gewalttägige Agitation der **Kommunisten** und **Spaltung der Nation** durch den Klassenkampf; weitere politische, wirtschaftliche und militärische Schwächung Deutschlands durch unfähige Regierungen (noch über das „Diktat von Versailles“ hinaus); „Unterwürfigkeit“ (Z. 7) gegenüber anderen Staaten, Wirtschaftskrise (vgl. Z. 1–10, 34–36)
- **Forderungen:**
  - **Rücktritt** der Reichsregierung Brüning und der preußischen Regierung Braun, die nur mit „diktatorischen Vollmachten“ (Z. 19) und Notverordnungen handeln würden und keine Mehrheit des Volks hinter sich hätten (vgl. Z. 18–21)
  - sofortige **Neuwahlen**, Appell an Reichspräsident Hindenburg: Übertragung der **Regierungsverantwortung an die rechten Parteien** (vgl. Z. 11 f., 21 f., 30–33)
- **Ankündigungen und Versprechen:**
  - **Rettung** Deutschlands vor dem „Chaos des **Bolschewismus**“ (Z. 8)
  - **Beseitigung der Wirtschaftskrise**, Schutz der eigenen Wirtschaft und Arbeitsplätze, Verwirklichung des Leistungsprinzips, Errichtung einer „**wahren Volksgemeinschaft**“ (vgl. Z. 9, 36–40)
  - Schaffung eines „**wirkliche[n] Frieden[s]**“ (Z. 10) für die Welt
  - **Bekämpfung des „falschen Systems** und […] falschen Kurses“ (Z. 14) der Regierungen, dabei Verteidigung des Lebens und Eigentums derjenigen Bürger, die die rechten Parteien und Verbände unterstützen würden (vgl. Z. 13–17, 24–27)
  - Unabhängigkeit in **militärischen Angelegenheiten**, Aufrüstung (vgl. Z. 28 f.)

Perspektive und Intention:
- Perspektive der **radikalen, völkischen Rechten** der Weimarer Republik, verdeutlicht durch entsprechende Begrifflichkeiten: „Kulturbolschewismus“ (Z. 3), „Diktat von Versailles“ (Z. 5), „blutmäßig[e] Verbundenheit“ (Z. 35) des deutschen Volkes mit den rechten Parteien, „Volksgemeinschaft“ (Z. 40)
- Intention: Kritik am Präsidialkabinett Brüning und an der demokratischen Regierung Braun in Preußen sowie allgemein am politischen System der Weimarer Republik, unterschwellige Drohung mit Bürgerkrieg (vgl. Z. 16 f., 24–27) → Propagierung eigener Machtansprüche als einzige „wirklich[e] Nationalregierung“ (Z. 32 f.)

Einordnung in den historischen Kontext:
- Endphase der Weimarer Republik → **innenpolitische Krise** der Demokratie: Bruch der Großen Koalition im Frühjahr 1930 und Bildung des ersten **Präsidialkabinetts** unter Reichskanzler **Heinrich Brüning** (Zentrum), das sich nicht auf eine Mehrheit im Reichstag stützte, sondern mithilfe von Notverordnungen (Art. 48) des Reichspräsidenten Paul von Hindenburg regierte
- Auswirkungen der **Weltwirtschaftskrise** (ab Oktober 1929) auf die deutsche Wirtschaft, u. a. starker Anstieg der Arbeitslosigkeit, Bankrott von Banken und Firmen
- **Aufstieg der radikalen Gegner der Demokratie:** Wahlerfolge der KPD und v. a. der NSDAP (1930: zweitstärkste Kraft im Reichstag), zunehmende Gewalt zwischen links- und rechtsextremen Kräften

2 **TIPP** *Anforderungsbereich: III*

Nun gilt es, die in der Aufgabenstellung aufgezählten Aspekte zu „überprüfen“, also zu untersuchen, ob die in M 1 gemachten Versprechungen und propagierten Ziele der „Harzburger Front“ tatsächlich nach der Machtübernahme durch die Nationalsozialisten umgesetzt wurden. Beachten Sie, dass Sie sich auf die Jahre 1933–1939 und nicht auf die ganze Zeit des „Dritten Reichs“ konzentrieren sollen. In Aufgabe 1 haben Sie schon wesentliche Forderungen und Ankündigungen aus der Quelle herausgearbeitet, die Sie nun als Grundlage Ihrer Überprüfung verwenden können. Gliedern Sie Ihre Lösung und somit Ihren Vortrag nach Aspekten, die dafür bzw. dagegen sprechen, und veranschaulichen Sie Ihre Argumentation mit passenden Beispielen. Wie Sie an den folgenden Ausführungen sehen können, bietet M 1 einige Punkte, die Sie in Ihrer Prüfung erwähnen könnten. Ihre Ergebnisse sollten Sie mit einem eigenständigen Fazit abschließen.

Argumente, die **dafür** sprechen, dass Forderungen, Versprechen und Ziele aus M 1 in Deutschland 1933–1939 verwirklicht wurden:
- am 30. Januar 1933 Übernahme der **Regierungsverantwortung** durch zwei rechte Parteien: Ernennung Adolf **Hitlers** zum **Reichskanzler** durch Reichspräsident Paul von Hindenburg, Bildung einer **Koalitionsregierung aus NSDAP und DNVP**

- schneller, **vollständiger Systemwechsel:** Beseitigung der Demokratie, Errichtung einer **totalitären Diktatur** 1933/34 (u. a. „Reichstagsbrandverordnung"; „Ermächtigungsgesetz"; Gleichschaltung von Politik, Wirtschaft, Gesellschaft und Kultur)
- Errichtung der **NS-„Volksgemeinschaft": Inklusion** aller „arischen" Deutschen, **Exklusion** aller Bürger, die laut NS-Ideologie nicht zur „Volksgemeinschaft" gehören durften (u. a. Juden, Behinderte, Homosexuelle, politische Gegner)
- **Bekämpfung des Kommunismus/Marxismus:** unmittelbar nach Übernahme der Regierungsgewalt Verfolgung und Ausschaltung der KPD, Verdrängung der noch aktiven Kommunisten in den Untergrund und ins Ausland
- **wirtschaftlicher Aufschwung** durch (geheime) Aufrüstung, Infrastrukturprojekte und Arbeitsbeschaffungsmaßnahmen (z. T. aber noch von Regierungen der Weimarer Republik geplant) → sinkende Arbeitslosigkeit
- **Revision** der Friedensordnung **des Versailler Vertrags** (u. a. Einführung der allgemeinen Wehrpflicht 1935, Einmarsch ins entmilitarisierte Rheinland 1936) und geheime **Aufrüstung** → Stärkung der deutschen Position gegenüber dem Ausland

Argumente, die **dagegen** sprechen, dass Forderungen, Versprechen und Ziele aus M 1 in Deutschland 1933–39 verwirklicht wurden:
- keine (Außen-)**Politik**, die der Welt **Frieden bringen** sollte: nach außen hin zwar immer wieder Friedensbekundungen, aber: Ablenkung von der geheimen **Vorbereitung auf den Zweiten Weltkrieg**
- **keine breite und dauerhafte Regierung der rechten Parteien** („nationale Opposition" von 1931), stattdessen **Ausschaltung** sämtlicher **politischer Konkurrenz** (auch des Koalitionspartners DNVP) → ab Mitte 1933 nur noch NSDAP zugelassen, Verbot bzw. Selbstauflösung aller anderen Parteien
- in M 1 Kritik an den „diktatorischen Vollmachten der Regierungen" (Z. 19) und dem Einsatz von Notverordnungen, aber: 1933/34 Aufbau der **totalitären NS-Diktatur**, auch **mithilfe von Notverordnungen** des Reichspräsidenten (z. B. „Reichstagsbrandverordnung")
- keine Strukturierung des NS-Staats nach dem **Leistungsprinzip** und keine Errichtung einer alle Deutschen umfassenden „Volksgemeinschaft", sondern hierarchisch aufgebaute **Parteidiktatur**, **Abhängigkeit der eigenen gesellschaftlichen Position** von der NS-Ideologie und der jeweiligen Einstellung zum Nationalsozialismus

eigenständiges Fazit (Beispiel):
- **Umsetzung** einiger Forderungen, Versprechen und Ziele der „Harzburger Front" **durch die Nationalsozialisten** 1933–1939, sofern diese zu deren ideologisch-politischem Programm passten bzw. der Erreichung ihrer Pläne dienten
- **keine (dauerhafte) Verwirklichung** von Punkten, die den **eigentlichen Zielen** der Nationalsozialisten **zuwiderliefen** (z. B. versprochener Einsatz für den Frieden ↔ Kampfprinzip, Eroberung von „Lebensraum") und für die NSDAP ggf. nur **Mittel zum Zweck** waren oder **propagandistisch**-manipulativen Wert hatten

DIKTATUREN IM 20. JAHRHUNDERT ALS GEGENENTWÜRFE ZUR PARLAMENTARISCHEN DEMOKRATIE

Die Zerstörung der Demokratie durch den Nationalsozialismus

Aufgabenstellung

1 Arbeiten Sie aus M 1 wesentliche Aussagen des früheren Reichstagsabgeordneten Maier heraus.

2 Erläutern Sie wesentliche Schritte, die zwischen Januar 1933 und August 1934 zum Aufbau der NS-Diktatur geführt haben.

3 Überprüfen Sie, ob die Anfangsphase des „Dritten Reichs" bis August 1934 als „Machtübertragung" oder „Machtergreifung" charakterisiert werden kann.

M1 Stellungnahme des Ministerpräsidenten von Württemberg-Baden, Dr. Reinhold Maier, zum „Ermächtigungsgesetz" von 1933 (1947)

Reinhold Maier (1889–1971) war 1933 einer von fünf Reichstagsabgeordneten der Deutschen Staatspartei. Ab 1945 war er Mitglied der DVP/FDP, 1945–1953 Ministerpräsident von Württemberg-Baden bzw. ab 1952 Baden-Württemberg. 1947 nahm er vor einem Untersuchungsausschuss des Württembergisch-Badischen Landtags zum „Ermächtigungsgesetz" von 1933 Stellung.

Die Frage war am 23. März 1933 einzig und allein die, ob ein Parlament weiter besteht, auch ein entmachtetes Parlament, ob wir noch eine letzte Planke zur Verfügung hatten, auf der eine Volksvertretung vielleicht wieder Kraft gewinnen konnte. [...] Der Reichstag wäre an jenem Tage verschwunden. Das muß bedacht werden. Wir fünf Leute[1] haben in voller Freiheit, vorher beschlossen, zugestimmt... Wir haben von den Versprechungen Hitlers gar nichts geglaubt. Aber die Beweisführung war die: War es ganz sicher, daß nicht noch irgendwie aus irgendeinem Grunde, den man gar nicht sehen konnte, eine Besserung zu erzielen war? Wir waren doch gewählt, um uns im Reichstag zu behaupten, und waren nicht gewählt, um den Reichstag auffliegen zu lassen. [...] Es war nicht völlig ausgeschlossen, daß vielleicht der Reichstag sich in eine bessere Zeit werde durchretten können.

[...] die Reichsregierung war uneinheitlich. Wir haben damals Reichsregierungen kommen und gehen sehen am laufenden Band. Es war gar nicht sicher, wie das mit dem Kabinett Hitler weitergeht. [...]

Entscheidendes habe ich persönlich mir versprochen aus dem absolut vorhandenen Gegensatz zwischen NSDAP und Reichswehr, insbesondere den Reichswehrgeneralen. Diese Sache war in keiner Weise zu Ende, und da hatte ich einen weitgehenden persönlichen Einblick. [...] Der Reichspräsident war Oberbefehlshaber der Wehrmacht, nicht Adolf Hitler. Es wäre eine Möglichkeit gewesen, daß sich eine Änderung ergeben hätte. Niemand konnte sagen: es ist ganz ausgeschlossen, daß es nicht doch noch eine Änderung im System gibt. Deshalb haben wir gesagt, muß der Reichstag auch in der entmachteten Form tätig bleiben...

[...] Wenn das Ermächtigungsgesetz nicht angenommen worden wäre, wäre der Reichstag an diesem Tag schonungslos aufgeflogen. [...] Am 23. März 1933 war die Frage lediglich die, ob der Reichstag später wieder einmal zu einem Einfluß werde gelangen können... [...] Wer im Reichstag saß und diese Dinge sich vor Augen führte, mußte sich sagen: wenn auch nur noch ein letztes Fünkchen da ist, daß die ganzen Institutionen der Verfassung, Reichspräsident, Reichsrat, Reichstag, wenigstens auch nur andeutungsweise und in den Restbeständen erhalten bleiben, muß man sich dafür einsetzen. Wenn ich deshalb ja gesagt habe, so glaube ich, daß man heute natürlich von einem politischen Fehler reden kann aus dem Standpunkt von heute, nicht aber aus dem Standpunkt von damals...

Aus: Bericht des Untersuchungsausschusses über die Stellungnahme von Mitgliedern des württembergisch-badischen Landtags in ihrer Eigenschaft als Reichstagsabgeordnete zum Ermächtigungsgesetz am 23. März 1933 (Beilage Nr. 77, 1. April 1947), S. 97–99.

Anmerkung

1 fünf Leute: die fünf Reichstagsabgeordneten der Deutschen Staatspartei, darunter Reinhold Maier.

Lösungsvorschlag

1 **TIPP** *Anforderungsbereich: I*

Als Quelle liegt Ihnen eine Stellungnahme aus dem Jahr 1947 des damaligen Ministerpräsidenten von Württemberg-Baden, Reinhold Maier, zu seinem Verhalten und seinen Motiven bei der Abstimmung über das „Ermächtigungsgesetz" am 23. März 1933 vor. Der Operator „herausarbeiten" verlangt von Ihnen, dass Sie dem Material wesentliche Aussagen entnehmen und diese eigenständig wiedergeben. Lesen Sie sich den Quellentext gut durch, markieren Sie wichtige Punkte und fassen Sie Maiers Position bzw. Argumentation dann in eigenen Worten strukturiert zusammen. Falls Sie besonders aussagekräftige Formulierungen direkt zitieren wollen, machen Sie dies in Ihrem Vortrag deutlich.

Vor einem Untersuchungsausschuss **rechtfertigt** Reinhold Maier 1947 **seine Zustimmung** (und diejenige der anderen vier Abgeordneten der Deutschen Staatspartei) **zum „Ermächtigungsgesetz"** vom 23. März 1933. → Begründung:

- große Gefahr, dass der Reichstag vollständig **abgeschafft** worden wäre
  - Hintergedanken der Abgeordneten der Deutschen Staatspartei: das Parlament – wenn auch schwach und ohne Macht – für **möglichen späteren Einfluss** erhalten und nicht für dessen endgültige Auflösung verantwortlich sein
  - Verpflichtung, sich für den **Fortbestand der Verfassungsorgane** (Reichspräsident, Reichstag, Reichsrat) einzusetzen
- keine Zustimmung zum Gesetz wegen Glauben an **Hitlers Versprechungen**
- **Hoffnung**, dass die politische Lage wieder besser werden würde
  - frühere Reichsregierungen hatten oft **nicht lange Bestand**, aktuelle Reichsregierung „uneinheitlich"
  - Maiers persönliche Hoffnung: bestehender „Gegensatz" (Z. 16) zwischen der NSDAP und der **Reichswehrführung**, Hindenburg immer noch Oberbefehlshaber der Reichswehr → Möglichkeit einer Opposition?
- aus damaliger Sicht: **kein „politische[r] Fehler"** (Z. 31)

2 **TIPP** *Anforderungsbereich: II*

Der Operator „erläutern" erwartet von Ihnen, dass Sie bestimmte Sachverhalte in ihren Zusammenhängen und mit passenden Beispielen erklären. Überlegen Sie sich, welche Maßnahmen die Nationalsozialisten zwischen ihrer Machtübernahme am 30. Januar 1933 und dem Tod von Reichspräsident Hindenburg am 2. August 1934 ergriffen, um ihre Macht zu steigern und zu festigen. Dabei bietet es sich an, chronologisch vorzugehen, um den zunehmenden Machtausbau der Nationalsozialisten übersichtlich zu dokumentieren. Vergessen Sie nicht, die einzelnen Schritte mit Erklärungen und Beispielen zu veranschaulichen.

- 30. Januar 1933: **Ernennung Hitlers zum Reichskanzler** durch Reichspräsident Paul von Hindenburg, Koalitionsregierung aus NSDAP und DNVP/Konservativen („Zähmungskonzept“ Franz von Papens)
- 27. Februar 1933: Reichstagsbrand → „**Reichstagsbrandverordnung**“ vom 28. Februar 1933 (u. a. Ausschaltung bestimmter Grundrechte), Vorgehen gegen politische Gegner, v. a. gegen Kommunisten und Sozialdemokraten
- 5. März 1933: **Reichstagswahl** → trotz groß angelegter Propaganda und massiven Vorgehens gegen die Opposition keine absolute Mehrheit für die NSDAP (43,9 %)
- 23. März 1933: „**Ermächtigungsgesetz**“ (Thema von M 1)
  - Ermächtigung der Reichsregierung, in den nächsten vier Jahren Gesetze ohne Beteiligung von Reichstag und Reichsrat erlassen zu können → Vereinigung von Legislative und Exekutive = **Aufhebung der Gewaltenteilung**
  - **2/3-Mehrheit** im Reichstag für das Gesetz erforderlich → Versprechungen bzw. massive Einschüchterung der Abgeordneten durch die Nationalsozialisten → Zustimmung des Zentrums, aber keine Zustimmung der SPD (Rede des SPD-Parteivorsitzenden Otto Wels), Abwesenheit der verfolgten KPD-Abgeordneten
- März 1933: in Dachau Errichtung des ersten **Konzentrationslagers**
- März/April 1933: „Gleichschaltung“ der **Länder** (u. a. neue Zusammensetzung der Landtage nach dem Ergebnis der Reichstagswahl vom 5. März 1933)
- 7. April 1933: „Gesetz zur Wiederherstellung des Berufsbeamtentums“ mit „Arier-Paragraph“ → Entfernung von missliebigen, v. a. nichtarischen/jüdischen **Beamten**
- 2. Mai 1933: Zerschlagung der freien **Gewerkschaften** → stattdessen: Gründung der Deutschen Arbeitsfront (**DAF**) für Arbeitnehmer und Arbeitgeber
- bis 14. Juli 1933: Verbot/Selbstauflösung der Parteien, NSDAP als **Staatspartei**
- 30. Juni 1934: „**Röhm-Putsch**“ → Ausschaltung der SA zugunsten der Reichswehr, Ermordung der SA-Führung sowie politischer Gegner (z. B. Kurt von Schleicher)
- 2. August 1934: nach dem Tod von Reichspräsident **Hindenburg** Vereidigung der Wehrmacht auf Hitler, Hitler als „**Führer und Reichskanzler**“
- außerdem: umfassende „**Gleichschaltung**“ aller Lebensbereiche und Erfassung der Bevölkerung in **NS-Organisationen** (z. B. Hitlerjugend für Jugendliche)

3 **TIPP** *Anforderungsbereich: III*

Beim Operator „überprüfen“ kommt es darauf an, Aussagen/Behauptungen anhand von historischen Sachverhalten zu beleuchten. Konkret müssen Sie zwei in der Forschung viel diskutierte Begriffe dahingehend untersuchen, welcher der beiden die Entwicklungen in der Anfangsphase des „Dritten Reichs“ angemessen charakterisieren kann. Überlegen Sie sich, welche Assoziationen Sie mit den Begriffen verbinden, und berücksichtigen Sie Ihre Ergebnisse aus Teilaufgabe 2. Den Untersuchungszeitraum sollten Sie in zwei Abschnitte unterteilen und diese getrennt voneinander betrachten: (1) die Ernennung Hitlers zum Reichskanzler am 30. Januar 1933, (2) den Ausbau und die Sicherung der Macht bis August 1934. Halten Sie Ihre Ergebnisse jeweils in einem kurzen Fazit fest.

Überprüfung: „Machtergreifung“ oder „Machtübertragung“ als passender Begriff für den Zeitraum 30. Januar 1933–2. August 1934?

Assoziationen/Bedeutung der Begriffe:
- „Machtergreifung“: suggeriert eine deutlich **aktivere Rolle** bei der Übernahme von Macht, z. B. auch durch den Einsatz von **Gewalt**
- „Machtübertragung“: spielt auf eine **legale Übergabe bzw. Übernahme** politischer Macht an, z. B. im Rahmen einer Verfassung (wie der Weimarer Reichsverfassung)

1. Überprüfung der Begriffe für den 30. Januar 1933:
- nach der Neugründung der NSDAP 1925: „Legalitätstaktik“ (= Übernahme der politischen Macht nicht durch einen Putsch, sondern **auf legale Weise**)
- große Wahlerfolge der NSDAP in der Endphase der Weimarer Republik:
  - September 1930: zweitstärkste Fraktion (18,3 %) nach der SPD
  - Juli 1932: stärkste Fraktion (37,4 %)
  - November 1932: Verluste/Krise der NSDAP, aber noch stärkste Kraft (33,1 %)
- Aushöhlung der Weimarer Demokratie bereits vor 1933, politische Realität ab 1930: keine Mehrheit der Reichsregierungen im Reichstag → Ernennung von **Präsidialkabinetten** durch Reichspräsident Hindenburg (Brüning, Papen, Schleicher), Einsatz von Notverordnungen gemäß **Artikel 48 der Weimarer Reichsverfassung**
- 30. Januar 1933: **Ernennung Hitlers zum Reichskanzler** einer rechten Koalitionsregierung (NSDAP/DNVP, keine Mehrheit im Reichstag) durch Hindenburg

→ **Fazit: „Machtübertragung“** im Rahmen der damaligen Verfassung

2. Überprüfung der Begriffe für das frühe „Dritte Reich“ bis August 1934:
- zunehmender **Ausbau und Sicherung der Macht** durch Propaganda, Terror und „Gleichschaltung“ von Politik, Wirtschaft und Gesellschaft
  - starker Einsatz von **Gewalt** (Gestapo, SA, SS): z. B. Verhaftung und Ausschaltung politischer Gegner, Errichtung des ersten Konzentrationslagers in Dachau
  - **ideologische Durchdringung** der Bevölkerung durch gezielte **Propaganda** und zahlreiche NS-Organisationen; erste Maßnahmen gegen Personen, die nicht zur **„Volksgemeinschaft“** gehören sollten (v. a. Juden)
- **Zerstörung der demokratischen Ordnung** der Weimarer Republik
  - zwar noch Verwendung gewisser Einrichtungen und Mechanismen der Weimarer Verfassung (z. B. Notverordnungen des Reichspräsidenten, Reichstagswahl am 5. März 1933, Zustimmung des Reichstags zum „Ermächtigungsgesetz“) → **„Scheinlegalität“** des Vorgehens der Nationalsozialisten
  - letztlich aber **Ausschaltung** zentraler Institutionen, Merkmale und Grundrechte **der Weimarer Verfassung** (z. B. Entmachtung des Reichstags, Aufhebung von Gewaltenteilung und Föderalismus), **Zerstörung von Demokratie und Pluralismus** (z. B. Verbot anderer Parteien, „Gleichschaltung“)

→ **Fazit:** im Anschluss an die „Machtübertragung“ am 30. Januar 1933 Prozess der **„Machtergreifung“**, der zur gezielten Zerstörung der demokratischen Ordnung von Weimar und zur Errichtung der NS-Diktatur führte

WEST- UND OSTEUROPA NACH 1945: STREBEN NACH WOHLSTAND UND PARTIZIPATION

Flucht, Mauerbau und Zusammenbruch der DDR

Aufgabenstellung

1 Erläutern Sie Gründe dafür, dass 1949–1961 viele Bürgerinnen und Bürger die DDR verließen und in die Bundesrepublik migrierten.

2 Arbeiten Sie aus M 1 heraus, wie die Autorin die Berliner Mauer beurteilt.

3 Die Autorin von M 1 schreibt, dass die DDR nach 1961 die Gelegenheit bekam, „ganz aus eigener Kraft“ zu scheitern und unterzugehen (vgl. Z. 32 f.). Erörtern Sie, ob diese Behauptung zutrifft.

M1 Auszug aus dem Artikel „Der Mauerbau: Die Wahrheit hat viele Gesichter" von Kerstin Decker (2001)

Mauern schützen vor einem Feind. Durch die Geschichte hindurch war der Feind immer draußen. [...] Erst die DDR brach mit dieser Mauer-Philosophie. Ihr „antifaschistischer Schutzwall" stand ja falschrum! Die Abwehr ging nicht gen Westen. Sie ging nach innen. Die Mauer zeigte: der Hauptfeind der DDR befand sich innerhalb der Mauer. Der Feind der DDR waren wir, ihre Bürger.

Was gibt es hier noch zu verstehen? Es hat wahrhaft eine tief groteske Seite, für einen differenzierteren, „gerechteren" Blick auf die Mauer zu plädieren. Gerechtigkeit für dieses Monument der Ungerechtigkeit, des Hohns dem einzelnen Leben gegenüber? [...]

Man kann jeden verstehen, der [an] das betongewordene Eingeständnis des Scheiterns des Betonsozialismus, nicht mehr als diesen einen Gedanken verschwenden will: Nie wieder! [...]

Und doch sollte man heute anders über die Mauer reden als vor zwölf Jahren, als sie fiel. [...]. Es wäre absurd und makaber gewesen, die Mauer 1989 auf ihre historische Unvermeidbarkeit hin zu betrachten. [...] 1989, das war die Stunde der Befreiung, des Gedenkens an ihre Opfer. [...]

Jeder wusste damals, dass die DDR handeln musste, wollte sie sich als eigenes Staatswesen behaupten. Und welcher Staat sieht dem eigenen Untergang tatenlos zu? Das Nichtzusehen-Können definiert ihn als Staat. Genau als solchen wollte ihn das Adenauer-Deutschland nicht anerkennen. [...]

Adenauer hatte gehofft, der Osten würde schon von allein ausbluten. Das tat er auch sehr folgerichtig. Es sei denn, man schloss die Grenzen. Für den Fall, dass die Russen Westberlin zur „freien Stadt" erklärt – und damit die Kontrolle über alle Zugangswege nach Westberlin beansprucht – hätten, behielten sich die Amerikaner, schon aufgrund ihrer damaligen militärischen Überlegenheit, die Atombombe vor. Und signalisierten zugleich, dass sie eine Selbstabschottung des Ostens dulden würden. Mit dem Mauerbau reagierten die Russen auf die amerikanischen Bedingungen. Zur historischen Wahrheit heute, nach vierzig Jahren, gehören diese Zusammenhänge. Nicht, weil sie die Kommunisten nachträglich legitimieren. Aber weil sie zum – begriffenen – Ende des Kalten Kriegs in den Köpfen gehören.

Die Mauer war das steingewordene Symbol [...] des Kalten Kriegs, und sie wurde das allen sichtbare Mahnmal des Scheiterns der DDR. Denn erst nach 1961 bekam das Land Gelegenheit, ganz aus eigener Kraft unterzugehen. Erst jetzt durfte es wirklich zeigen, dass es sich selber keine Chance gab. Es bewies allen Hoffenden, die nach der Kriegskatastrophe einen besseren Neuanfang wollten, dass sie Träumer waren.

Aus: Kerstin Decker: Der Mauerbau: Die Wahrheit hat viele Gesichter, in: Der Tagesspiegel, 08. 08. 2001, auf: https://www.tagesspiegel.de/kultur/der-mauerbau-die-wahrheit-hat-viele-gesichter/247288.html (letzter Abruf: 07. 07. 2021)

Lösungsvorschlag

1 **TIPP** *Anforderungsbereich: II*

Als Einstieg ist eine Erläuterung gefragt: Sie müssen Gründe für die Flucht aus der DDR in die Bundesrepublik beschreiben und mit passenden Beispielen verdeutlichen. Beachten Sie den angegebenen Zeitraum 1949–1961 von der Gründung der DDR bis zum Bau der Berliner Mauer; die Fluchtbewegung der 1980er-Jahre sollen Sie also nicht thematisieren. Bei der Stoffsammlung und Erstellung der Gliederung für Ihren Vortrag bietet es sich an, die Motive bestimmten Bereichen wie z. B. Politik und Wirtschaft zuzuordnen. Als Abrundung könnten Sie am Schluss anmerken, dass es meist mehrere Gründe waren, die Menschen zur Flucht aus der DDR veranlassten.

Gründe für die **Flucht aus der DDR** in die Bundesrepublik im Zeitraum **1949–1961:**

- **wirtschaftlich-soziale Gründe:**
  - sozialistische **Planwirtschaft**, Zwangskollektivierung der Landwirtschaft, Enteignungen/Verstaatlichungen, ständige Versorgungsprobleme → **wirtschaftlicher Rückstand der DDR gegenüber dem Westen**
  - Chance auf eine **bessere Lebensqualität** in der Bundesrepublik: **höherer Wohlstand** wegen des „Wirtschaftswunders" der 1950er-Jahre sowie der Vorzüge der Sozialen Marktwirtschaft
- **politische Gründe:**
  - **Einparteiendiktatur** der Staatspartei **SED**, die der Bevölkerung eine Demokratie vorspiegelte und sie zunehmend durch das Ministerium für Staatssicherheit („Stasi") überwachen ließ; Indoktrination durch sozialistische Propaganda; erzwungene Betätigung in den DDR-Massenorganisationen; keine Reisefreiheit
  - **mehr politische Freiheiten** in der Bundesrepublik: liberale Demokratie als politisches System, freie Wahlen, pluralistisches Parteiensystem, Grundrechte wie Meinungs- und Pressefreiheit
  - **niedergeschlagener Volksaufstand** vom 17. Juni 1953 → eindeutiges Zeichen, dass die SED (unterstützt von der Sowjetunion) keine Opposition duldete
- **persönliche/familiäre Gründe:**
  - **Familienzusammenführung:** Verwandte in Westdeutschland
  - im Westen mehr Möglichkeiten und Freiheiten bei der **Gestaltung des privaten und beruflichen Lebenswegs**

→ in den meisten Fällen **Mischung aus unterschiedlichen Gründen** ausschlaggebend für die Entscheidung, **die DDR** in Richtung Bundesrepublik **zu verlassen**

2 **TIPP** *Anforderungsbereich: I*

In dieser Aufgabe dürfen Sie sich mit einem Auszug aus einem Zeitungsartikel von 2001 beschäftigen, der Gedanken zur 1961 errichteten Berliner Mauer enthält. Lesen Sie sich den Text gut durch und arbeiten Sie heraus, welche Position die Autorin vertritt. Überlegen Sie sich z. B., welche Funktion, Ursache und Folgen der Mauerbau laut M 1 hatte. Sollten Sie besonders prägnante Aussagen (wie Urteile über die Rolle der Mauer) direkt zitieren wollen, machen Sie dies in Ihrem Vortrag deutlich.

Beurteilung der Berliner Mauer in M 1:

- Funktion: **keine Abwehrmaßnahme** gegen den äußeren „Feind" (Z. 1) im Westen, sondern **Gefängnismauer** für den „Hauptfeind" (Z. 4), die DDR-Bevölkerung (vgl. Z. 1–5) → kein „antifaschistischer Schutzwall", sondern vielmehr „**Monument der Ungerechtigkeit**" (Z. 8), das man heutzutage dennoch differenzierter betrachten sollte, auch wenn dies nicht immer leicht fallen mag (vgl. Z. 6–14)
- Ursache des Mauerbaus: damals **Gefahr für die DDR „aus[zu]bluten**" (Z. 21), wie auch von der Bundesregierung unter Adenauer erhofft, die die DDR nicht anerkennen wollte → endgültige **Schließung der Grenzen** 1961 durch die SED-Führung dringend **notwendig**, um die eigene staatliche Existenz nicht aufs Spiel zu setzen (vgl. Z. 17–22)
- Folge: **Ende des Flüchtlingsstroms** → Möglichkeit für die DDR, sich im Schatten der Mauer zu entwickeln und dabei schließlich „ganz aus eigener Kraft **unterzugehen**" (Z. 33) → Berliner Mauer = **Symbol und „sichtbare[s] Mahnmal des Scheiterns** der DDR" (Z. 32) und des Sozialismus
- neben der deutsch-deutschen Perspektive auch Einbeziehung der Siegermächte und der alliierten Auseinandersetzungen um Berlin: Reaktion der Sowjetunion (Zustimmung zum Mauerbau) auf Signal der USA, nichts gegen eine „Selbstabschottung des Ostens" (Z. 26) zu unternehmen → Mauer als „steingewordene[s] **Symbol** [...] **des Kalten Kriegs**" (Z. 31) nur im Kontext des Ost-West-Konflikts erklärbar

3 **TIPP** *Anforderungsbereich: III*

Am Schluss von M 1 schreibt die Autorin, dass die DDR die Gelegenheit bekommen habe, im Schatten der Mauer „ganz aus eigener Kraft unterzugehen", ihr Ende also selbst herbeizuführen. Diese Behauptung gilt es nun im Hinblick auf den tatsächlich eingetretenen Zusammenbruch der DDR 1989/90 zu „erörtern": Sammeln Sie sowohl Pro- als auch Kontra-Argumente und veranschaulichen Sie diese mit Beispielen, um Ihre Einschätzung gut zu begründen. Der nachfolgende Lösungsvorschlag bietet Ihnen einige Punkte, die Sie dabei berücksichtigen könnten. Achten Sie darauf, Ihren Prüferinnen und Prüfern ein deutliches Urteil zur Fragestellung zu präsentieren und dabei auch das in der Aufgabe genannte Zitat aus M 1 aufzugreifen.

Behauptung aus M 1: ab 1961 Gelegenheit für die DDR, „**ganz aus eigener Kraft unterzugehen**" (Z. 33)

Pro-Argumente:
im Schatten der Mauer größere **Konzentration auf die eigene Entwicklung** möglich
- in der Ära Honecker (ab 1971) zunehmende **wirtschaftliche Probleme:** Mangelwirtschaft, Innovationsrückstand, hohe Staatsverschuldung (Abhängigkeit von ausländischen Krediten), Devisenmangel, Umweltzerstörung
- **Reformunfähigkeit des Systems:** Verfolgung von Oppositionellen, Ablehnung des sowjetischen Reformkurses (ab 1985) durch die SED-Führung, massive Wahlfälschungen (1989 erstmals von der Opposition nachgewiesen)
- **geringe Unterstützung durch die eigenen Bürger:** häufig Rückzug ins Private („Nischengesellschaft"), in den 1970er-/1980er-Jahren Gründung von Oppositionsgruppen, Flucht- und Ausreisewelle sowie Massendemonstrationen 1989
- großes Misstrauen gegenüber der eigenen Bevölkerung → immer stärkere **Überwachung** durch die „**Stasi**", die das Vertrauen der Menschen untereinander untergrub (Einsatz von IMs, Methode der „Zersetzung", „Landschaften der Lügen")
- Berliner Mauer und Grenzbefestigungen als **offenkundige Symbole**, dass die SED die Bevölkerung gewaltsam einsperrte und daran hindern wollte, das **vermeintlich „bessere Deutschland**" und den Sozialismus zu verlassen

Kontra-Argumente:
Erklärung des **endgültigen Scheiterns** der DDR **1989/90** unbedingt auch im Kontext des **Kalten Kriegs** und der Entwicklungen im **Ostblock**
- Einfluss des **KSZE-Prozesses** (u. a. KSZE-Schlussakte von Helsinki 1975, auch von der DDR unterzeichnet) auf die Opposition in der DDR → Forderung nach Einhaltung der Menschenrechte und Grundfreiheiten
- **Umbruch im Ostblock:**
    - ab 1985: **Gorbatschows Reformkurs** in der Sowjetunion (Glasnost, Perestroika) und Ende der Breschnew-Doktrin → **Reformimpulse**, die zwar von der DDR-Führung abgelehnt wurden, sich aber auf die Montagsdemonstrationen auswirkten; 1989 kein militärisches Eingreifen der Sowjetunion (anders als 1953) und somit Ermöglichung der Friedlichen Revolution
    - Lockerungen in anderen Staaten des Ostblocks, u. a. **Öffnung der Grenze** zwischen Ungarn und Österreich → **neuer Fluchtweg** für zahlreiche DDR-Bürger

eigenständiges Fazit (Beispiel):
- tatsächlich zahlreiche **innenpolitische, wirtschaftliche und gesellschaftliche Probleme**, die die DDR Ende der 1980er-Jahre endgültig in eine **tiefe Krise** stürzten und das angeblich bessere politische System völlig **delegitimierten**
- aber: vollständige Erklärung des Zusammenbruchs der DDR und der anschließenden Wiedervereinigung **nur unter Beachtung äußerer Einflüsse und Entwicklungen**, ohne die die Friedliche Revolution 1989 nicht möglich gewesen wäre

→ 1989/90 **kein Untergang „ganz aus eigener Kraft"** (Z. 33), sondern auch wesentliche Bedeutung äußerer Faktoren → wichtig: das Ende der DDR 1989/90 genau wie den Bau der Berliner Mauer 1961 im Kontext des Kalten Kriegs betrachten

AKTUELLE PROBLEME POSTKOLONIALER RÄUME IN HISTORISCHER PERSPEKTIVE

Die Dekolonisierung Afrikas

Aufgabenstellung

1 Analysieren Sie M 1.

2 Der Redner äußert die Hoffnung, dass sich in den ehemaligen Kolonien „Freiheit, Ordnung und Gerechtigkeit" (Z. 32 f.) verwirklichen lassen. Überprüfen Sie an einem Dekolonisierungsprozess Ihrer Wahl, ob sich diese Hoffnung erfüllt hat.

M1 Rede des britischen Premierministers Harold Macmillan vor dem südafrikanischen Parlament am 3. Februar 1960

1960 reiste der damalige britische Premierminister Harold Macmillan durch Afrika und besuchte Länder, die bereits ihre Unabhängigkeit von Großbritannien erreicht hatten oder kurz davor standen. Vor dem südafrikanischen Parlament in Kapstadt hielt er eine Ansprache, die als „Wind-of-Change-Rede“ in die Geschichte eingegangen ist.

Im 20. Jahrhundert und insbesondere seit Kriegsende haben sich die Prozesse, aus denen die Nationalstaaten Europas hervorgegangen sind, auf der ganzen Welt wiederholt. Wir haben das Erwachen des nationalen Bewusstseins bei Menschen gesehen, die seit Jahrhunderten in Abhängigkeit von einer anderen Macht leben. Vor fünfzehn Jahren verbreitete sich diese Bewegung in Asien. Viele Länder unterschiedlicher Rassen und Zivilisationen drängten auf ein unabhängiges nationales Leben.

Heute passiert dasselbe in Afrika, und der auffälligste aller Eindrücke, die ich seit meiner Abreise aus London vor einem Monat gemacht habe, ist die Stärke dieses afrikanischen Nationalbewusstseins. An verschiedenen Orten nimmt es verschiedene Formen an, aber es passiert überall.

Der Wind des Wandels weht durch diesen Kontinent, und ob es uns gefällt oder nicht, dieses Wachstum des nationalen Bewusstseins ist eine politische Tatsache. Wir müssen es alle als Tatsache akzeptieren, und unsere nationale Politik muss dies berücksichtigen.

[…] Diese Flut des nationalen Bewusstseins, die jetzt in Afrika zunimmt, ist eine Tatsache, für die letztendlich sowohl Sie [Regierung Südafrikas] als auch wir [Regierung Großbritanniens] und die anderen Nationen der westlichen Welt verantwortlich sind.

Denn seine Ursachen liegen in den Errungenschaften der westlichen Zivilisation […] und vielleicht vor allem und mehr als alles andere in der Verbreitung der Bildung.

[…] Die heutige Welt ist in drei Hauptgruppen unterteilt. Zuerst gibt es das, was wir die Westmächte nennen. […] In den Vereinigten Staaten von Amerika und in Europa nennen wir es die Freie Welt. Zweitens gibt es die Kommunisten – Russland und seine Satelliten in Europa und China […]. Drittens gibt es jene Teile der Welt, deren Menschen sich derzeit weder dem Kommunismus noch unseren westlichen Ideen verpflichtet fühlen. In diesem Zusammenhang denken wir zuerst an Asien und dann an Afrika. Aus meiner Sicht ist die große Frage in dieser zweiten Hälfte des 20. Jahrhunderts, ob die unverbindlichen Völker Asiens und Afrikas nach Osten oder nach Westen schwingen werden. Werden sie in das kommunistische Lager gezogen? Oder werden sich die großen Experimente zur Selbstverwaltung, die jetzt in Asien und Afrika […] durchgeführt werden, als so erfolgreich und durch ihr Beispiel so überzeugend erweisen, dass das Gleichgewicht zugunsten von Freiheit, Ordnung und Gerechtigkeit sinken wird?

Quelle: www.greelane.com/geisteswissenschaften/geschichte--kultur/harold-macmillans-wind-of-change-speech-43760/, letzter Zugriff: 1. 5. 2022

Lösungsvorschlag

1 **TIPP** *Anforderungsbereich: II*

Ihre mündliche Prüfung beginnt hier mit der Analyse einer Rede. Lesen Sie sich den Text mehrmals gut durch und notieren Sie sich wichtige Grundinformationen zum Material (Quellenart, Redner, Ort, Datum und Adressaten). Fassen Sie dann wesentliche Inhalte mit eigenen Worten zusammen. Zu Ihrer besseren Orientierung sind in der folgenden Lösung Zeilenverweise eingefügt. Falls Sie prägnante Auszüge aus M 1 zitieren möchten, machen Sie dies im Vortrag deutlich. Zu einer gelungenen Analyse gehört noch die Untersuchung der Intention des Redners sowie die Einordnung der Quelle in den historischen Kontext.

Vorstellung des Materials
- **Rede** des britischen Premierministers **Harold Macmillan**
- Ort und Adressat: Parlament Südafrikas in **Kapstadt**
- Datum: **3. Februar 1960**

Inhalt der Rede
- Erklärung der **Dekolonisierung Afrikas** mit dem Anwachsen des dortigen **nationalen Bewusstseins**, das von Großbritannien ernst genommen werden müsse → „**Wind des Wandels**" (Z. 11), der durch Afrika wehe (vgl. Z. 11–14)
- besonders seit Ende des Zweiten Weltkriegs: **nationale Bestrebungen** nach europäischem Vorbild zuerst in **Asien** und nun in **Afrika** (vgl. Z. 1–10): „Viele Länder unterschiedlicher Rassen und Zivilisationen drängten auf ein **unabhängiges nationales Leben**." (Z. 5 f.)
- **Bedeutung der westlichen Welt** für das Erstarken des Nationalbewusstseins und der Unabhängigkeitsbewegungen: Verbreitung von „Errungenschaften der westlichen Zivilisation" (Z. 19) und von Bildung (vgl. Z. 15–20)
- Dreiteilung der Welt im **Kalten Krieg** (vgl. Z. 21–27):
  a) **westliche Staaten** mit den USA und (West-)Europa
  b) **kommunistische Länder** unter Führung Russlands mit den von ihm abhängigen Staaten in (Ost-)Europa sowie China
  c) **restliche Welt**, die zwischen den ideologischen Blöcken hin und her schwankt
  → zentrale Frage: Werden sich die **neuen Nationalstaaten Asiens und Afrikas** der „**Freie[n] Welt**" (Z. 23), also dem Westen, anschließen oder „in das **kommunistische Lager** gezogen" (Z. 29) werden?

Perspektive/Intention
- Perspektive Macmillans: europäischer Politiker und führender **Vertreter der (früheren) Kolonialmacht Großbritannien**, der die afrikanischen Unabhängigkeitsbewegungen und die Dekolonisierungswelle als gegeben ansieht und sie weder bekämpfen noch blockieren will
- Überzeugung von der **Überlegenheit der westlichen Welt** und ihrer Werte:

- **Nachahmung einer europäischen Entwicklung** durch Kolonien, die nach Unabhängigkeit streben
- positive Darstellung westlicher Errungenschaften besonders im **Gegensatz zum ideologischen Gegner im Kalten Krieg** → Wunsch, dass sich die afrikanischen Staaten für „**Freiheit, Ordnung und Gerechtigkeit**" (Z. 32 f.) entscheiden und sich dem westlichen Lager anschließen

– aber: **keine Thematisierung der Unterdrückung** der Menschen in Afrika durch die britische Kolonialmacht (zumindest nicht im vorliegenden Redeausschnitt)

historischer Kontext

– **dritte Dekolonisierungswelle** nach dem Zweiten Weltkrieg, v. a. „**Afrikanisches Jahr**" 1960: Unabhängigkeit für 18 Kolonien Großbritanniens, Frankreichs, Italiens und Belgiens (17 neue Staaten)
– „**britischer Weg**" der Dekolonisierung: sukzessive Gewährung politischer Partizipation und Selbstständigkeit der Kolonien innerhalb des „Empire" bzw. „Commonwealth" → Beispiel Südafrika *(Verweis auf den zweiten Teil des Vortrags möglich)*
– drei Bedingungen, die den **Zerfall der Kolonialreiche** beschleunigten:
  1 **Schwächung der Kolonialmächte** durch den Ersten und Zweiten Weltkrieg → zunehmende Zweifel an der Sinnhaftigkeit und Rentabilität der Kolonialreiche, Bereitschaft zu Konzessionen an die Unabhängigkeitsbewegungen
  2 starke **nationale Befreiungsbewegungen** in den Kolonien
  3 günstige **internationale Rahmenbedingungen** im Kontext des **Kalten Kriegs**, da die beiden Führungsmächte USA und UdSSR aus ideologischen und machtpolitischen Gründen **antikoloniale Standpunkte** vertraten und die ehemaligen Kolonien jeweils für den **eigenen Bündnisblock** gewinnen wollten

2 **TIPP** *Anforderungsbereich: III*

In der zweiten Teilaufgabe beschäftigen Sie sich kritisch mit einem Dekolonisierungsprozess und seinen Folgen. Die Auswahl des Beispiels ist Ihnen überlassen; laut Bildungsplan kommen dafür u. a. Südafrika, Indien und Israel-Palästina infrage. Passend zu M 1 widmet sich die folgende Lösung der ehemaligen britischen Kolonie Südafrika. Überlegen Sie, welche Entwicklungen zu den Schlagworten „Freiheit, Ordnung und Gerechtigkeit" passen könnten und inwiefern sich Macmillans Wunsch in dem postkolonialen Staat Ihrer Wahl verwirklichen ließ.

Fallbeispiel Südafrika

Weg in die Unabhängigkeit/Freiheit?

– 1910 Gründung der **Südafrikanischen Union** (Vereinigung der vier südafrikanischen Kolonien Großbritanniens), Status als selbstregierte „**Dominion**" im „British Empire", 1931 **formale Unabhängigkeit im „Commonwealth of Nations"** → schrittweise mehr politische Freiheit von der britischen Kolonialmacht
– 1961 **Ausrufung der Republik Südafrika** und Austritt aus dem „Commonwealth"

Entwicklung zu „Gerechtigkeit und Ordnung"?

- trotz früher Autonomie und Unabhängigkeit: Südafrika weiter unter „**europäischer Herrschaft**" → Dominanz der Politik durch **weiße Minderheit** europäischer Siedler, **rassistische Innenpolitik** v. a. gegenüber der schwarzen Bevölkerung
- ab 1948 **strikte Apartheids-Politik der weißen Regierung:** „Rassentrennung" und systematische Diskriminierung von Schwarzen, Asiaten und „Mischlingen" (noch Verschärfung nach dem Austritt aus dem „Commonwealth" 1961)
- seit den 1950er-Jahren zunehmender **Widerstand gegen die Apartheids-Politik** → Organisation von Streiks, Massenprotesten und Boykotten besonders durch den „**African National Congress**" (ANC, 1912 gegründet), auch gewaltsame Aktionen → aber: harte **Unterdrückung** der Proteste, **Verbot des ANC** 1960–1990 → Verfolgung, Verhaftung und Flucht führender Mitglieder, z. B. lange Inhaftierung von **Nelson Mandela**, Weiterarbeit des ANC im Untergrund und im Exil
- 1980er-Jahre: nach starken internationalen Protesten Beginn von **Verhandlungen** des Apartheids-Regimes mit dem ANC, v. a. vertreten durch den aus der Haft entlassenen Mandela (1993 Friedensnobelpreis zusammen mit Präsident de Klerk)
- 1990: **Aufhebung der Rassentrennung** → erster Schritt zur formellen Emanzipation der schwarzen Bevölkerung und zur Aufhebung der politischen Ungleichheit
- 1994: erste **freie, gleiche Wahlen** in Südafrika → Sieg des ANC, Mandela erster schwarzer Präsident Südafrikas
- 1996: Verabschiedung einer neuen demokratischen Verfassung, die u. a. Gleichheit und Schutz vor Diskriminierung vorsieht

Fazit

einerseits:

- frühe **Autonomie bzw. Unabhängigkeit von Großbritannien**, bis heute Entwicklung hin zu einem souveränen Staat mit demokratischem System, der zu den **wirtschaftlich aufstrebenden Schwellenländern** (BRICS-Staaten) gehört
- formale **Beseitigung der rassistischen, diskriminierenden Apartheids-Politik** der weißen Minderheit

andererseits:

- **jahrzehntelange Entwicklung** zu stabileren Zuständen mit gewaltsamen Phasen
- bis heute **keine Lösung** aller aus dem Kolonialismus und der Apartheid resultierenden gesellschaftlichen Probleme und ethnopolitischen Konflikte
- starke **wirtschaftlich-soziale Ungleichheit** (große Armut unter der schwarzen Bevölkerung), viel Korruption und Kriminalität

PRÜFUNGSAUFGABEN

PROZESSE DER MODERNISIERUNG IN WIRTSCHAFT, POLITIK UND GESELLSCHAFT SEIT DEM 18. JAHRHUNDERT
DEUTSCHLAND IM SPANNUNGSFELD ZWISCHEN DEMOKRATIE UND DIKTATUR *

Veränderungen in Wirtschaft und Gesellschaft durch die Industrialisierung; Die demokratische und nationale Bewegung in der Auseinandersetzung mit dem Obrigkeitsstaat (Schwerpunktthemen) *

Aufgabenstellung

1 Analysieren Sie M 1.

2 Stellen Sie die Ziele und Vorgehensweisen dreier Trägergruppen der Revolution von 1848/49 in Deutschland dar.

3 Analysieren Sie die Statistiken M 2 und vergleichen Sie diese mit der Grundaussage von M 3.

4 *Im Laufe der zweiten Hälfte des 19. Jahrhunderts hat sich die Lage der Arbeiter in Deutschland entscheidend verbessert.* Erörtern Sie diese These.

*** Hinweise zu Bildungsplan und Schwerpunktthemen**

Bitte beachten Sie, dass sich die Aufgabenstellung auf die Schwerpunktthemen der Abiturprüfung 2015 und die Inhalte des damals gültigen Bildungsplans von 2004 bezieht. Wegen inhaltlicher Überschneidungen der Teilaufgaben 1, 3 und 4 mit den Schwerpunktthemen der Abiturprüfung 2023 und den Inhalten des nun gültigen Bildungsplans von 2016 stellen wir Ihnen diese Orginal-Abituraufgabe jedoch als zusätzliche Übungsmöglichkeit zur Verfügung.

M 1 Aus dem Manifest[1] des deutschen Arbeiterkongresses[2] vom 2. September 1848

Hohe National-Versammlung!

[…]

Mit der gespanntesten Aufmerksamkeit und mit hingebender Erwartung haben die Arbeiter, nachdem die politische Bewegung Europas auch sie in Anspruch genommen, sie zur Mitwirkung und, nach langer Zeit wieder, zum Hoffen erweckt hat, die Maßregeln, welche die deutschen Staaten zur Begründung besserer Staatseinrichtungen ergriffen haben, namentlich den Entwurf betreffend die Grundrechte des deutschen Volks und die davon ausgehenden Beratungen der hohen deutschen National-Versammlung, verfolgt. Sie haben nunmehr leider die Überzeugung erlangt, dass auch in der Verfassungsurkunde für Deutschland die soziale Frage ebenso wenig wie in andern Verfassungsarbeiten eine Stelle finden könne. […]

Der Staat verfährt […] gewissermaßen richtig; denn solange der Arbeiter nur als eine zerstreute Menschenmenge zu betrachten ist, lässt sich auch nichts gesetzlich Bestimmtes für ihn als Ganzes […] zur Beschützung von Rechten begründen. Es ist also vor allem erforderlich, dass die Arbeiter, um ihr Arbeiten als einen bestimmten Besitz in das Grundgesetz des Staats einzuführen, sich selbst als lebendige Gemeinschaften, gleichsam als politisch-beseelte Körperschaften, unter die übrigen Bürger hinstellen und den Staatsmännern bemerklich machen.

Dieses konnte nur von den Arbeitern selbst ausgehen. Es war bisher versäumt worden, ist aber von uns, soweit es der Augenblick zulässt, nachgeholt worden, und die Organisation der Arbeiter Deutschlands, wie sie jetzt im Leben steht, liegt in den Grundzügen ihres Verfassungs-Statuts einer hohen National-Versammlung vor Augen. […] So organisiert […] treten wir jetzt […] vor den gesetzgebenden Körper unserer Wahl mit der Bitte: in der künftigen Gesetzgebung auch uns, als Besitzer der Arbeit, anzuerkennen und solche gesetzlichen Bestimmungen eintreten zu lassen, durch welche die Existenz und Fortdauer unserer Organisation und Assoziation für alle Zeiten geschützt und ihre weitere gedeihliche Ausbildung von Seiten des Staats begünstigt werden möge. […]

Wir, die Arbeiter, sind von Natur die Stützen der Ruhe und der Ordnung, denn wir wissen sehr wohl, dass wir zum Leben vor allem der Ruhe und Ordnung bedürfen. Wir reichen unseren Mitbürgern und unseren Gesetzgebern die Hand […]. Ja! Wir wollen die Ruhe und Ordnung der Staaten aufrechterhalten – wir können es verheißen, denn wir haben die Kraft dazu und sind uns unserer politischen Bedeutung bewusst. Nur notgedrungen würden wir, wenn […] unserer Rechte auch fernerhin, wie früher, von keinem der Machthaber auf humane Weise gedacht würde, […] unter der Macht der finstern Not aus den wärmsten Freunden der bestehenden Ordnung zu den bittersten Feinden derselben werden müssen.

Berlin, den 2. September 1848. Der Arbeiter-Kongress

Karl Obermann (Hrsg.): Flugblätter der Revolution 1848/49. München 1972, S. 109–112.

Anmerkungen

1 Manifest: öffentliche Erklärung

2 Vom 23. August bis 3. September 1848 trafen sich in Berlin Vertreter zahlreicher Arbeitervereine zu einem Arbeiter-Kongress und schlossen sich zu einer Organisation, der „Allgemeinen Deutschen Arbeiterverbrüderung", zusammen.

M2 Statistiken zur Industrialisierung in Deutschland

a) Entwicklung der Wertschöpfung[1] der deutschen Wirtschaft zwischen 1871 und 1910 in ausgewählten Wirtschaftsbereichen (Angaben in Millionen Mark in Preisen von 1913)

Jahr	Landwirtschaft, Forsten, Fischerei, Bergbau	Industrie und Handwerk	Handel, Verkehr, weitere Dienstleistungen	insgesamt (Volkseinkommen)[1]
1871	5 946	4 100	2 926	14 653
1880	6 882	5 194	3 637	17 679
1890	8 406	7 941	4 934	23 589
1900	10 973	12 220	7 142	33 169
1910	12 155	17 016	10 225	42 981

Anmerkungen

1 Unter Wertschöpfung versteht man hier, vereinfacht gesagt, Gewinne und Löhne (Wert der erwirtschafteten Güter und Dienstleistungen abzüglich der Vorleistungen), die in dem jeweiligen Wirtschaftssektor erzielt wurden.

2 Einzelne, in diesem Zusammenhang unwichtige Wirtschaftsbereiche (z. B. Vermietungen oder Militär) sind in der Statistik nicht berücksichtigt. Dadurch weicht die Zeilensumme der Wertschöpfung in den drei aufgeführten Wirtschaftsbereichen etwas vom angegebenen Volkseinkommen ab.

b) Entwicklung der durchschnittlichen Jahresverdienste von Arbeitnehmern in Industrie, Handel und Verkehr zwischen 1871 und 1910 in Deutschland

Jahr	durchschnittlicher Jahresverdienst – nominal (in Mark)	durchschnittlicher Jahresverdienst – real (Mark, in Preisen von 1895)
1871	493	466
1880	545	524
1890	650	636
1900	784	737
1910	979	789

Gerd Hohorst, Jürgen Kocka, Gerhard A. Ritter: Sozialgeschichtliches Arbeitsbuch. Materialien zur Statistik des Kaiserreichs 1870–1914. München: C. H. Beck 1975, S. 88 f., 107, bearbeitet.

Anmerkung

Die Werte beider Statistiken basieren auf der amtlichen Statistik und wissenschaftlichen Berechnungen.

M3 „Bild ohne Worte“ – Karikatur aus der Zeitschrift „Der neue Postillon“, 1896

Der Arbeiter im Hintergrund hält ein Schild mit der Aufschrift „Bitte um Arbeit“ in der Hand und ist flankiert von den Gestalten „Hunger“ und „Elend“. Hinter ihm ist ein Totenkopf zu sehen.

Der neue Postillon. Humoristisch-satirisches Arbeiterwitzblatt. Herausgegeben von einer Genossenschaft. Grütliverein in Zürich. II. Jahrgang, Nr. 2, Zürich, Februar 1896, S. 1.

Lösungsvorschlag

1 **TIPP** *Anforderungsbereich: II, Verrechnungspunkte: 12*

„Analysieren" ist ein Operator aus dem AFB II, der von Ihnen Reorganisations- und Transferleistungen verlangt. Beginnen Sie Ihre Textanalyse zunächst mit einer Bestimmung der formalen Kriterien der Quelle (Autor, Quellenart, Datierung, Anlass und Ort der Veröffentlichung, Thema). Anschließend sollen Sie die zentralen Inhalte des Textes herausarbeiten und diese in den historischen Kontext einordnen. Gehen Sie dabei jedoch nur auf die wesentlichen historischen Ereignisse und Aspekte ein.

Analyse von M 1
Formales

Bei dem vorliegenden Text (M 1) handelt es sich um ein **Manifest** (= öffentliche Erklärung) mit einer programmatischen Zusammenfassung der Thesen und Zielsetzungen des **Arbeiter-Kongresses**. Dieser traf sich im Spätsommer 1848 in Berlin, um die **Allgemeine Deutsche Arbeiterverbrüderung** als Interessenvertretung zahlreicher deutscher Arbeitervereine zu gründen. Das Manifest erschien am 2. September 1848 und richtete sich an die in Frankfurt tagende Nationalversammlung. Der Kongress betont darin, dass er sich für die **Aufrechterhaltung der Ruhe und Ordnung** einsetzen und an der **Neugestaltung Deutschlands** mitwirken werde.

Inhalt
- Einsatz für die Interessen der Arbeiterschaft

In dem Text begründen die Kongressteilnehmer die Notwendigkeit einer **Organisation der Arbeiter zur Durchsetzung und Vertretung der eigenen Interessen**. Zudem fordern sie vom Staat die Anerkennung der Arbeiterschaft sowie den **gesetzlichen Schutz ihrer Belange**. Die Argumentation der Verfasser beinhaltet zum einen Lob für die Nationalversammlung bezüglich des bereits Erreichten, zum anderen baut sie aber auch eine Drohkulisse auf, sollten die Interessen der Arbeiter übergangen werden.

- Vernachlässigung der Sozialen Frage

Lob gab es vonseiten des Arbeiterkongresses für den Verfassungsentwurf, der die **Sicherung der Grundrechte** vorsah. Der Wunsch der Arbeiter nach Beachtung ihrer Angelegenheiten und nach der **Lösung der Sozialen Frage** sei dagegen weder in den Verfassungsvorschlägen noch von der Nationalversammlung berücksichtigt worden (vgl. Z. 9–11). Diese Missachtung sei darauf zurückzuführen, dass es bisher **keine einheitliche Organisation der Arbeiterschaft** gegeben habe. Dem Staat hätte somit ein Ansprechpartner gefehlt, um über Rechte und Schutzmaßnahmen zu sprechen (vgl. Z. 12–18).

- Forderungen und Angebot der Arbeiter

Da diese Zersplitterung nun überwunden sei, müsse die Nationalversammlung auch die Belange der Arbeiter in die Verfassung aufnehmen und deren Organisation schützen und fördern. Die **organisierte**

Arbeiterschaft sei dafür zur Kooperation mit den Mitbürgern und der Nationalversammlung bereit und sehe sich als **traditionelle Stütze der „Ruhe und Ordnung“** (Z. 31). Allerdings sei die Arbeiterschaft auch dazu bereit, die bestehende Ordnung zu bekämpfen, wenn der Staat ihre Interessen nicht „auf humane Weise“ (Z. 35) berücksichtige und die Not sie dazu zwingen würde (vgl. Z. 33–37).

Durch die **direkte Anrede der Nationalversammlung** (Z. 1: „Hohe National-Versammlung!“) appellieren die Verfasser des Manifests an alle Mitglieder der Nationalversammlung in Frankfurt, nicht nur an eine bestimmte Gruppe. Besonders die **kontrastive These**, die Arbeiter seien „Stützen der Ruhe und der Ordnung“ (Z. 29), die sich aber auch gegen eine ungerechte, inhumane Ordnung auflehnen würden, soll auf die Adressaten im Sinne der Arbeiter Eindruck machen.

Intention: Appell an die Nationalversammlung

Der in Berlin tagende Arbeiter-Kongress fand in der zweiten Phase der Revolution (Juni bis November 1848) statt. Nach den Erfolgen der städtischen Volkserhebungen, der Demütigung des Militär- und Obrigkeitsstaates sowie der Einsetzung liberaler Minister („**Märzministerien**“, selbst in Preußen) in der ersten Revolutionsphase (März–Juni 1848) war eine breite **Verfassungsbewegung** entstanden. Diese wollte einerseits den Nationalstaatsgedanken und den politischen Liberalismus, andererseits aber auch den unüberhörbaren Ruf nach sozialen Reformen berücksichtigt sehen. Allerdings war die Lösung der Sozialen Frage, wie sie die Arbeiter verstanden, nicht Gegenstand der Beratungen. Vielmehr war die Mehrheit der tonangebenden Liberalen darum bemüht, eine sozialegalitäre Umgestaltung von Staat und Gesellschaft zu verhindern.

historischer Kontext: Revolution von 1848/49

– „Märzministerien“ und Verfassungsbewegung

Mit der **Wahl** und dem **Zusammentreten der Nationalversammlung** in Frankfurt am 18. Mai 1848 begann schließlich die **Verfassungskampagne** zur Neugestaltung Deutschlands. Zum Leidwesen der Arbeiterschaft war kein Arbeiter in die Nationalversammlung gewählt worden, sodass die Arbeiterinteressen in ihren Augen unzureichend vertreten wurden. Auch die **Volksmassen** waren von der weiteren Entwicklung **enttäuscht**, weil die materielle Not – insbesondere die der Unterschichten – nicht behoben wurde und weil die Frage des Eigentums, die v. a. für die Arbeiterschaft von großer Bedeutung war, nicht behandelt wurde. Die Arbeiter fühlten sich einerseits von den Liberalen im Stich gelassen, sie machten andererseits aber auch das Fehlen einer eigenen Interessenvertretung für die Benachteiligung verantwortlich (vgl. Z. 12–18).

– Verfassungsdebatte in der Nationalversammlung in Frankfurt/Main

An der Verfassungsfrage, wozu die **Diskussion um die Frage nach dem Recht auf Arbeit als Teil der Grundrechte** gehörte, zerbrach die revolutionäre, liberale Bewegung schließlich. Eine Mehrheit aus

– Umgang mit wirtschaftlich-sozialen Fragen

gemäßigten Liberalen bestand auf dem Eigentumsrecht, der freien Wirtschaft und dem Verfassungsstaat. Gleichheit bedeutete für sie nur Gleichheit der Person vor dem Gesetz und Steuergerechtigkeit. Grundlegende soziale und wirtschaftliche Änderungen, wie von den Arbeitern gefordert, lehnten sie strikt ab. Die **Wirtschaftsbourgeoisie** sah in den **Forderungen der Arbeiter** nicht nur eine Gefahr für den Staat und dessen Ordnung, sondern vor allem eine **existenzielle Bedrohung** für sich und **die bestehende Gesellschaftsordnung**.

– Anliegen der Arbeiterschaft

Die **Arbeiter** bestanden dagegen auf einem grundlegenden Umbau der Gesellschaft und der wirtschaftlichen Ordnung. Sie litten materiell unter **Verelendung** (Pauperismus) und Ausbeutung. Durch die **große Wirtschaftskrise** zwischen 1845 und 1847 hatte sich der Prozess der Verelendung dramatisch verschärft; jeder zweite Angehörige der Unterschicht lebte am Rande oder sogar unterhalb des Existenzminimums; für diese Bevölkerungsgruppe waren **Existenzfragen** wie Recht auf Arbeit, gerechter Lohn, Begrenzung der Arbeitszeit sowie Arbeitsschutz wichtiger als die politische Emanzipation. Daher waren die Arbeiter von Anfang an von der Nationalversammlung enttäuscht, weil sie am freien Kapitalismus nichts änderte.

2 **TIPP** *Anforderungsbereich: II, Verrechnungspunkte: 14*

Gemäß den Anforderungen des Operators „darstellen" (AFB II) sollen Sie drei verschiedene Trägergruppen der Revolution von 1848/49 benennen sowie ihre jeweiligen Ziele und Vorgehensweisen klar gegliedert (z. B. mithilfe von Oberbegriffen) konkretisieren und verdeutlichen. In der Wahl der Gruppen sind Sie frei.

Trägergruppen 1848/49

Gruppe 1: Arbeiter, Handwerksgesellen

– Ziele und Forderungen

Arbeiter und Handwerksgesellen forderten größtenteils eine **egalitäre und soziale Republik** sowie die Garantie von **Grundrechten für alle** (z. B. freies und gleiches Wahlrecht; Menschen- und Bürgerrechte wie Presse-, Rede- und Versammlungsfreiheit). Darüber hinaus traten sie aber auch für soziale Grundrechte (z. B. Recht auf Arbeit, Schutz vor materieller und politischer Ausbeutung und vor Unterdrückung, gerechte Entlohnung und Arbeitsschutz) ein. Auch die Verstaatlichung der Produktionsmittel wurde von einigen Gruppen gefordert, zumindest aber die **gerechte Verteilung des erwirtschafteten Ertrags**. Die Arbeiter und Gesellen waren mehrheitlich **republikanisch** und **demokratisch**.

– Vorgehensweisen

Die Arbeiter und das Handwerksproletariat waren bereit, auch **gewaltsam** für ihre Forderungen zu kämpfen, und nicht nur mit Gewalt zu drohen. Sie demonstrierten in den Städten und erhöhten den revolutionären Druck bis hin zu **Straßen- und Barrikadenkämpfen**.

Bei dieser Gruppe handelte es sich um eine verhältnismäßig **kleine, aber gewaltbereite Bewegung**, die eine revolutionäre **Umgestaltung aller Bereiche des öffentlichen Lebens**, vor allem aber des liberal-kapitalistischen Wirtschaftssystems wollte. Sie war **antifürstlich** und auch **antibürgerlich**, weil Bürgertum (Bourgeoisie) und inhumaner Kapitalismus für sie Synonyme waren. Daher fand sie auch keine Unterstützung bei der liberalen Mehrheit.

– Zwischenfazit

Innerhalb der **bürgerlich-liberalen Bewegung** war man sich über das zu erreichende politische Ziel **uneins**: Es ging um eine **konstitutionelle** oder **liberal-demokratische Monarchie**; eine Minderheit trat für eine Republik ein. Alle aber wollten die Beseitigung des reaktionären, neoabsolutistischen Systems der „Ära Metternich" und des „Polizeistaates". Die Allmacht des Staats sollte durch die Garantie von **Menschen- und Bürgerrechten** (u. a. Gewissens-, Lehr-, Rede-, Versammlungs- und Pressefreiheit, Freizügigkeit, Gleichheit vor dem Gesetz, Rechtsstaatlichkeit, Steuergerechtigkeit) begrenzt und die Freiheit des Einzelnen auch in der Wirtschaft gesichert werden. Ein gewähltes Parlament sollte die Gesetze erlassen und die Regierung kontrollieren; eine Mehrheit trat für das Zensuswahlrecht ein, das Besitzlose ausschloss. Die Verfassung sollte dem Grundsatz der **Volkssouveränität** Geltung verschaffen.

Gruppe 2: Bürgertum

– Ziele und Forderungen

Das Bürgertum richtete **Petitionen** an die Regierenden, organisierte **Demonstrationen**, drohte mit Gewalt und wandte diese, wenn nötig, auch an. Allerdings sollte Gewalt nur ein letztes, zeitlich begrenztes Mittel sein. Die Mehrheit war für ein friedliches Vorgehen; nur ein kleiner Teil radikalisierte sich (z. B. Heckerzug).

– Vorgehensweisen

Das Bürgertum zeigte ein ambivalentes Verhalten. Die **Mehrheit** gehörte dem **liberal-reformerischen** Lager an und war bereit, den Staat zusammen mit den Fürsten im liberalen Sinne zu reformieren. Den wirtschaftlich-sozialen Forderungen der Arbeiter stand das Bürgertum überwiegend ablehnend gegenüber. Es benötigte zwar die Volksmassen zur Durchsetzung der eigenen Ziele, wies aber deren weiterreichende Ziele zurück. Das bürgerliche Interesse galt dem **Machtgewinn** und **Machterhalt der Bourgeoisie**, nicht der Umgestaltung der Wirtschaftsordnung. Eine dauerhafte Aktionseinheit von Bürgertum und Arbeitern oder Bauern konnte es nicht geben. Auch die **liberal-demokratische Minderheit**, die das alte System für eine breite Machtbeteiligung des Bürgertums beseitigen wollte, war nicht bereit, allen Forderungen der Arbeiter nachzukommen.

– Zwischenfazit

Auffallend ist bei den **Bauern** das weitgehende Fehlen von Forderungen nach einer Änderung des politischen Systems. Ihnen ging es stattdessen vor allem um die **Abschaffung feudaler Belastungen**,

Gruppe 3: Bauern

– Ziele und Forderungen

insbesondere um die Verminderung von Pachtzahlungen, Abgaben und Steuern sowie um die Verringerung der Ablösezahlungen an die ehemaligen Grund- und Gutsherren – eine Folge der Bauernbefreiung. Zudem forderten sie die **Reduzierung von Gebühren**, v. a. des Schulgeldes, die **Abschaffung des feudalen Jagdrechts** und die Einsetzung ortsansässiger Beamter.

Zwar waren die Bauern **konservativ** und **nicht revolutionär**, aber zur Durchsetzung ihrer Ziele waren sie durchaus zur Gewalt gegen Grundherren und lokale Behörden bereit, nicht aber zur Zusammenarbeit mit den anderen revolutionären Gruppen. – Vorgehensweisen

Die **Mehrheit der Bauern lehnte eine politische Revolution ab**, denn sie sah in den **Fürsten** eine **Schutzmacht gegen die Standesherren**. Dem liberalen Kapitalismus standen die Bauern zwar misstrauisch bis ablehnend gegenüber, ihr Landeigentum wollten sie aber unter allen Umständen vor Angriffen auf das Eigentumsrecht schützen. Deshalb und wegen des in den Augen der Bauern „liederlichen" Lebenswandels der Arbeiter verweigerten sie die Zusammenarbeit mit der Arbeiterschaft. Karl Marx hielt die Bauern deshalb für eine Gruppe, die unfähig und unwillig zu einer Revolution sei, da es ihr nur um den eigenen Besitz ginge. – Zwischenfazit

Deutlich wird, dass die Ziele der Trägergruppen der Revolution in einzelnen Punkten **übereinstimmten**. So wollten z. B. Arbeiter und Bürger das „Unterdrückungssystem" der Metternich-Ära beseitigen. In wichtigen Punkten **unterschieden** sich die Gruppen aber. Diese **Interessengegensätze** bestimmten schließlich den Verlauf und das Schicksal der Revolution: Liberale und Demokraten standen sich dabei ebenso gegenüber wie konstitutionelle Monarchisten und Republikaner sowie Wirtschaftsbourgeoisie und Arbeiterschaft. Von dieser Zerrissenheit profitierten letztlich die Machthaber des alten Systems. **Fazit**

3 **TIPP** *Anforderungsbereich: II, Verrechnungspunkte: 18*

Sie sollen zuerst den Sachverhalt der zwei Statistiken (M 2) in eigenen Worten beschreiben und dann detailliert und unter Angaben konkreter Zahlen wesentliche Aussagen erläutern. Gemäß den Anforderungen an eine Analyse (AFB II) von Statistiken werden Gegenstand und Herkunft der Daten benannt und die äußere Form beschrieben. Die anschließende Untersuchung der Statistiken soll die unterschiedlichen Wachstumsraten bei Reallöhnen und Volkseinkommen benennen und im historischen Kontext erklären. Ferner gilt es, die Grundaussage der Karikatur (M 3) herauszuarbeiten und diese mit den Aussagen von M 2 zu vergleichen.

Analyse der zwei Statistiken M 2

Formalia

M 2 a zeigt die Entwicklung der **Wertschöpfung der deutschen Wirtschaft** (1871–1910) insgesamt und nach Wirtschaftsbereichen in absoluten Zahlen. Bezugsgröße sind die Preise von 1913 (Basisjahr) in Millionen Mark. M 2 b verdeutlicht dagegen die Entwicklung der durchschnittlichen **nominalen und realen Jahresverdienste von Arbeitnehmern** in den Bereichen Industrie, Handel und Verkehr (1871–1910) in Mark. Beide Statistiken decken denselben Zeitraum ab; auch die Zeitabstände der einzelnen Jahre stimmen überein.

Inhalte

Das in **M 2 a** aufgeführte **Volkseinkommen** steigt in dem betrachteten Zeitraum von 14 653 auf 42 981 Millionen Mark an – das ist mehr als das Dreifache. Die **Zuwachsraten** in den Jahren 1900 und 1910 fallen dabei besonders hoch aus (jeweils rund 10 Milliarden Mark). Der **primäre Sektor** (Land- und Forstwirtschaft, Fischerei und Bergbau) steigt zwar zwischen 1871 (5 946 Millionen Mark) und 1910 (12 155 Millionen Mark) auf etwa das Doppelte an, er büßt jedoch ab 1900 seine dominierende volkswirtschaftliche Bedeutung zugunsten von Industrie und Handwerk ein. Die Wertschöpfung des **sekundären Sektors** wächst überproportional (etwa um das Vierfache); 1910 ist dieser Sektor mit Abstand der bedeutendste. Auch im **tertiären Sektor** nimmt die Wertschöpfung erheblich zu, etwa um das 3,5-fache. Diese Entwicklung belegt die zunehmende Bedeutung dieses Bereichs für die deutsche Gesamtwirtschaft.

Auch bei der in **M 2 b** dargestellten Entwicklung der „**durchschnittlichen Jahresverdienste**“ zeigt sich ein Anstieg; so verdoppeln sich die Nominallöhne fast (von 493 Mark im Jahr 1871 auf 979 Mark im Jahr 1910); die Realverdienste steigen aufgrund der eingerechneten Preissteigerungen dagegen lediglich um ca. 70 Prozent. Damit bleibt die **Entwicklung der Reallöhne** deutlich hinter der der allgemeinen Wertschöpfung (Volkseinkommen) und der Nominallöhne zurück.

historischer Kontext: Zeit der Hochindustrialisierung

Anfang der 1870er-Jahre vollzog sich in Deutschland der Übergang zur **Hochindustrialisierung**. Diese Entwicklung hin zum **modernen Industriestaat** kommt in M 2 zum Ausdruck. Obwohl es zwischen 1871 und 1895 **erhebliche Wachstumsschwankungen** gab, die in den beiden Statistiken nicht berücksichtigt werden, war vor allem die Zeit zwischen 1890 und dem Ersten Weltkrieg eine **Phase der Hochkonjunktur**, die besonders dem sekundären und tertiären Sektor enorme Wachstumsraten bescherte. Für diesen Aufschwung war neben der Entstehung eines neuen **Leitsektors** (**Energiewirtschaft**) auch die Herausbildung neuer **Schrittmacherindustrien** (**Elektro-, Chemieindustrie**) verantwortlich. Kennzeichen dieses als „Wirtschaftswunder“ bezeichneten Aufstiegs Deutschlands waren eine rasante Steigerung der Produktivität, die enge Verzahnung von Wissenschaft, Technologie und Industrieproduktion sowie eine zunehmende wirtschaftliche Konzentration. Zu den **sozialen Folgen** dieses Wandels zählte u. a. die **Binnenwanderung in die industriellen Ballungszentren**, wo das knappe Wohnungsangebot zu hohen Mietpreisen führte. Diese sowie die allgemeinen Preissteigerungen wirkten sich **negativ** auf die in M 2b gezeigte **Entwicklung der Reallöhne** aus. So profitierten die Arbeitnehmer in geringerem Maße von dem wirtschaftlichen Wachstum.

Das **Wachstum des primären Sektors** war weniger der Landwirtschaft geschuldet als vielmehr dem **Bergbau**. Denn vor allem die Großlandwirtschaft befand sich infolge des Preisdrucks durch ausländische Konkurrenz bis zum Kriegsausbruch 1914 in einer Dauerkrise. Der **sekundäre Sektor** konnte dagegen die Schwäche des Binnenmarktes – hier war eine weitgehende Marktsättigung festzustellen – durch **Exporte** mehr als ausgleichen; 1913 lag **Deutschland als Welthandelsmacht** hinter Großbritannien – und noch vor den USA – auf dem zweiten Platz. Allerdings war die deutsche Industrie vom Funktionieren des Welthandels mit freiem Zugang zu den Märkten abhängig.

Aussagen der Karikatur M 3

Die **Karikatur „Bild ohne Worte“** (M 3) von 1896 spricht in ihrer klaren und pointierten Darstellung für sich: Zwei **beleibte Männer** mit Zylinder auf dem Kopf und im Frack wringen einen schmalen Mann wie ein nasses Tuch aus. Allerdings läuft aus dem Mann kein Wasser, sondern **Geld in Form von Münzen**, die in einem darunter aufgestellten Bottich mit der Aufschrift „**Sammelbecken des Kapitalismus**“ aufgefangen werden. Am Boden liegen drei bereits ausgewrungene Männer. Vor der Tür im Bildhintergrund steht ein magerer und **in demütiger Haltung verharrender Mann**, der von den **gespenstischen Gestalten** „Elend“, und „Hunger“ sowie von einem Totenkopf bedrängt wird. In der Hand hält der Arbeiter ein Schild mit der Aufschrift „Bitte um Arbeit“. Der Wartende scheint das nächste Opfer zu sein, das ausgepresst werden wird.

Die beiden wringenden Männer sind durch ihre Attribute (Frack, Zylinder, Leibesfülle, Zigarre, Monokel) und durch die Aufschrift auf dem Becken als Vertreter des **kapitalistischen Unternehmertums** erkennbar. Die Karikatur zeigt in überspitzter, auf das Wesentliche reduzierter Form die **inhumanen Wirkungen des kapitalistischen Wirtschaftssystems** und des freien, allein am Gewinn interessierten Unternehmertums. Dieses System beruht auf der unmenschlichen Ausbeutung der Arbeiter, die lediglich Mittel zur Gewinnmaximierung sind, aber keine Menschen. Dem Arbeiter bleiben nur Elend, Hunger und früher Tod.

Die Karikatur ist in der Phase der **Hochkonjunktur** entstanden. Sie möchte zeigen, dass nur die **Unternehmer von der Industrialisierung profitierten**, sich am **Elend der Arbeiter** aber nichts änderte.

Vergleich M 2 und M 3

Die Statistiken lassen eine eindeutige Aussage über den **Realitätsgehalt der Karikatur** nicht zu. Die Karikatur beschreibt das Verhältnis von Unternehmer und Arbeitern als unmenschliches, brutales Ausbeutungsverhältnis, das zwangsweise in die Verelendung der Arbeiter führt. Die Statistik M 2b dagegen belegt, dass dies so pauschal nicht stimmen kann, denn die Reallöhne stiegen im genannten Zeitraum an. Für eine eindeutige Beurteilung sind somit weitere statistische Angaben wie die Entwicklung der Preise und der Unternehmensgewinne nötig. Im historischen Kontext betrachtet, zeigt sich aber eine deutliche „Disparität in der Entwicklung der Einkommensverteilung“ (Hans-Ulrich Wehler) zugunsten der Unternehmer, die ungleich stärker von der Hochkonjunktur profitierten. Die Reallöhne der Arbeiter und Angestellten stiegen seit Ende der 1880er-Jahre durchschnittlich viel geringer als die Unternehmensgewinne. Denn Preissteigerungen (z. B. Mieten) reduzierten die höheren Nominallöhne meist erheblich. Dennoch ging es den meisten Arbeitern 1910 besser als 1871. Die soziale **Ungleichheit** wurde somit **zementiert**, nicht abgebaut.

4 **TIPP** *Anforderungsbereich: III, Verrechnungspunkte: 16*

Der Operator „erörtern“ verlangt von Ihnen eine abwägende Gegenüberstellung von Pro- und Kontra-Argumenten und ein abschließendes, begründetes Urteil bezüglich der Aufgabenthese. Eine umfassende Argumentation kann nicht erwartet werden. Berücksichtigt werden sollten politische und sozioökonomische Aspekte.

Erörterung

Pro: Verbesserung der Lage der Arbeiterschaft

– mehr politische Mitsprache, Erfolge der Arbeiterbewegung

Für die **Verbesserung der Lage der Arbeiter** vor allem im Kaiserreich gibt es mehrere Belege. Im politischen Bereich sind die Teilnahme an den Reichstagswahlen durch das **allgemeine**, **gleiche und geheime Wahlrecht**, wie es die Verfassung von 1871 vorsah, sowie die **Bindung der Obrigkeit an Recht und Gesetz** zu nennen. Zwar enthielt die Reichsverfassung keine Bestimmungen über die **Grundrechte**, diese waren jedoch **in den Verfassungen der Einzelländer** enthalten. So galten im Deutschen Reich nahezu alle Grundrechte von 1849, vor allem die auch für die Arbeiter wichtige Freizügigkeit, die Glaubens- und Gewissensfreiheit sowie der Schutz der persönlichen Freiheit und der Wohnung. Mit dem **Erstarken der organisierten Arbeiterschaft** entstand zudem eine „**Parallelkultur**“ mit Arbeiterbildungs- und Sportvereinen; hinzu kamen Konsumvereine und Genossenschaften, die den Arbeitern billigere Einkäufe ermöglichten. Politisch war die Arbeiterschaft zunächst in Arbeitervereinen organisiert, die sich 1875 zur SAP zusammenschlossen (1890 Umbenennung in SPD). **Gewerkschaften** vertraten darüber hinaus die wirtschaftlichen Interessen der Arbeiter, wobei sie vor Streikmaßnahmen nicht zurückschreckten. Die **Reallöhne stiegen**, wenn auch nicht im selben Maß wie die Nominallöhne.

– Initiativen zur Lösung der Sozialen Frage

Der deutsche Staat gab seine Rolle als „Nachtwächterstaat" auf und beeinflusste wirtschaftlich-soziale Abläufe. Eine für damalige Verhältnisse vorbildliche **Sozialgesetzgebung** nahm sich erstmals der Arbeiter an und milderte zumindest die größten Härten einer allein am Markt orientierten kapitalistischen Wirtschaft ab. Zudem verbesserten **verantwortungsvolle Unternehmer** – wenn auch im eigenen Interesse – die Lage ihrer Arbeiter. Sie führten Arbeiterpensionen ein, bauten Werkswohnungen, die zum Selbstkostenpreis vermietet wurden, oder richteten Konsumanstalten ein. Auch die **Kirchen** unterstützten die Arbeiter durch **karitative Einrichtungen**, die Förderung der Selbsthilfe oder aktive Sozialarbeit in den Gemeinden.

Kontra: weiterhin problematische Zustände

– weiter politisch-rechtliche Benachteiligung

Trotz dieser Verbesserungen war die Lage der Arbeiter auch im Kaiserreich von **Unsicherheit**, **Benachteiligung** und **Not** gekennzeichnet. Justiz und Bürokratie verstanden sich als staatstragende Institutionen, in denen Sozialdemokraten unerwünscht waren. In der Justiz gab es immer wieder Fälle eindeutiger „**Klassenjustiz**" gegen Vertreter der Arbeiterschaft, zumal der Begriff „Majestätsbeleidigung", die den Arbeitern häufig vorgeworfen wurde, Auslegungssache war. Der Staat betrieb gegenüber der Arbeiterschaft eine **Politik gemäß „Zuckerbrot und Peitsche"**. Auf der einen Seite versuchte die Regierung, die Arbeiter durch die Sozialgesetzgebung mit dem Staat zu versöhnen und zu loyalen Untertanen zu machen. Auf der anderen Seite verbot das „**Sozialistengesetz**" (1878–1890) alle sozialdemokratischen, sozialistischen oder kommunistischen Versammlungen und Vereinigungen sowie deren Druckschriften. Die SPD durfte sich zwar weiter an den Reichstagswahlen beteiligen, aber ohne die Möglichkeit des Wahlkampfes. Wegen ihrer internationalen Ausrichtung und der Ablehnung des Militarismus galten **Sozialdemokraten als „Reichsfeinde"**. Darüber hinaus benachteiligte das **preußische Dreiklassenwahlrecht** die Wahlbezirke mit großem Arbeiteranteil und bevorzugte Kreise mit mehrheitlich konservativer Wählerschaft.

– geringe Wirkung der Sozialgesetzgebung

Zwar war die **Sozialgesetzgebung** für die damalige Zeit sehr fortschrittlich, in der Realität bot sie den Arbeitern aber meist keinen ausreichenden Schutz. Während die Kosten für die Versicherten beträchtlich waren, fielen die **Leistungen gering** aus. Für die gesetzliche Krankenversicherung mussten die Versicherten zwei Drittel der

Beiträge selbst aufbringen, die Unternehmer nur ein Drittel; lediglich für die Unfallversicherung zahlten allein die Unternehmer. Erst mit Vollendung des 70. Lebensjahres (lange nach dem durchschnittlichen Höchstalter) sah die Alters- und Invaliditätsversicherung Zahlungen vor; viele Arbeiter kamen gar nicht in den Genuss der Leistungen. Zudem gab es **keine Arbeitslosenversicherung**.

– weiter prekäre Lebenssituation vieler Arbeiter

Zwar stiegen die Nominallöhne, aber auch die **Preise verteuerten sich**, allen voran die Wohnungsmieten. Die Löhne der meisten Arbeiter reichten nicht aus, eine Familie allein zu ernähren; **Frauen- und Kinderarbeit** war deshalb keine Seltenheit. In den Städten herrschte **Wohnungsnot**, die zur **Slumbildung** mit katastrophalen hygienischen und sozialen Verhältnissen führte. Den Prachtbauten des Großbürgertums standen **Mietskasernen** mit dunklen Hinterhöfen gegenüber, in denen viele Familien unter unwürdigen Bedingungen in Einzimmerwohnungen hausten oder ihre Wohnung mit anderen Arbeitern teilen mussten. **Mangelernährung**, eine **hohe Krankheitsanfälligkeit** durch die schlechte Hygiene in den Städten und eine **hohe Sterblichkeit** bestimmten das Leben der Arbeiter. Dazu kamen **miserable Arbeitsbedingungen** mit geringem Arbeitsschutz und überlangen Arbeitszeiten von 14 bis 18 Stunden an sechs Tagen der Woche.

Wer keine Arbeit fand, war häufig zum **Betteln** gezwungen. Nur gewerkschaftlich Organisierte erhielten kurzfristig Hilfe durch die **Unterstützungskassen**; danach waren auch sie auf die **Armenpflege** der Wohltätigkeitsorganisationen und der Gemeinden angewiesen. Arbeitslose ohne festen Wohnsitz verloren zudem das Wahlrecht. Da um die Jahrhundertwende die Arbeitslosigkeit zurückging und die Reallöhne stiegen, ging es den meisten Arbeitern zwar besser als in den beiden ersten Dritteln des 19. Jahrhunderts. Dennoch prägte **soziale Ungerechtigkeit** die Gesellschaft des Kaiserreichs.

Fazit

Für die politisch und gesellschaftlich bestimmenden Eliten (Adel, Bourgeoisie) und selbst für das Kleinbürgertum galten **Arbeiter** als **Menschen „zweiter Klasse“**. Vor allem Sozialdemokraten wurden diskriminiert und der mangelnden Treue zu Reich und Kaiser verdächtigt. Die **Arbeiterschaft** entwickelte daher eine **legale „Parallelkultur“** und eine **Kultur der Solidarität**, wie sie die anderen Klassen nicht kannten. So war das Erscheinungsbild zwiespältig; die „gute alte Zeit“ hat es aber nicht gegeben, schon gar nicht für die Arbeiter.

Baden-Württemberg Geschichte
Schriftliche Abiturprüfung 2016 ▪ Aufgabe I

PROZESSE DER MODERNISIERUNG IN WIRTSCHAFT, POLITIK UND GESELLSCHAFT SEIT DEM 18. JAHRHUNDERT
DEUTSCHLAND IM SPANNUNGSFELD ZWISCHEN DEMOKRATIE UND DIKTATUR *
Veränderungen in Wirtschaft und Gesellschaft durch die Industrialisierung; Die demokratische und nationale Bewegung in der Auseinandersetzung mit dem Obrigkeitsstaat (Schwerpunktthemen) *

Aufgabenstellung

1 Analysieren Sie M 1 und vergleichen Sie M 1 mit M 2.

2 Beurteilen Sie, inwieweit die gemäßigten und die radikalen Kräfte der Revolution von 1848/49 mit der Gründung des Deutschen Kaiserreichs 1871 ihre jeweiligen Ziele erreicht haben.

3 Analysieren Sie M 3.

4 Erläutern Sie jeweils zwei wirtschaftliche und zwei gesellschaftliche Auswirkungen der Industrialisierung im 19. Jahrhundert.

*** Hinweise zu Bildungsplan und Schwerpunktthemen**

Bitte beachten Sie, dass sich die Aufgabenstellung auf die Schwerpunktthemen der Abiturprüfung 2016 und die Inhalte des damals gültigen Bildungsplans von 2004 bezieht. Wegen inhaltlicher Überschneidungen der Teilaufgaben 3 und 4 mit den Schwerpunktthemen der Abiturprüfung 2023 und den Inhalten des nun gültigen Bildungsplans von 2016 stellen wir Ihnen diese Orginal-Abituraufgabe jedoch als zusätzliche Übungsmöglichkeit zur Verfügung.

M1 „Das Frankfurter Kartenhaus“, Karikatur vom 21. April 1849

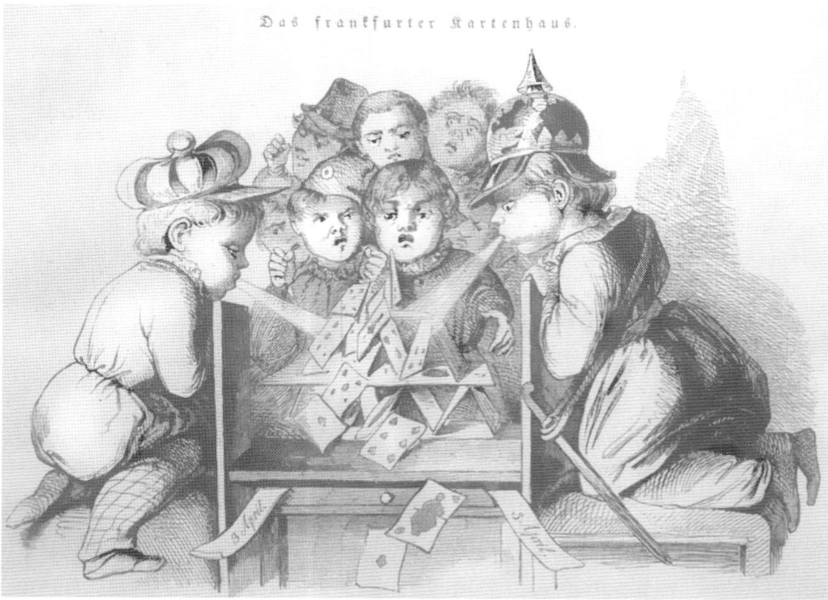

Das Kind links trägt eine Schirmmütze in Form einer Krone. Auf den beiden Papierstreifen ist das Datum „3. April“ notiert. (Am 3. April 1849 trägt eine Abordnung der Nationalversammlung Friedrich Wilhelm IV. erfolglos die Kaiserkrone an.)

Illustrirte Zeitung vom 21. 4. 1849, Leipzig.

M2 **„Er wiegt mehr, als sie alle!“, Karikatur von Joseph Lancedelli, 1848**

M3 Aus einer Ansprache des Unternehmers Carl Ferdinand von Stumm-Halberg an seine Arbeiter am 22. Juni 1895

Meine Freunde!

[…] Die Welt wird heute von den sozialdemokratischen Gefahren bedroht, welche für niemand[en] verhängnisvoller sind als für die Arbeiter selbst, deren materielle Existenz, deren Zufriedenheit, ja deren patriotische, religiöse und sittliche Überzeugungen dadurch auf das Äußerste gefährdet werden. […]

Ein wesentliches Kampfmittel […] ist die Legende von der Existenz eines vierten Standes, welcher sich ganz allgemein gegen das „Kapital" schützen müsse. […] Diese Tendenz, euch zu einem vierten Stande zu degradieren, ist geradezu eine Beleidigung des gesamten Arbeiterstandes. Die Arbeiterschaft steht heute jeder anderen Kategorie von Staatsbürgern gesetzlich völlig gleich, und niemals werde ich zugeben, dass der Arbeiter aus einem anderen Stoffe bestehe oder weniger Wert habe als ein Kommerzienrat[1] oder ein Minister.

Dass es unter den Arbeitern vielfach Not und Elend gibt, wird niemand weniger bestreiten als ich, der täglich bemüht ist, dasselbe zu mildern, wo es in eurer Mitte auftritt. Dies ist aber kein Merkmal des sogenannten vierten Standes; denn vielen Bauern und Handwerkern, ja selbst manchen Angehörigen der sogenannten gebildeten Stände geht es weit schlechter als den meisten Fabrikarbeitern, gerade weil das Kapital durch seine Zunahme in Deutschland seit den letzten Jahrzehnten in der Lage ist, für den Fabrikarbeiter besser, als dies in früheren Jahren geschehen war, zu sorgen. […]

Ganz unerfindlich ist es mir, wie sich die gelehrten Herren den vierten Stand eigentlich konstruieren. Zwischen mir und dem geringsten Tagelöhner liegen eine Menge Zwischenstufen: der Direktor, der Betriebschef, der Betriebsingenieur, der Meister, der Vorarbeiter – und möchte ich wohl wissen, wo da der dritte Stand aufhört und der vierte Stand beginnt! Nein, meine Freunde, wir alle gehören einem Stande an, das ist der alte ehrenhafte Stand der Hammerschmiede, und ich habe mich stets und allerorten mit Stolz zu diesem Stande bekannt.

Wie der Soldatenstand alle Angehörigen des Heeres vom Feldmarschall bis zum jüngsten Rekruten umfasst und alle gemeinsam gegen den Feind ziehen, wenn ihr König sie ruft, so stehen die Angehörigen [unseres Werks] wie ein Mann zusammen, wenn es gilt, die Konkurrenz sowohl wie die finsteren Mächte des Umsturzes zu bekämpfen. Bleiben wir siegreich, so ist dies zu unser aller Nutzen; unterliegen wir, so haben wir alle den Schaden davon, und ihr sicherlich weit mehr noch als ich. Zum Siege ist aber bei uns wie in der Armee die strenge Aufrechterhaltung der Disziplin unerlässlich […].

Nun sagt die Theorie: Der einzelne Arbeiter, der vermag nichts, der muss sich zum Kampf mit seinen Kameraden zusammenschließen. Sie übersieht aber ganz, dass sie sich damit mit einem zweiten ihrer Hauptsätze in Widerspruch setzt, wonach der Arbeitgeber immer der wirtschaftlich stärkere sei. Organisieren sich also die Arbeiter gegen die Arbeitgeber, so werden sich die letzteren notgedrungen auch gegen die Arbeiter organisieren müssen und dann allerdings dem Arbeiterstande schwere Nachteile zufügen können.

Alexander Tille/Armin Tille: Die Reden des Freiherrn Carl Ferdinand von Stumm-Halberg. Bd. 12. Berlin 1915, S. 582–586.

Anmerkung

1 Kommerzienrat: Ehrentitel für Unternehmer

Lösungsvorschlag

1 **TIPP** *Anforderungsbereich: II, Verrechnungspunkte: 16*

Die vorliegende Aufgabenstellung ist komplex, denn sie verlangt von Ihnen neben einer Analyse der Karikatur M 1 (Beschreibung, Erklärung im historischen Kontext und Formulierung der Gesamtaussage) zusätzlich einen Vergleich der zwei Bildquellen M 1 und M 2. Die Karikatur M 2 müssen Sie nicht analysieren.

Analyse von M 1
kurze Vorstellung der Formalia

Die **Karikatur** M 1 stammt vom 21. April **1849**, also aus dem zweiten Revolutionsjahr, und trägt eine die Situation charakterisierende Überschrift: „Das Frankfurter Kartenhaus". Erschienen ist die Abbildung anonym in der **Leipziger „Illustrirten Zeitung"**.

Beschreibung der Bildinhalte

Mehrere Kinder knien und stehen um ein Möbelstück, auf dem ein **Kartenhaus aus Spielkarten** aufgebaut ist. Dieses wird von den beiden rechts und links im Vordergrund sitzenden Kindern umgeblasen. Aus einer verschlossenen Schublade unterhalb des Kartenhauses hängen links und rechts zwei **Papierstreifen** mit der **Aufschrift „3. April"**.

Die **beiden Jungen** im Vordergrund sind im Gegensatz zu den anderen Kindern im Profil dargestellt. Das Kind auf der rechten Seite repräsentiert **Preußen** bzw. das **Militär:** Es trägt die typische **Pickelhaube**, dazu einen Säbel oder Degen; an der Wand ist sein Schatten zu erkennen. Das Kind links trägt eine **Schirmmütze in Form einer Krone**. Es verkörpert die **Monarchie** bzw. das „monarchische Prinzip". Gemeinsam bringen die beiden Jungen durch Pusten – grafisch verdeutlicht durch den hellen Luftstrahl aus ihren Mündern und durch die aufgeblasenen Backen – das **Kartenhaus zum Einsturz**. Die Kinder im Hintergrund beobachten das zerstörerische Treiben der beiden teils erschrocken, teils auch erbost. Eines der beiden Kinder unmittelbar hinter dem Möbelstück trägt das **Symbol der Revolution**, die **Jakobinermütze**, und ballt zornig die Fäuste.

historischer Kontext: Endphase der Revolution von 1848/49

Die Karikatur entstand in der **vierten Phase der Revolution**, in deren Verlauf die **gegenrevolutionären Kräfte siegten** (April bis Juli 1849). Sie nimmt Bezug auf die **Ablehnung der deutschen Kaiserkrone** durch den **preußischen König Friedrich Wilhelm IV.** am

3. April 1849. Darauf weisen die beiden beschrifteten Zettel hin. Die Paulskirchenversammlung in Frankfurt am Main hatte am 28. März 1849 mehrheitlich eine demokratisch-parlamentarische Reichsverfassung verkündet und den preußischen König zum erblichen deutschen Kaiser gewählt. Aber für den König stand der **monarchische Legitimitätsgedanke** im Vordergrund: Die Kaiserkrone hätte er angenommen, wenn diese ihm von den legitimen deutschen Fürsten in Übereinstimmung mit den Habsburgern, denen seiner Meinung nach traditionsgemäß die Krone zukam, angeboten worden wäre. Damit **brach das Verfassungsgebäude der Paulskirche wie ein Kartenhaus zusammen**.

Die Abgeordneten, symbolisiert durch die enttäuschten und zornigen Kinder, mussten dem **destruktiven Treiben der beiden konterrevolutionären Kräfte** (Fürsten, Armee) ohnmächtig zusehen, weil ihnen die militärischen Machtmittel fehlten. Diese lagen – v. a. in Preußen und Österreich – weiter in Händen der Fürsten. Die Gesichter der **Kinder** drücken die Stimmungslage unter den **Abgeordneten der Paulskirche** aus, deren Traum von einem „neuen Deutschland" ausgeträumt war. Ende April 1849 lehnte der preußische König Friedrich Wilhelm IV. die **Krone** endgültig als **„Hundehalsband"** ab, weil er eine offene Konfrontation mit Österreich, das zudem von Russland unterstützt wurde, scheute. Damit war das **Werk der Nationalversammlung gescheitert**. Die Niederwerfung der letzten Aufstände in Baden durch preußische Truppen Ende Juli 1849 bedeutete letztlich das faktische Ende der Revolution.

Deutung / Gesamtaussage

Der Karikaturist bewertet **die Bemühungen und das Werk der Nationalversammlung als Kinderspiel**, dem kein Erfolg beschieden sein konnte. Letztlich erwiesen sich die legitimistisch-monarchischen Mächte als zu stark, weil sie nicht wirklich entmachtet worden waren. Die **Monarchie** und das **Militär** werden als **„Spielverderber"** und damit als die Kräfte geschildert, die gemeinsam das ohnehin **instabile „Frankfurter Kartenhaus" zum Einsturz** brachten. Die Frankfurter Paulskirchenversammlung konnte sich dagegen mangels eigener (militärischer) Machtmittel nicht wirkungsvoll wehren.

Position des Karikaturisten

Der Karikaturist offenbart eine **distanzierte, kritische Einstellung** gegenüber der Leistung der Nationalversammlung, deren Werk er als illusionär charakterisiert (Verfassung als instabiles Kartenhaus).

Vergleich M 1 und M 2

Entstehungszeitpunkt und Einstellung zur Revolution

Beide Karikaturen stammen aus unterschiedlichen Phasen der Revolution. Während M 1 aus der vierten Phase, der Endphase, stammt, wurde die **zweite Karikatur** (M 2) im ersten Revolutionsjahr 1848, wohl in der Anfangsphase der Revolution, veröffentlicht. Im Gegensatz zur Karikatur M 1, die angesichts des offenkundigen Scheiterns der Revolution in ihrem Grundton das Geschehen distanziert-kritisch bis pessimistisch kommentiert, drückt M 2 den **revolutionären Optimismus in der Anfangszeit der Revolution** aus. Der **Karikaturist steht auf der Seite der Revolutionäre**, von deren gerechter Sache er ebenso überzeugt ist wie vom Erfolg der Revolution und von einer politisch-gerechten Neuordnung Deutschlands zugunsten der Bürger (Hut mit Feder).

Akteure

Während M 1 die Akteure differenziert darstellt (Monarchie, Militär, verschiedene revolutionäre Gruppen mit unterschiedlichen Verhaltensweisen), zeigt M 2 die gegensätzlichen **Akteure pauschal und symbolhaft** (Kronen, Revolutionshut). In beiden Karikaturen sind die **Kopfbedeckungen Symbole für das jeweilige politische Lager**, wobei in der Abbildung von 1848 die **Waage als Symbol der Gerechtigkeit** die Forderungen der Revolutionäre überhöht. Diese handeln – so der Zeichner – im Dienst der Gerechtigkeit und werden daher siegen, während sie in M 1 gescheitert sind.

2 **TIPP** *Anforderungsbereich: III, Verrechnungspunkte: 16*

Der Operator „beurteilen“ verlangt, dass Sie Fakten und Kriterien benennen und ein begründetes Urteil daraus ableiten. In dieser Teilaufgabe sollen Sie in einem ersten Schritt die Ziele der gemäßigten und der radikalen Kräfte der Revolution differenziert nennen und unterscheiden. In einem zweiten Schritt müssen Sie diese Befunde auf die Reichsgründung und deren Ergebnisse anwenden.

Beurteilung

Gemeinsamkeit: Neugestaltung Deutschlands durch das Volk

Die gemäßigten liberalen und die radikalen demokratischen Kräfte hatten 1848/49 durchaus **gemeinsame politische Ziele:** Beide wollten eine **systemische Neugestaltung Deutschlands**, d. h. die Beseitigung des fürstlichen Partikularismus und die Errichtung eines einheitlichen deutschen **Nationalstaates**. In diesem sollten persönliche **Freiheit**, gesicherte **Grundrechte**, eine die Obrigkeit einschränkende und **Volkssouveränität** garantierende **Verfassung**, eine **Volksvertretung** und **Rechtsstaatlichkeit** gewährleistet sein. Diese Neuordnung sollte durch eine **Revolution „von unten“**, d. h. durch das Volk bzw. durch dessen gewählte Vertreter erfolgen.

Unterschied: Ausgestaltung der verfassungsmäßigen Ordnung

Unterschiede gab es bei der Frage, wie die verfassungsmäßige Ordnung ausgestaltet werden sollte: Die **Gemäßigten** forderten eine **konstitutionelle Monarchie** (z. B. nach britischem Vorbild) mit einem **Zensuswahlrecht** für Männer. Dadurch sollten nur Besitzende am Staatswesen partizipieren können, während die Mehrheit keine Möglichkeit zur politischen Beteiligung haben sollte. Außerdem traten die Gemäßigten für **Wirtschaftsfreiheit** und einen **einheitlichen**

Wirtschaftsraum ein. Mit diesen Forderungen wollten sie vor allem für die Bourgeoisie die Macht erringen und sichern. Der Begriff „Volkssouveränität" schloss in ihren Augen nur die Besitzenden ein.

Die politisch **Radikalen** (**Demokraten**) wollten dagegen das alte monarchisch-legitimistische System völlig beseitigen und möglichst breite Volksschichten am Staatswesen aktiv beteiligen. Deshalb bestanden sie auf einem **allgemeinen und gleichen Wahlrecht** – allerdings nur für Männer über 25 Jahre – und auf einem strikten **Parlamentarismus**. Für die Demokraten kam eine Einheit ohne **Freiheit und Demokratie** nicht infrage.

Überleitung: Gründung des Deutschen Kaiserreichs 1871

Die **Gründung des Deutschen Kaiserreiches** 1871 war das Ergebnis einer „**Revolution von oben**", die – entgegen den Vorstellungen der liberalen und demokratischen Kräfte von 1848/49 – ohne Mitwirkung des Volks vollzogen wurde. So waren bei der **Proklamation** des Deutschen Reiches nur die **Fürsten und Militärs** anwesend; die gewählten Vertreter des Norddeutschen Reichstags blieben außen vor. Das Volk und seine Vertreter durften lediglich das von den Fürsten Ausgehandelte entgegennehmen. Das Kaiserreich war ein „**Bund der Fürsten**", die Staatsgewalt lag daher nicht bei einer „Nation" oder beim Volk, sondern bei den souveränen deutschen Fürsten. Das neue Reich war ein **monarchischer Obrigkeitsstaat** mit demokratischen und rechtsstaatlichen Elementen, der die gemäßigten und liberalen Forderungen von 1848/49 nur zum Teil erfüllte.

Erfüllung der Ziele der gemäßigten und radikalen Kräfte?

Die Mehrheit der **Liberalen** (**Gemäßigte**) war angesichts des militärischen Siegs über Frankreich mit dem Geschaffenen zuerst zufrieden. Dem Großteil des Bürgertums bedeutete die Reichsgründung die Erfüllung der alten Forderung nach einem **Nationalstaat**. Insbesondere die Nationalliberalen sahen in **Verfassung** und **Parlament** einen bedeutenden Fortschritt gegenüber dem dynastisch-partikularistischen Prinzip des Deutschen Bunds, an dessen Politik sie nicht aktiv beteiligt gewesen waren. Die Verfassung von 1871 erfüllte jedoch nicht alle Forderungen des Bürgertums: So lehnten die gemäßigten Liberalen das **allgemeine Männerwahlrecht**, das hingegen für die demokratischen Kräfte ein Erfolg war, strikt ab.

Unzufrieden waren beide Gruppen, da die Verfassung **keine Bestimmungen über die geforderten Grundrechte** enthielt. Es gab aber (im Gegensatz zu anderen europäischen Ländern) zur Freude der Gemäßigten in den Länderverfassungen eine Reihe von Einzelgesetzen, die wichtige Grundrechte sicherten, u. a. weitgehende Pressefreiheit; Freizügigkeit bei Reisen; Gewerbe-, Berufs-, Glaubens- Gewissensfreiheit; Schutz des Eigentums). Dazu kam die **Unabhängigkeit der Justiz**., weshalb die Verfassung in Europa als relativ liberal galt.

Aber das Deutsche Reich war keine parlamentarische, sondern eine **konstitutionelle Monarchie**, wobei das monarchische Prinzip das Übergewicht besaß, nicht das gewählte Parlament. Der Reichskanzler war nicht dem Parlament verantwortlich, wie 1849 festgelegt, sondern allein dem Kaiser. Diplomatie, Militär und ziviler Staatsapparat waren nahezu unkontrollierbar, was liberalen wie demokratischen Prinzipien widersprach. Dennoch sahen die gemäßigten Kräfte, die 1848/49 eine konstitutionelle Monarchie gefordert hatten, einen Fortschritt in der verfassungsmäßigen Ordnung. Positiv bewerteten sie u. a. das **Etatrecht des Reichstags**.

Die **starke Stellung des Kaisers** stand entschieden im Gegensatz zu den Forderungen der radikalen Kräfte. Denn als **König von Preußen** kontrollierte dieser nicht nur den größten und mächtigsten Einzelstaat, sondern er besaß als Staatsoberhaupt auch die Vertragshoheit. Zudem hatte der Kaiser den Oberbefehl über das Bundesheer und die Reichsflotte, auf die das Parlament lediglich mittels des Etatrechts (Militärausgaben) Einfluss nehmen konnte. Dennoch war die Armee kein „Parlamentsheer", sondern ein „**Königsheer**".

Die Dominanz des **föderativen Prinzips** widersprach dem einstigen Ziel der Gemäßigten und Radikalen, die ein einheitliches Staatswesen ohne die 1871 gewährten „**Reservatrechte**" **der Länder** gefordert hatten. Auch dass der **Bundesrat** als Vertretung der fürstlichen Staaten **Träger der staatlichen Souveränität** war, widersprach den Ideen und Forderungen der Gemäßigten und Radikalen von 1848/49. Da tröstete es Letztere nicht, dass für das Parlament das allgemeine Wahlrecht galt. Für sie war das Reich undemokratisch und von einem liberalisierten Konservatismus bestimmt.

Insgesamt haben sich **mehr gemäßigt-liberale Wünsche erfüllt als radikale**. Die Sozialdemokraten sahen im Kaiserreich mit seiner Verfassung trotz des allgemeinen Wahlrechts die Zementierung der bestehenden, als ungerecht empfundenen „**Klassenherrschaft**" von Junkertum und Großkapital. Die verfassungsmäßige Ordnung war für die radikale Linke und die bürgerlichen Demokraten eine **Verschleierung des monarchischen Obrigkeitsstaates**. So nannte Karl Liebknecht die Verfassung eine „fürstliche Versicherungsanstalt gegen die Demokratie". Die gemäßigten Liberalen stimmten teils mit den Radikalen überein. So kritisierten auch sie die starke **Kontinuität absolutistisch-monarchischer Elemente** (Militär, Außenpolitik, Staatsapparat). Durch das Mitbestimmungsrecht des Reichstags (v. a. beim Etat) wurde in ihren Augen eine rein autoritäre Regierung aber zumindest erschwert. **Fazit**

3 **TIPP** *Anforderungsbereich: II, Verrechnungspunkte: 14*

Beginnen Sie Ihre Textanalyse mit einer Bestimmung der formalen Kriterien der Quelle (Autor, Quellenart, Datierung, Anlass und Ort der Veröffentlichung, Thema). Anschließend sollen Sie die zentralen Inhalte des Textes herausarbeiten und diese in den historischen Kontext einordnen. Gehen Sie dabei auch auf die Textform und die sprachliche Gestaltung ein.

Analyse von M 3
kurze Vorstellung der Formalia

Beim Text M 3 handelt es sich um einen Auszug aus der **Ansprache** des **Unternehmers Carl Ferdinand von Stumm-Halberg** an seine Arbeiter, die er am 22. Juni **1895** gehalten hat.

Inhalt
– Ablehnung der Sozialdemokratie

Der Industrielle **lehnt die Sozialdemokratie strikt ab**, da sie selbst für die Arbeiterschaft äußerst gefährlich sei: Die sozialdemokratischen Ziele und Bestrebungen bedrohten nicht nur deren „materielle Existenz" (Z. 3 f.), sondern auch deren Moral, Patriotismus und religiös-sittliche Werte (vgl. Z. 2–5). Die sozialdemokratischen Lehren bezeichnet Stumm-Halberg als „Legende" (Z. 6). Besonders die Behauptung, die Arbeiterschaft sei der „**vierte Stand**" in der Gesellschaft, der sich gegen das „Kapital" wehren und schützen müsse, sei eine Herabsetzung und „**Beleidigung des gesamten Arbeiterstandes**" (Z. 8 f.). Als Begründung für seine Behauptung führt Stumm-Halberg an, dass die **Arbeiter** den anderen Staatsbürgern **gesetzlich gleichgestellt** seien und dass für ihn ein Arbeiter denselben Wert hätte wie ein Unternehmer oder sogar ein Minister (vgl. Z. 9–12).

– Ablehnung der Behauptung, der Arbeiterschaft gehe es schlecht

Er räumt zwar ein, dass es in der **Arbeiterschaft** durchaus „**vielfach Not und Elend**" (Z. 13) gebe. Doch vielen Bauern und Handwerkern, selbst Angehörigen der „gebildeten Stände" (Z. 16 f.) gehe es schlechter als den Arbeitern. Er selbst bemühe sich täglich, die Not, sollte sie bei seinen Arbeitern auftreten, zu lindern. Zudem sei das „**Kapital**" (Z. 17) dank seiner Zunahme inzwischen in der Lage, **für die Fabrikarbeiter besser zu sorgen**.

– Ablehnung der Idee eines „vierten Standes"

Stumm-Halberg **leugnet** strikt die **Existenz eines einheitlichen „vierten Standes"**, vielmehr sei in seinem Unternehmen die Arbeitnehmerschaft stark differenziert und abgestuft (vgl. Z. 20–26). Wie seine Arbeiter gehöre auch er als Unternehmer dem gemeinsamen „**ehrenhafte[n] Stand der Hammerschmiede**" (Z. 25) an.

– Appell: Zusammenhalt von Arbeitern und Unternehmern

Um seine These zu veranschaulichen, entwickelt er ein den Arbeitern bekanntes **Gegenbild zur sozialdemokratischen Klassentheorie:** So wie in der Armee alle gemeinsam gegen den Feind kämpfen, um erfolgreich zu sein, müssten **alle Angehörigen seines Industrieunternehmens zusammenstehen**, um die wirtschaftliche Konkurrenz, aber auch „die finsteren Mächte des Umsturzes" (Z. 30), sprich die Sozialdemokratie, wirkungsvoll zu bekämpfen. Unterliege man, hätten nicht nur die Unternehmer, sondern vor allem auch die Arbeiter den Schaden. Um den Konkurrenzkampf zu gewinnen, sei „wie in der Armee die strenge Aufrechterhaltung der Disziplin“ (Z. 33), d. h. der **Gehorsam der Arbeiter gegenüber dem Fabrikherrn**, unerlässlich. Der These, die Arbeiter müssten sich „zum Kampf […] zusammenschließen“ (Z. 35 f.), hält Stumm-Halberg entgegen, dass dies zur Folge hätte, dass sich die Unternehmer gegen die Arbeiter verbünden würden, was letztlich der Arbeiterschaft schaden würde.

Intention (mit Untersuchung der Sprache)

Die Ansprache ist eine **Warnung an die Arbeiterschaft vor der Sozialdemokratie**, die Stumm-Halberg als „**Umsturzpartei**“ (vgl. Z. 30), welche Arbeitern und Staatswesen schade, diffamiert. Seine **Sprache** ist dem Anlass und der Absicht entsprechend **funktional**. Durch **vereinnahmende Formulierungen** mit „wir“ (z. B. Z. 31) und die Anrede seiner Arbeiter als „Freunde“ (Z. 1, 24) will er eine **vertraute Atmosphäre** zwischen Unternehmer und Arbeiterschaft herstellen. Dabei appelliert er an die angeblich **gemeinsamen Interessen**, vor allem im wirtschaftlichen Konkurrenzkampf.

Gleichzeitig schlägt er aber auch einen **drohenden** oder zumindest **ermahnenden Ton** an, um auf die **Gefahren**, die seiner Meinung nach von der **Sozialdemokratie** ausgehen, aufmerksam zu machen (Z. 3: „verhängnisvol[l]“; Z. 30: „finster[e] Mächte des Umsturzes“; Z. 40 :„schwere Nachteile“). Zudem verwendet Stumm-Halberg eine auch den Arbeitern geläufige **militärische Metaphorik:** Die Armee galt als die Kraft, die die Reichsgründung ermöglicht hatte, und nahm daher eine herausragende Stellung in der Gesellschaft ein. **Militärische Wertvorstellungen** wie Disziplin, Gehorsam, Hierarchie und Unterordnung bestimmten das gesellschaftliche Leben.

historischer Kontext

M 3 stammt aus der Phase der **Hochindustrialisierung:** Mitte der 1890er-Jahre setzte in Deutschland eine beispiellose **Hochkonjunktur** ein, die oft als „Wirtschaftswunder“ bezeichnet wurde und durch die Deutschland zu einer wirtschaftlich führenden Macht aufstieg. Geprägt war diese Phase durch eine enorme Steigerung der volkswirtschaftlichen Gesamtwertschöpfung und der Produktivität, ein starkes Wachstum der Investitionstätigkeit und eine enorme Ausweitung des deutschen Anteils am Welthandel. In der **Industrie** entstanden vermehrt **Großbetriebe** mit mehr als 1 000 Arbeitnehmern; Aktiengesellschaften wurden die häufigste Unternehmensform. Durch den Konkurrenzdruck kam es zunehmend zur **wirtschaftlichen Konzentration**, v. a. in der Schwerindustrie.

Obwohl in dieser Zeit nicht nur die Unternehmensgewinne, sondern auch die Nettolöhne – obgleich nicht so kräftig wie die Gewinne der

Unternehmer – stiegen, blieb die **Soziale Frage** weiter **ungelöst**. So erfreute sich die **SPD**, die **Partei der Arbeiter**, großer Beliebtheit und der Organisationsgrad der deutschen Arbeiterschaft nahm stetig zu. Die SPD forderte die vollständige Demokratisierung von Staat, Gesellschaft, Armee und Wirtschaft, wovor Stumm-Halberg seine Arbeiter in seiner Ansprache warnt. Diese Warnung liegt ihm besonders am Herzen, da die SPD den von ihm bevorzugten **Nationalismus** – die Staatsidee des wilhelminischen Kaiserreiches – und den Militarismus strikt ablehnte.

Fazit

Auch die **patriarchalische Auffassung einiger Unternehmer** wie Stumm-Halberg, dass die Arbeiter keine Ware seien, sondern Menschen, auf deren Arbeitskraft man angewiesen sei, konnte die Arbeiter nicht der SPD und den Gewerkschaften entfremden. Zu offensichtlich war das Hauptziel der sozialen Bemühungen: die Sicherung der Stellung der Bourgeoisie und der staatlichen Ordnung.

4 **TIPP** *Anforderungsbereich: II, Verrechnungspunkte: 14*

Der Operator „erläutern“ verlangt eine korrekte Benennung der Sachverhalte und deren zielorientierte Verdeutlichung anhand von Belegen oder Beispielen. In dieser Aufgabe sollen Sie je zwei wirtschaftliche und gesellschaftliche Auswirkungen der Industrialisierung im 19. Jahrhundert beschreiben und erklären. Da wirtschaftliche und gesellschaftliche Aspekte nicht immer eindeutig voneinander getrennt werden können, sind andere, in sich stimmige Zuordnungen möglich.

wirtschaftliche Auswirkungen

technischer Fortschritt

Die **Technisierung der Fabriken** mit arbeitsteiliger Produktion und Fließbandarbeit im 19. Jahrhundert erlaubte ein bis dahin unbekanntes Ausmaß der **Massenproduktion**. Umfangreiche **technologische Innovationen** in der Industrie, wie der mechanische Webstuhl, die vielseitig einsetzbare Dampfmaschine und der Elektromotor, veränderten die Wirtschaft auf allen Ebenen. Durch den **Ausbau der Energiewirtschaft** konnten neue Produktionsmaschinen entwickelt und damit die Produktivität gesteigert werden. Die Verbesserung der Eisenschmelze in Hochöfen und damit der Qualität des Roheisens durch die Verhüttung mit Steinkohlenkoks war u. a. Voraussetzung für die Herstellung von Dampfmaschinen, Lokomotiven, Schienen und Präzisionsmaschinen. Die stetig weiterentwickelte Dampfmaschine und später der Elektromotor waren die Basis der fabrikmäßigen Massenproduktion.

Ausbau der Infrastruktur

Um den wachsenden Markt mit immer mehr Rohstoffen und Waren beliefern zu können, musste die **Infrastruktur verbessert und ausgebaut** werden. Den Durchbruch brachte die **Eisenbahn** als neuer

Führungssektor und **Wachstumsmotor**, was zu einer „**Verkehrs- und Transportrevolution**" führte. Durch den Massentransport von Industrie- und Agrarprodukten mit der Eisenbahn konnte eine **Vergrößerung des Marktes** und eine klare Verbesserung der Handels- und Versorgungsmöglichkeiten erreicht werden. Diese Entwicklung schuf zusätzliche Anreize für **Investitionen** und **vermehrte Beschäftigung**. So besaß der Eisenbahnbau einen **Multiplikatoreffekt** für andere industrielle Sektoren, u. a. für die Bauwirtschaft. Von großer Bedeutung war die Eisenbahn auch für die Versorgung der industriellen Ballungszentren mit Nahrungsmitteln; Hungersnöte wurden dadurch verhindert. Staatliche Investitionen flossen aber nicht nur in den Ausbau des Schienennetzes, sondern auch in den **Straßenbau** und in den **Ausbau der Wasserstraßen**.

gesellschaftliche Auswirkungen

Die industrielle Umgestaltung der Wirtschaft war eng verbunden mit einem umfassenden sozialen Strukturwandel, der sich in Ländern wie Großbritannien oder Deutschland schneller und tiefgreifender vollzog als z. B. in Frankreich oder gar Russland. Im Folgenden werden zwei **gesellschaftliche Auswirkungen der Industrialisierung** dargestellt.

Binnenmigration, Verstädterung, Urbanisierung

Infolge des starken Wachstums der Industrie und der zunehmenden Armut auf dem Land verstärkte sich die **Landflucht**, also die Abwanderung in industrielle Zentren und in die sich herausbildenden Großstädte (**Binnenmigration**). Damit setzte eine nachhaltige **Verstädterung und Urbanisierung** ein. Zahlreiche Menschen mussten wegen der städtischen Wohnungsnot und der hohen Mieten zwischen Wohn- und Arbeitsort **pendeln**, wobei z. T. große Entfernungen in Kauf genommen werden mussten. Im Laufe der Industrialisierung entwickelte sich so eine **dynamische, mobile Gesellschaft**.

Verbunden mit der Binnenmigration und dem Bevölkerungswachstum war ein geradezu **explosionsartiges Wachstum** der Industriestädte, sodass sich das Verhältnis zwischen Stadt- und Landbevölkerung bis 1914 verschob. Der Massenzustrom in die Städte veränderte das Stadtbild grundlegend; es entstand der von seiner mittelalterlichen Begrenzung befreite Typ der „**offenen Stadt**", die einen neuartigen sozialen und kulturellen Raum bildete. Ein charakteristisches Merkmal der großen Industriestädte war die „**soziale Segregation**", d. h., die Menschen lebten sozial getrennt in eigenen Stadtvierteln, die sich vor allem durch die **Wohnqualität** unterschieden.

Die Massenzuwanderung hatte die dramatische **Verknappung** des Wohnraums zur Folge und förderte unsoziale **Bodenspekulation** sowie rapide steigende Grundstückspreise. Dies führte zur enormen Verdichtung der Altstädte und zur **Slumbildung** mit katastrophalen hygienischen und räumlichen Verhältnissen. Kapitalkräftige Privatleute und Immobiliengesellschaften, die sich große Gewinne versprachen, reagierten und errichteten in den bisherigen **städtischen Randgebieten** mehrstöckige **Mietskasernen**, in denen vor allem Arbeiter und ihre Familien in größter Enge wohnten. Die Folgen waren Krankheiten, der Verfall der traditionellen Familienstruktur und der sittlichen Werte.

Das Leben im „**Moloch Stadt**" war geprägt von Lärm, stickiger Luft, Eile und Hast, aber auch von Vereinsamung, denn der einzelne Mensch ging in der anonymen Masse unter. Vor allem den Armen raubte die Stadt die Würde. Zur Stadt im 19. Jahrhundert gehörte jedoch auch die Entfaltung einer modernen **Stadt- und Freizeitkultur**, in der Individualität und Mobilität eine große Rolle spielten. Theater, Konzerthäuser und später Kinomatographen, Sport- und Gesangsvereine versuchten, der Vereinsamung entgegenzuwirken und Kultur zu „**demokratisieren**".

proletarische Lebenssituation

Die industrielle Produktion veränderte die Arbeits- und Lebensbedingungen der Menschen grundlegend. Es entstand eine neue gesellschaftliche Klasse, die **lohnabhängige Industriearbeiterschaft**. Deren Leben war dem Takt der Maschinen und strenger **Arbeitsdisziplin** unterworfen. Den Arbeitstag bestimmte die **Uhr**. Das Proletariat war von einer relativ **hohen Arbeitslosenquote** betroffen. Die meisten Familien konnten ihre Existenz nur sichern, wenn die **ganze Familie** zum Lebensunterhalt beitrug. Die Kosten für Lebensmittel verschlangen oft zwei Drittel des Familieneinkommens und die Mieten waren relativ hoch, sodass Rücklagen für Krankheitsfälle und Alter kaum möglich waren („**Altersarmut**"). Daher begleitete **Existenzangst** den Arbeiter und seine Familie das ganze Leben.

Charakteristisch für die Arbeitswelt im 19. Jahrhundert war das hohe Maß an **Frauenarbeit**. Unternehmer bevorzugten häufig un- bzw. angelernte Arbeiterinnen, da sie ihnen **niedrigere Löhne** zahlen konnten als den Männern. Dadurch veränderte sich in den Arbeiterfamilien die traditionelle Rollenverteilung. Es entstand eine **zweckorientierte Kleinfamilie**, die von Anfang an primär auf die Lösung der existenziellen wirtschaftlichen Probleme ausgerichtet war und die von der aristokratischen und bürgerlichen Gesellschaft verachtet wurde. Das Familienleben wurde von den industriellen Arbeitsverhältnissen bestimmt, vor allem von der **überlangen Arbeitszeit** und der **Integration der Frau in den außerhäuslichen Arbeitsprozess**. Das Familienleben litt zudem unter der **Trennung von Arbeits- und Wohnort**. Die ohnehin langen Arbeitszeiten wurden noch durch die **Arbeitswege** verlängert. Die zum großen Teil katastrophalen, beengten Wohnverhältnisse führten dazu, dass **bürgerliche Normen** wie

Sittlichkeit, Ordnung und Disziplin, aber auch die übliche Geschlechtertrennung in den Arbeiterfamilien **aufgehoben** waren.

Trotz der Berufstätigkeit vieler Frauen setzte sich auch in den Arbeiterfamilien das **patriarchalische Familienmodell** durch, in dem der Mann als Ernährer und Familienoberhaupt auftrat. Mit einer sich verbessernden materiellen Lage tendierten die Arbeiter jedoch dazu, das **bürgerliche Wertesystem und Familienmodell** zu übernehmen – das galt besonders für erfolgreiche Facharbeiter, die dies als Element des sozialen Aufstiegs sahen. Die innerfamiliäre **Wirtschaftssolidarität** blieb aber eine Grundbedingung zur Bewältigung des Daseins.

DEUTSCHLAND NACH 1945 IM INTERNATIONALEN UND EUROPÄISCHEN KONTEXT *

Besatzungszeit und Teilung Deutschlands im Rahmen des Ost-West-Konflikts;
Die politische und gesellschaftliche Entwicklung in der Bundesrepublik Deutschland und in der DDR (Schwerpunktthemen) *

Aufgabenstellung

1 Analysieren Sie M 1.

2 Stellen Sie Maßnahmen dar, die die Alliierten ergriffen haben, um das auf der Potsdamer Konferenz vereinbarte Ziel der Entnazifizierung umzusetzen.

3 Analysieren Sie M 2 und vergleichen Sie M 2 mit M 3.

4 Einige Historiker interpretieren die Kanzlerschaft Willy Brandts als „zweite Gründung" der Bundesrepublik Deutschland. Überprüfen Sie diese Deutung.

*** Hinweise zu Bildungsplan und Schwerpunktthemen**

Bitte beachten Sie, dass sich die Aufgabenstellung auf die Schwerpunktthemen der Abiturprüfung 2018 und die Inhalte des damals gültigen Bildungsplans von 2004 bezieht. Wegen inhaltlicher Überschneidungen der Teilaufgaben 3 und 4 mit den Schwerpunktthemen der Abiturprüfung 2023 und den Inhalten des nun gültigen Bildungsplans von 2016 stellen wir Ihnen diese Orginal-Abituraufgabe jedoch als zusätzliche Übungsmöglichkeit zur Verfügung.

M1 Karikatur von Burt R. Thomas aus „The Detroit News“, Detroit/USA 1949

Die Überschrift „Nobody is Happy“ lautet übersetzt: „Keiner ist zufrieden.“
Die Sprechblasen lauten übersetzt: „Wir haben den Teil, der frisst“, „ – und beißt. “

Burt R. Thomas, The Detroit News, 1949

M2 Brief der sozialistischen Brigade[1] „10. Jahrestag“ VEB[2] Eilenburger Celluloid-Werk[3] zur Errichtung des „Antifaschistischen Schutzwalls“ in Berlin

Eilenburg, den 29. 8. 1961

Sehr geehrter Herr Vorsitzender!
Werter Genosse Walter Ulbricht!

Wir, die Brigade der sozialistischen Arbeit „10. Jahrestag“ des VEB Eilenburger Celluloid-Werk Eilenburg, verfolgten und verfolgen mit tiefer Besorgnis die immer mehr um sich greifende Frechheit der Bonner und Westberliner Machthaber, deren ganzes Streben darauf gerichtet ist, die Ordnung und Sicherheit unserer Demokratischen Staatsmacht zu unterminieren und die Deutsche Demokratische Republik „aufzurollen“. Dabei bedienen sie sich seit eh und je solcher verbrecherischer Mittel wie Sabotage und Diversion[4], Menschenhandel und Verleumdung und stützen sich in ihrem Machthunger auf ihre Zugehörigkeit zur NATO und auf ihre Verbündeten in den USA, Großbritannien und Frankreich.

Die vergangenen Tage und Wochen haben auch uns in Spannung gehalten, wobei wir uns öfters die Frage stellten, wie lange das so weitergehen soll. Umso mehr waren wir davon beeindruckt, als Sie, werter Genosse Walter Ulbricht, der ganzen Welt offenbarten, dass unsere Geduld auf eine harte Probe gestellt wurde und nun das Maß voll sei. Sie sprachen damit das aus, was Millionen ehrliche und aufrichtige Bürger unseres Staates und anderer Länder fühlten und denken.

Die am 13. August 1961 eingeleiteten und durchgeführten Maßnahmen brachten nun endlich die große Wende, die für Gesamtdeutschland von besonderer Bedeutung ist.

Dieser erfolgreiche Tag nimmt in der Geschichte der deutschen Arbeiterbewegung einen ruhmreichen Platz ein. Ein neues Ruhmesblatt in unserer Geschichte wurde geschrieben.

Wir danken Ihnen [...] für die von Ihnen entwickelte Initiative, die für die Erhaltung des Friedens von ausschlaggebender Bedeutung ist. Mit dieser Aktion wurde der Frieden gerettet.

Wir dürfen uns glücklich schätzen, an der Spitze unserer stolzen Arbeiterpartei und des Staates so hervorragende Persönlichkeiten zu wissen, die durch ihre Prinzipienfestigkeit, durch ihre klare und zielstrebige politische Arbeit die Interessen unseres Volkes vertreten. Sie haben in der Entwicklung und Stärkung der Deutschen Demokratischen Republik und im Kampf um die Erhaltung des Friedens schon immer ihre großen Fähigkeiten als Staatsmann bewiesen und damit die Herzen und das uneingeschränkte Vertrauen aller fortschrittlichen Menschen gewonnen. [...]

Dieser kleine Auszug aus der Vielfältigkeit unseres Handelns und Schaffens soll Ihnen, sehr geehrter Herr Vorsitzender, eine Garantie dafür sein, dass Sie sich immer und stets auf uns verlassen können und dass wir, wie tausend andere Kollektive, das Bollwerk des Friedens stützen und in großem Vertrauen auf die sichere und felsenfeste Politik der Partei der Arbeiterklasse und des Staatsrates der Deutschen Demokratischen Republik unter Ihrem Vorsitz in die Zukunft schauen.

Mit sozialistischem Gruß

i.A.
Müller, Brigadier
Trautner, Parteigruppenorganisator
Mundwitz, Vertrauensmann der Gewerkschaftsgruppe

Hermann Wilmes (Hrsg.), Materialien-Handbuch Geschichte, Band 7/1, Deutschland und die Welt nach 1945, Köln 2004, S. 298 f.

Anmerkungen

1 Brigade: hier Bezeichnung für die kleinste organisatorische Einheit in DDR-Betrieben.
2 VEB: Volkseigener Betrieb.
3 Celluloid: auch Zelluloid, ein Kunststoff.
4 Diversion: ein im Ostblock verwendeter Begriff für die gezielte Einflussnahme westlicher Geheimdienste auf sozialistische Staaten.

M3 **„Sozialismus muß schön sein", CDU-Plakat zur Bundestagswahl 1976**

Die Schrift auf dem Plakat ist im Original in Rot gehalten.

Bundesarchiv, Plak 104-PM1079-039, Grafiker o. Ang., 1976

Lösungsvorschlag

1 **TIPP** *Anforderungsbereich: II, Verrechnungspunkte: 14*

Der Operator „analysieren" bedeutet, dass Sie die wesentlichen Bild- und Textelemente der Karikatur benennen und sinnvoll aufeinander beziehen sollen. Anschließend müssen Sie die Aussageintention formulieren und sie mit der historischen Situation von 1949 in Verbindung bringen.

Einleitung
Quelle, Autor, Publikationsort und -zeit, Adressaten, Thema

Die **Karikatur** „Nobody is Happy" aus dem Jahr 1949 stammt von Burt R. Thomas und wurde in der US-Tageszeitung „The Detroit News" veröffentlicht. Sie richtet sich also an die **amerikanische Leserschaft** der Zeitung und beschäftigt sich mit der **Aufteilung des besiegten Deutschland** zwischen den Siegermächten des Zweiten Weltkriegs.

Analyse von M 1
detaillierte Beschreibung

Die Zeichnung ist diagonal zweigeteilt: Links vorne sind **drei Figuren** zu erkennen, die sich mit entschiedenem Gesichtsausdruck im Gleichschritt nach links aus dem Bild bewegen, rechts hinten sieht man eine Figur, die sich in die Gegenrichtung orientiert. Die drei Herren auf der linken Seite sind als Vertreter Großbritanniens, der USA und Frankreichs identifizierbar. **Großbritannien** wird – wie in Karikaturen üblich – durch **John Bull** repräsentiert, der hier mit einem grimmigen Gesichtsausdruck und der Sprechblase „We got the end that eats" dargestellt ist. Für die **USA** steht **Uncle Sam** mit seinem charakteristischen Zylinder und **Frankreich** wird von einem **kleinen Mann mit Spitzbart**, Nadelstreifenanzug und Zylinder sowie der Sprechblase „– and bites" symbolisiert. Dabei fällt auf, dass Uncle Sam die beiden anderen überragt. Außerdem führt er den **vorderen Teil eines Dackels**, der mit „Germ" beschriftet ist, an der Leine. Die **einzelne** stehende **Figur** im Hintergrund mit dem Emblem der Sowjetunion aus Hammer und Sichel auf einer Art Kosakenjacke ist als Josef **Stalin** zu identifizieren. Der sowjetische Diktator hält in der linken Hand die **zweite Hälfte des halbierten Hundes** mit der Aufschrift „any", den er mit skeptischer Miene betrachtet.

Deutung

Die vier Männer stellen die wichtigsten **Siegermächte** des Zweiten Weltkriegs dar. Die räumliche Trennung zwischen den Westmächten und Stalin sowie der Blick in unterschiedliche Richtungen zeigt das **Zerbrechen der Anti-Hitler-Koalition**. Danach vertraten die Westmächte auf der einen und Stalin auf der anderen Seite ganz offen gegensätzliche Interessen, was zur **Blockbildung** und damit zur **Teilung Deutschlands** im Jahr 1949 führte. Die Inschriften in den Sprechblasen deuten dabei die **Probleme** der jeweiligen Besatzungsmacht an: **Großbritannien** hatte in seiner Zone vor allem mit **Versorgungsengpässen** und den insgesamt **hohen Kosten der Besatzung** zu kämpfen, weshalb John Bull unzufrieden mit dem „Teil, der frisst" ist. Der Vertreter Frankreichs dagegen fürchtet die Möglichkeit des Dackels, zu beißen, was auf die **Furcht Frankreichs vor einem wiedererstarkenden Deutschland** verweist. Die **Größe von Uncle Sam** und die Tatsache, dass er die Hundeleine in der Hand hält, symbolisieren die **Führungsrolle**, die die USA unter den Westalliierten einnehmen. Das Stützrad anstelle der Hinterbeine des Dackels deutet an, dass die **Westhälfte** mithilfe der Alliierten **halbwegs lebensfähig** ist. Die **östliche Hälfte** hingegen ist nicht einmal in der Lage, an der Leine zu gehen, nach Stalins besorgtem Blick zu urteilen, könnte sie tot sein. Der Diktator schaut deshalb missmutig auf das Hinterteil des Dackels, den er am Schwanz gepackt hat, und scheint sich zu fragen, was er mit seinem **durch Demontagen und Reparationen geschwächten** Teil Deutschlands anfangen soll. Die **Gesamtüberschrift** „Nobody is Happy" spiegelt nicht nur die **Perspektive der einzelnen Besatzungsmächte** wider, sie dürfte auch der **Gemütslage des halbierten Hundes**, also Deutschlands, entsprechen. Dies verdeutlichen die großen Augen und der insgesamt eher ängstliche Blick des Dackels.

historischer Kontext

Die Karikatur passt in das Jahr 1949, in dem die Teilung Deutschlands durch die **doppelte Staatsgründung** von Bundesrepublik und DDR vollzogen wurde. Sie war im Westen bereits 1948 durch die Londoner Konferenz und die **Währungsreform** vorbereitet und im Mai 1949 mit der Verabschiedung des **Grundgesetzes** endgültig umgesetzt worden. Der DDR-Staatsgründung im Oktober 1949 gingen die **Volkskongressbewegung** und die **gescheiterte Berlin-Blockade** voraus.

Fazit

Die Karikatur **kritisiert** die **Politik der Alliierten**, die zur deutschen Teilung geführt und laut der Zeichnung für alle Beteiligten **nur unbefriedigende Ergebnisse** hervorgebracht hat.

2 **TIPP** *Anforderungsbereich: I, Verrechnungspunkte: 12*

Der Operator „darstellen" verlangt eine zusammenhängende Erläuterung, die die Maßnahmen der Alliierten zur Entnazifizierung mit Beispielen veranschaulicht. Wichtig dabei ist, dass Sie die einzelnen Sachverhalte nach selbst gewählten Kriterien nachvollziehbar strukturieren.

Die Entnazifizierung zählt zu den vier wesentlichen Zielen der **Potsdamer Konferenz**, auf der die „Großen Drei", Truman, Churchill und Stalin, im Juli/August 1945 im besiegten Deutschland zusammentrafen, um das Land gemeinsam zu regieren und die dazu nötigen Strukturen zu schaffen. Die **„vier großen D"**, auf die man sich verständigte, lauteten: Demilitarisierung, Dezentralisierung, Demokratisierung und **Denazifizierung**.

Darstellung der Maßnahmen zur Entnazifizierung

Letztere vollzogen die Alliierten zunächst gemeinsam durch die Schaffung eines **Internationalen Militärgerichtshofs** in Nürnberg, der die **Hauptkriegsverbrecher** aburteilte, sofern man derer noch habhaft werden konnte. Hitler, Himmler und Goebbels hatten sich bereits durch Suizid der alliierten Gerichtsbarkeit entzogen. Andere führende Parteifunktionäre, leitende Beamte und SS-Offiziere wurden unmittelbar nach Kriegsende durch das ad hoc gebildete Tribunal verurteilt. Die **Anklagepunkte** lauteten „gemeinsamer Plan oder Verschwörung", „Verbrechen gegen den Frieden", „Kriegsverbrechen" und „Verbrechen gegen die Menschlichkeit". Bei letzterem handelte es sich völkerrechtlich um einen juristisch problematischen Vorgriff auf ein universales Rechtssystem, weshalb die Nürnberger Prozesse **von vielen Deutschen als „Siegerjustiz" abgelehnt** wurden. Gleichwohl arbeitete das Tribunal gegen die Hauptkriegsverbrecher effektiv und verurteilte 12 von 24 Tätern zum Tode. Damit war das Problem aber bei Weitem noch nicht gelöst, wenn man berücksichtigt, dass allein die NSDAP 8,5 Millionen Mitglieder hatte, von den Sonderorganisationen SA und SS ganz abgesehen.

gemeinsames Vorgehen: Nürnberger Prozesse

Der **weitere Verlauf** der Entnazifizierung vollzog sich in den westlichen Besatzungszonen und in der sowjetischen Zone **unterschiedlich**.

getrenntes Vorgehen:

Im Westen konzentrierte man sich zunächst auf die staatlichen Einrichtungen, wo Beamte und Angestellte mittels **Fragebögen** über ihre Tätigkeit in der NS-Zeit Rechenschaft abzulegen hatten. Die Befragten wurden in **fünf Kategorien** eingeteilt, die von „Hauptschuldiger" bis „Entlasteter" reichten. Nachdem die Militärbehörden das Verfahren ab 1946 auf **deutsche Spruchkammern** übertragen hatten, endeten über 60 % der Fälle mit dem Vermerk „Mitläufer" oder „Entlasteter". Je länger der Prozess dauerte, desto schwerer lösbar schien die Aufgabe, da man es allein in der US-Zone mit 13 Millionen Fragebögen zu tun hatte. Dies führte dazu, dass die **später untersuchten** Deutschen **weniger konsequent überprüft** wurden als die zunächst Belasteten. Neben der Überprüfung und Bestrafung Einzelner betrieben die Westmächte eine umfassende **„Reeducation"**, in die die gesamte Bevölkerung einbezogen wurde. Dabei ging es darum, die Deutschen mit demokratischen Verhaltensweisen

Entnazifizierung in den Westzonen und kritische Bewertung

bekannt zu machen und sie so zu Demokraten zu erziehen. Das Prinzip der **Demokratisierung** wurde auch auf die **Medien** und die **Bildungseinrichtungen** angewandt. Allerdings erwiesen sich die Universitäten, die öffentliche Verwaltung und die Verbände als äußerst resistent gegen äußere Einflüsse, sodass dort ebenso wie in der Justiz, bei den Sicherheitskräften und im diplomatischen Dienst weiterhin **alte Parteigenossen dominierten**. Begünstigt wurde dieser Sachverhalt dadurch, dass die Deutschen sich gegenseitig durch sogenannte **Persilscheine** entlasteten. Außerdem sahen die Alliierten immer dann großzügig über die NS-Verstrickungen hinweg, wenn sie die Täter brauchen zu können glaubten, so z. B. den Raketenkonstrukteur Wernher von Braun, der seine Karriere bei der amerikanischen NASA fortsetzen konnte. Auch **Lehrer** wurden recht **schnell wieder im Unterricht** zugelassen, um eine baldige Wiedereröffnung der Schulen zu gewährleisten, auch wenn die große Mehrheit des Personals in der NSDAP oder ihren Unterorganisationen Mitglied gewesen war. Zuletzt nahm das Interesse der Amerikaner an einer vollständigen Entnazifizierung auch deshalb ab, weil sich im beginnenden **Kalten Krieg** die Fronten verhärteten und man nun im **Sozialismus die Hauptgefahr** sah. Trotz der Bemühungen vonseiten der Alliierten wurde die **Entnazifizierung** in den Westzonen also **nicht vollständig** durchgeführt.

Entnazifizierung in der SBZ

In der sowjetischen Besatzungszone vollzog sich die Entnazifizierung im Rahmen der allgemeinen **revolutionären Umgestaltung** von Staat und Gesellschaft **in Richtung Sozialismus**. Die **„antifaschistische" Grundeinstellung** gehörte zur Staatsräson der späteren DDR. Dem Ziel der „Ausrottung der Überreste des Faschismus" verpflichtet, wurden die traditionellen Eliten in Justiz, Verwaltung und Wirtschaft im Sinne einer **politischen „Säuberung"** konsequent durch Parteikader ersetzt, sodass bereits 1948 die Entnazifizierung für beendet erklärt werden konnte. Neben einer Ausgliederung und teilweise auch Bestrafung der ehemaligen NS-Unterstützer, zeigte sich aber auch in der SBZ ab 1947 die **Notwendigkeit einer Rehabilitierung** von NSDAP-Mitgliedern, die sich nicht aktiv betätigt hatten. Nur so konnte ein **reibungsloses Funktionieren des Staats** gewährleistet werden. Gemäß dem Slogan „Junkerland in Bauernhand" wurden außerdem bereits 1945 ehemalige **Großgrundbesitzer**, die man als Klasse für den Faschismus verantwortlich machte, **enteignet**. Auf ähnliche Art verfuhr man mit den **Unternehmern**, die man als „Kriegs- und Naziverbrecher" bezeichnete und deren **Besitz** man **verstaatlichte**.

kritische Bewertung

Dabei ähnelten die Methoden der neuen Machthaber dem Vorgehen der Nationalsozialisten in vielerlei Hinsicht. Zum Beispiel wurden nicht nur **ehemalige NS-Funktionäre durch parteitreue Sozialisten ersetzt**, sondern auch eigentlich unbelastete **Kritiker** des neuen Systems wurden unter dem Vorwand der Entnazifizierung **mundtot gemacht**. Sogar Konzentrationslager wie Buchenwald und Sachsenhausen wurden zur Internierung politischer Gegner als „**Speziallager**" weiterbetrieben. Das „antifaschistische" Selbstverständnis der SED **behinderte** eine **selbstkritische Auseinandersetzung** mit dem Nationalsozialismus eher, so wie auch die DDR später jede **Verantwortung** für die gesamtdeutsche Vergangenheit stets verneinte und sich einer „Wiedergutmachung" gegenüber Israel **verweigerte**.

3 **TIPP** *Anforderungsbereich: II, Verrechnungspunkte: 16*

Die dritte Teilaufgabe besteht aus zwei unterschiedlichen Operatoren. „Analysieren" bedeutet hier, die zentralen Aspekte des Textes herauszuarbeiten und in den historischen Kontext zu stellen. „Vergleichen" erfordert die Gegenüberstellung von zwei Quellen unter Benennung passender Kriterien. Dabei sollten Sie mindestens eine Gemeinsamkeit und die wesentlichen Unterschiede hervorheben.

Einleitung
Quelle, Autor, Adressat, Anlass

Bei M 2 handelt es sich um eine **briefliche Solidaritäts- und Ergebenheitsbekundung** der sozialistischen Brigade „10. Jahrestag" des VEB Eilenburger Celluloid-Werk an den Vorsitzenden der SED Walter **Ulbricht**. Anlass des Schreibens vom 29. August 1961 war der **Bau der Berliner Mauer** ab dem 13. August 1961.

Analyse von M 2
Teilabschnitt 1: Anklage der westdeutschen Regierung

Der Text beginnt mit einer doppelten höflichen Anrede an Walter Ulbricht (vgl. Z. 2 f.) und lässt sich in drei Teile gliedern. Im ersten Abschnitt (Z. 4–12) klagen die Verfasser die „**Frechheit der** Bonner und Westberliner **Machthaber**" (Z. 6) an, deren **Ziel** es sei, Ordnung und Sicherheit der **DDR zu unterlaufen** und im Verbund mit den Westalliierten und der NATO die **DDR zu zerstören**. Die Bundesrepublik und ihre Verbündeten würden dabei zu „verbrecherische[n] Mittel[n]" (Z. 9) greifen, was den Verfassern des Briefs große **Sorge** bereitet.

Teilabschnitt 2: Lob der Maßnahmen der SED-Führung

Der zweite Teil des Briefs (Z. 13–34) enthält eine **Gratulation und Danksagung** der Betriebsgruppe an die Parteiführung, speziell an Walter Ulbricht. Ihm sei mit dem **Beginn des Mauerbaus** am 13. August 1961 „endlich die große Wende" (Z. 20) gelungen; mit seinen Maßnahmen habe er den „**Frieden gerettet**" (Z. 26 f.).

Teilabschnitt 3: Loyalitätsversprechen gegenüber DDR-Führung

Im dritten und letzten Teil der Ausführungen (Z. 35–40) garantiert die Betriebsgruppe nach einer Darstellung ihrer Tätigkeit dem Parteichef, dass er sich „immer und stets auf [sie] verlassen könn[e]"

(Z. 36 f.). Damit wird eine Art **Selbstverpflichtung zur Solidarität** gegenüber der Parteiführung ausgesprochen. Der Brief schließt mit einer sozialistischen Grußformel und den Unterschriften der stellvertretenden Verfasser (vgl. Z. 41 ff.).

Auffälligkeiten

Auffällig ist an diesem Dokument zunächst die Wortwahl, die sich ganz am **Jargon der Parteiführung** orientiert. Während die **westdeutsche Regierung** mit dem Begriff „Machthaber" (Z. 6) **abgewertet** wird, wird die **eigene Führung** als „Staatsmacht" (Z. 8) bzw. Walter Ulbricht persönlich als „werter Genosse" (Z. 15) und „Staatsmann" (Z. 33) **gewürdigt**. Neben diesen Verschiebungen im konnotativen Bereich fallen ein Hang zur **pathetischen Überhöhung** („Bollwerk des Friedens", Z. 38; „felsenfeste Politik der Partei der Arbeiterklasse", Z. 38 f.) sowie der Anspruch, für „Gesamtdeutschland" (Z. 20) zu agieren, auf.

historischer Kontext

Historischer Hintergrund des Mauerbaus war die **Gefährdung der Vormachtstellung der sozialistischen Parteien** bei den Aufständen in der DDR 1953 und in Ungarn 1956, die trotz der Entstalinisierung auf dem XX. Parteitag der KPdSU stattgefunden hatten. Die forcierte Umstrukturierung der Wirtschaft und der ständige **Vergleich mit** dem westlichen „**Wirtschaftswunder**" führten zu einer **steigenden Abwanderung** aus der DDR über die damals noch schwach gesicherte Grenze **in den Westen**. Die Zahl der Emigranten belief sich bis 1961 bereits auf knapp drei Millionen. Ohne den Bau der Mauer wäre die DDR also „ausgeblutet", weil sie einen großen Teil ihrer aktivsten und qualifiziertesten Bürger verloren hätte.

Vergleich von M 2 und M 3

Beschreibung von M 3

Das **Plakat** M 3 mit dem Titel „Sozialismus muß schön sein" stammt aus dem **Bundestagswahlkampf** von 1976 und wurde von der **CDU** eingesetzt. Es stellt eine **Szene des Mauerbaus** dar, in der zwei Maurer damit beschäftigt sind, die Bernauer Straße in Berlin vom Westteil der Stadt abzutrennen. Im Hintergrund erkennt man Stacheldraht und Panzersperren, die offensichtlich der provisorischen „Grenzsicherung" gedient haben. Die Arbeiter werden von zwei **DDR-Grenzsoldaten mit Maschinenpistolen** bewacht. Die Blickrichtung des Betrachters geht vom Westteil der Stadt in den Ostteil, sodass der Eindruck entsteht, die Arbeiter würden sich unter Aufsicht selbst einmauern.

Gemeinsamkeit

Bezug zu Mauerbau

Der **gemeinsame Bezugspunkt** der Materialien M 2 und M 3 ist der **Mauerbau** vom 13. August 1961, der die deutsche Teilung endgültig besiegelte.

Unterschiede

Adressaten, Intention, Zeit

Unterschiedlich sind die **Adressaten** und die **Aussageintention**. Geht es bei der Solidaritätsadresse in **M 2** um **Zustimmung** aus der SED-nahen Arbeiterschaft zu einem Projekt der eigenen Partei, so handelt es sich beim **Wahlplakat** aus der Bundesrepublik um ein öffentlich sichtbares **Kommunikationsmittel im Wahlkampf** von 1976. Dieses sollte nicht nur die eigenen Wähler der CDU, sondern auch potenzielle Wechselwähler aus anderen Parteien ansprechen. Wichtig ist auch der jeweilige **Veröffentlichungszeitpunkt:** Während **M 2** eine **unmittelbare Reaktion** auf den Mauerbau darstellt, erinnert das **Plakat** an ein **Ereignis**, das bereits **15 Jahre zurückliegt**, für die Wähler aber offenbar auch 1976 noch Relevanz besitzt.

Hauptunterschied ist der verschiedene Blickwinkel der Materialien. Aus der Sicht von **M 2** ist die **Mauer ein defensives Bollwerk**, das die junge DDR vor den missgünstigen Saboteuren und Feinden aus dem Westen schützen soll. **M 3** dagegen betrachtet die **DDR als Gefängnis**, das die eigene Bevölkerung unter Aufsicht bewaffneter Kräfte abschottet, um sie an der Flucht in den Westen zu hindern. Dazu passt der **ironische Titel** „Sozialismus muß schön sein“. Wäre er schön, müsste er nicht seine Bevölkerung einsperren, lautet die Botschaft. Damit **appelliert** das Plakat **an das kollektive Gedächtnis** der Westdeutschen, denen dramatische Fluchtszenen während des Mauerbaus in Berlin sicher noch präsent waren und die den Kontakt zu Verwandten und Bekannten in der DDR nur auf den umständlichen und reglementierten Wegen aufrechterhalten konnten, die die Ostverträge vorgesehen hatten.

unterschiedlicher Blick auf Mauerbau

Geht es in **M 2** also um die **Überhöhung einer Notmaßnahme** der DDR-Führung zur friedenspolitischen Großtat, so wird in **M 3** der **Systemkonflikt zwischen Ost und West** im Wahlkampf **instrumentalisiert**. „Freiheit statt Sozialismus“ lautete der damalige Slogan der CDU. Mit dem Plakat sollte die **SPD als Partei der Ostverträge**, die von den Unionsparteien entschieden bekämpft worden waren, in die Nähe des Sozialismus östlicher Prägung gerückt und damit **diskreditiert** werden. Letztlich stellt das Plakat den Wert Freiheit gegen die politische Idee des Sozialismus, die damit implizit mit Unfreiheit gleichgesetzt wird.

Fazit

4 **TIPP** *Anforderungsbereich: III, Verrechnungspunkte: 18*

Der Operator „überprüfen“ verlangt von Ihnen, den Wahrheitsgehalt einer Aussage zu diskutieren. Sie müssen also anhand selbst gewählter Kriterien entscheiden, ob Willy Brandts Kanzlerschaft zu Recht als „zweite Gründung“ der Bundesrepublik bezeichnet werden kann. Wichtig ist dabei vor allem, dass Sie zentrale Begriffe definieren, differenziert und nicht pauschal urteilen und Ihre Bewertungsmaßstäbe nachvollziehbar darlegen.

Einleitung
Erläuterung der These

Obwohl **Willy Brandt** (SPD) die Bundesrepublik Ende der 1960er- und Anfang der 1970er-Jahre unbestritten geprägt hat, ist es eine starke These, seine **Kanzlerschaft als „zweite Gründung" der Bundesrepublik** zu bezeichnen. Im Folgenden soll deshalb überprüft werden, ob Brandts Regierungszeit von einer besonderen Wirksamkeit bzw. von einer weitgehenden **Umorientierung** der Bundesrepublik geprägt war.

Rückblick auf „Ära Adenauer" als „erste Gründung" der Bundesrepublik

Dazu soll zunächst kurz die **Kanzlerschaft Konrad Adenauers** beleuchtet werden, um Brandts Regierungszeit davon abgrenzen zu können. Die Bundesrepublik der „Ära Adenauer" strebte außenpolitisch hauptsächlich eine **Westbindung**, vor allem eine **Aussöhnung mit Frankreich** an. Wirtschaftspolitisch setzte man auf ein System, das unter dem Begriff „**Soziale Marktwirtschaft**" bekannt wurde. In den übrigen Politikbereichen versuchte man, an **Traditionen der Weimarer Republik** bzw. an Kontinuitäten des deutschen Staats seit dem Kaiserreich anzuknüpfen (Sozialversicherung, Generationenvertrag, Bürgerliches und Öffentliches Recht). Die Westbindung führte dazu, dass das Verfassungsziel der **Wiedervereinigung auf unbestimmte Zeit verschoben** wurde. Die Bundesrepublik integrierte sich mit dem Aufbau der Bundeswehr ins westliche Bündnissystem der **NATO** und Beziehungen dritter Staaten zur DDR wurden gemäß der **Hallstein-Doktrin** als „unfreundlicher Akt" bewertet und mit Sanktionen belegt. Dadurch setzte die Bundesrepublik ihren **Alleinvertretungsanspruch** um und versuchte, die DDR zu isolieren. Die Frage ist nun, inwiefern sich Willy Brandts Politik von der seines langjährigen Vorgängers unterschied.

zustimmende Aspekte
Neue Ostpolitik

Als Willy Brandt mit Walter Scheel (FDP) 1969 die erste **sozialliberale Koalition** bildete, befanden sich auf der Agenda einige Änderungen des „Modells Adenauer". Diese waren so gravierend, dass man sie durchaus als „zweite Gründung" der Bundesrepublik bezeichnen kann. Bereits in seiner Regierungserklärung sprach Brandt von „zwei Staaten in Deutschland", was einen **Bruch mit der Hallstein-Doktrin** bedeutete und einen Wandel in der Deutschlandpolitik signalisierte. Brandts **Neue Ostpolitik** verbesserte durch ein System von Verträgen das Verhältnis zu den östlichen Nachbarstaaten und zur DDR. Die Basis stellte der **Moskauer Vertrag** (1970) mit der Sowjetunion dar, in dem beide Vertragspartner sich zum **Gewaltverzicht** und zur Anerkennung der bestehenden Grenzen bereiterklärten. In eine ähnliche Richtung ging der **Warschauer Vertrag** (1970) mit Polen, in dem die Bundesrepublik die **Oder-Neiße-Linie** als Polens Westgrenze bestätigte. Das **Viermächte-Abkommen** (1971) über Berlin mit den Siegermächten des Zweiten Weltkriegs sicherte den Status Berlins. Gemäß Egon Bahrs Motto „**Wandel durch Annäherung**" vereinbarten die Bundesrepublik und die DDR das **Transitabkommen** (1971) und den **Verkehrsvertrag** (1972), um die **Beziehungen zwischen Ost und West zu vereinfachen** (Reiseerleichterungen, Besuchsmöglichkeiten). Der **Grundlagenvertrag** (1972) sorgte schließlich für eine **De-facto-Anerkennung der DDR**, ohne dass diese völkerrechtlich bindend gewesen wäre. Statt Botschaften wurden „Ständige Vertretungen" eingerichtet und die Beziehungen zwischen West und Ost entspannten sich merklich. So kann man trotz des von Kritikern vorgebrachten Vorwurfs, die Neue Ostpolitik stabilisiere die DDR, nicht bestreiten, dass Willy Brandts Politik ein völlig **neues Verhältnis zu Ostdeutschland und -europa** schuf. In dieser Hinsicht erscheint es durchaus berechtigt, von seiner Kanzlerschaft als einer „zweiten Gründung" der Bundesrepublik zu sprechen.

innenpolitische Demokratisierung

Auch innenpolitisch grenzte sich Brandt bereits in seiner ersten Regierungserklärung von den Vorgängerregierungen ab, indem er das Wahlkampfmotto „**Mehr Demokratie wagen!**" wieder aufgriff. Tatsächlich wurde während Brandts Kanzlerschaft das **Wahlalter** auf 18 Jahre **gesenkt** und der Reformstau in vielen gesellschaftlichen Bereichen angegangen: So wurde eine paritätische Mitbestimmung in Großbetrieben eingeführt, ein neues Familienrecht sowie ein neues Strafrecht erarbeitet und der **Ausbau des Bildungssystems** vorangetrieben. Häufig ging es darum, Gesetze und Rechtsvorstellungen aus dem Kaiserreich, die im BGB überlebt hatten, an die moderne Gesellschaft anzupassen und insbesondere den Frauen zur **Gleichberechtigung** zu verhelfen sowie sozial **Benachteiligte zu unterstützen** (z. B. BAföG).

relativierende Aspekte

politische Kontinuitäten

Es gab allerdings auch nicht zu unterschätzende Kontinuitäten. So waren bereits zu Beginn der 1960er-Jahre **Versuche** unternommen worden, **eine Art Ostpolitik** (unter Umgehung der Sowjetunion und unter Aussparung der DDR) in die Wege zu leiten. Auch war selbst nach dem Grundlagenvertrag mit der DDR 1972 die Frage der Wiedervereinigung nicht vom Tisch und der **Ost-West-Gegensatz blieb bestehen**. In ökonomischer Hinsicht galt weiterhin der im Godesberger Programm (1959) dokumentierte **Verzicht der SPD auf sozialistische Experimente** und das Bekenntnis zur Marktwirtschaft, wenn auch mit stärkeren sozialen Anteilen. Es erscheint in dieser Hinsicht also nicht angemessen, bei der Kanzlerschaft Brandts von einer „zweiten Gründung" der Bundesrepublik zu sprechen.

Wandel durch 68er-Bewegung

Zudem vollzog sich ein epochaler **gesellschaftlicher Transformationsprozess** der Bundesrepublik von der Orientierung am bloß materiellen Wiederaufbau („Wirtschaftswunder") zu stärker postmateriellen Werten ohne die oder sogar **im Gegensatz zur Regierung Brandt**. Begriffe wie „Silent Revolution", „Wertewandel" oder

„Kulturrevolution" verbinden sich besonders mit der **68er-Bewegung**, die sich unter anderem gegen den „Mief" der Nachkriegsjahre, die autoritären Verkrustungen der Adenauer-Zeit und den Krieg der USA in Vietnam wandten. Ein eindeutig positiver Zusammenhang mit der Kanzlerschaft Brandts ist hier aber nicht feststellbar. Zwar fühlten sich viele junge Leute vom moderneren Regierungsstil Brandts angezogen und die meisten waren auch Befürworter der Neuen Ostpolitik. Allerdings umfasst die gesellschaftliche **Transformationsphase** einen Prozess, der bereits in den 1950er-Jahren u. a. mit der Rezeption des Rock'n'Roll begann und sich bis Mitte der 1970er-Jahre hinzog, weshalb er **nicht auf die Kanzlerschaft Brandts zurückgeführt** werden kann. Überdies distanzierte sich die Regierung Brandt deutlich von den aufbegehrenden Studenten, was sich u. a. im „**Radikalenerlass**" zeigte. Mit diesem wurde versucht, „radikale" Bewerber vom öffentlichen Dienst fernzuhalten, was die Studentenbewegung von der SPD entfremdete. Obwohl auch einige „68er" mithilfe der SPD und ihrer Studenten- bzw. Jugendorganisationen den „Gang durch die Institutionen" antraten, blieb das **Verhältnis der revoltierenden Jugend zur Politik Brandts distanziert**.

Fazit

Zusammenfassend kann also nicht bestritten werden, dass sich mit der „**Ära Brandt**" viele **Neuerungen und Aufbrüche** verbanden, die These von einer „**zweiten Gründung**" der Bundesrepublik durch seine insgesamt eher kurze Kanzlerschaft (1969–1974) erscheint aber **übertrieben**. Wesentliche gesellschaftliche **Veränderungen** vollzogen sich **unabhängig von Brandts** Kanzlerschaft und im Bereich von Wirtschaft und Verfassung überwogen die **Kontinuitäten**.

Baden-Württemberg Geschichte
Schriftliche Abiturprüfung 2019 ▪ Aufgabe 2

DEUTSCHLAND NACH 1945 IM INTERNATIONALEN UND EUROPÄISCHEN KONTEXT *

Besatzungszeit und Teilung Deutschlands im Rahmen des Ost-West-Konflikts; Die politische und gesellschaftliche Entwicklung in der Bundesrepublik Deutschland und in der DDR (Schwerpunktthemen) *

Aufgabenstellung

1 Beurteilen Sie die Bedeutung des Marshallplans für die Entwicklung Deutschlands.

2 Analysieren Sie M 1 und vergleichen Sie M 1 mit M 2.

3 Analysieren Sie M 3.

4 Erläutern Sie an je einem Beispiel für die Bundesrepublik Deutschland und für die DDR, wie politischer Protest ab den 1970er-Jahren geäußert wurde und wie der Staat darauf reagierte.

*** Hinweise zu Bildungsplan und Schwerpunktthemen**

Bitte beachten Sie, dass sich die Aufgabenstellung auf die Schwerpunktthemen der Abiturprüfung 2019 und die Inhalte des damals gültigen Bildungsplans von 2004 bezieht. Wegen inhaltlicher Überschneidungen der Teilaufgaben 2–4 mit den Schwerpunktthemen der Abiturprüfung 2023 und den Inhalten des nun gültigen Bildungsplans von 2016 stellen wir Ihnen diese Orginal-Abituraufgabe jedoch als zusätzliche Übungsmöglichkeit zur Verfügung.

M1 Karikatur von ERES (Rudolf J. Schummer), Bundesrepublik Deutschland, 1953

Der „mächtige Freund der Arbeiterklasse“ antwortet den deutschen Arbeitern

Horst Pötzsch: Deutsche Geschichte nach 1945 im Spiegel der Karikatur. München, Landsberg am Lech: Olzog Verlag 1997, S. 64.

M2 „Der Anschlag auf den Frieden ist gescheitert“, Kommentar von Karl Eduard von Schnitzler[1], DDR-Rundfunk, 18. 6. 1953

Nach anderthalb Tagen wurde ein Abenteuer beendet, das den demokratischen Sektor Berlins zu einem Brandherd machen sollte, der zu einem Weltbrand hätte entfacht werden können. Je mehr Einzelheiten bekannt werden, je mehr sich die Nachrichten häufen, je mehr man die dokumentarischen Tatsachen zusammenstellt, desto unverwischbarer und klarer formt sich ein Bild der Vorgänge, das Folgendes deutlich werden lässt: Es ging nicht um Normen, nicht um freie Wahlen, nicht um die Verbesserung des Lebensstandards, nicht um eine – wie immer geartete – Freiheit; sondern unter Missbrauch des guten Glaubens eines Teils der Berliner Arbeiter und Angestellten, gegen grobe Fehler bei der Normerhöhung mit Arbeitsniederlegung und Demonstrationen antworten zu müssen, wurde von bezahlten Provokateuren, vom gekauften Abschaum der Westberliner Unterwelt ein Anschlag auf die Freiheit, ein Anschlag auf die Existenz, auf die Arbeitsplätze, auf die Familien unserer Werktätigen versucht. Nicht weil Unzufriedenheit herrschte, haben Provokateure die Unruhen entfesselt, sondern weil von unserer Regierung und vom Politbüro der SED alle Maßnahmen und Schritte eingeleitet worden sind, um die Anlässe der Unzufriedenheit zu beseitigen, die Lebenshaltung unserer Werktätigen umgehend zu verbessern und Hindernisse für die Einheit Deutschlands wegzuräumen. Die Maßnahmen, die unsere Regierung auf

Empfehlung des Politbüros der SED in der vorigen Woche eingeleitet hat, die prinzipielle Wendung unserer Politik haben die Zustimmung aller gefunden und eine überzeugende Wirksamkeit auf das westliche Ausland, auf Westdeutschland und vor allem auf Westberlin gezeitigt. Um diese, von allen Menschen mit Genugtuung aufgenommene Wendung zu durchkreuzen, um die eingeleitete schnelle Verbesserung der Lebenslage zu vereiteln, um den überzeugenden Beweis für den Willen unserer Regierung, alles für die Einheit Deutschlands zu tun, unwirksam zu machen, haben westdeutsche und amerikanische Friedensfeinde […] diese Aktion angestiftet.

Deutsches Rundfunkarchiv. http://www.17juni53.de/chronik/530618/doc_4.html (letzter Aufruf 15. 07. 2019)

Anmerkung

1 Karl Eduard von Schnitzler war ein sehr bekannter Kommentator des DDR-Rundfunks und -Fernsehens.

M3 Rede von Helmut Schmidt, Vorsitzender der SPD-Fraktion, in einer Sitzung des Deutschen Bundestags am 30. 4. 1968

Das, was wir heute an Staat und Wirtschaft und Gesellschaft haben, hat ja dieses Volk miteinander so aufgebaut, wie es ist, in einer gemeinsamen Anstrengung derjenigen, die gearbeitet haben, derjenigen, die zu Hause den Haushalt geführt haben, derjenigen, die die Verbände, die Unternehmungen, die Gewerkschaften, die Politik betrieben und geführt haben, einer unwahrscheinlichen Arbeitsanstrengung von zwei, drei Generationen in der Altersschichtung unseres Volkes, die das gemeinsam zustande gebracht haben, nachdem die Älteren unter ihnen 30 Jahre eine Kette von Katastrophen, von Unglück, von Irrtum, von Schuld und Sorge miterlebt und mitertragen hatten. […] Die jungen Leute können auch unseren Stolz auf das nicht verstehen, was wir miteinander gemeinsam zustande gebracht haben. Sie haben ja all diese Trümmer und Katastrophen nicht selber erfahren. Für sie ist das weit weg. Sie messen an absoluten Maßstäben; das müssen sie ja auch. Das haben wir ja auch einmal gemacht, als wir jung waren. Und wenn uns […] berichtet wird von dem hohen demokratischen Potential in der Studentenschaft als einem Teil der Jugend, und wenn uns berichtet wird, dass zum ersten Mal seit Generationen die Masse der deutschen Studentenschaft nicht deutschnational, sondern links und demokratisch eingestellt ist, dann ist das ja an und für sich noch für niemand Grund, sich aufzuregen, es sei denn für die, die weiter rechts sitzen. […] Ich denke, die Erwachsenen in diesem Land müssen verstehen, dass die jungen Leute nicht nur das Recht haben, nach ihren eigenen absoluten Maßstäben die tatsächlichen oder die scheinbaren Möglichkeiten und das, was wir daraus machen, zu messen, sondern dass sie darüber hinaus die Pflicht haben, Zukunftsvorstellungen selbst zu entwickeln, kritisch an das heranzugehen, was heute ist. Jeder, der Demokrat ist, hat die Pflicht, wenn er Kritik empfindet, sie auch vorzubringen, wenn er eigene Vorschläge hat, sie auch vorzubringen. Anders kann nämlich die Demokratie nicht leben. Demokratie ist ein Prozess und nicht ein Zustand. So haben also auch jugendliche Demokraten die Pflicht, das auszusprechen, was sie an Kritik und an alternativem Vorschlag in ihrem Kopf haben.

Auf der anderen Seite haben junge Leute natürlich auch nötig, dass ihnen die Grenzen gezeigt werden. Was mir am meisten innerlich Sorge macht, ist die bei einem Teil der Jugend, bei einem Teil der studentischen Jugend, bei einzelnen und bei Gruppen von ihnen zu beobachtende elitäre Arroganz, die genauso gut von rechts außen kommen könnte, dieses Elitebewusstsein, alles, aber auch alles besser zu wissen als die dummen Arbeiter, die dummen Angestellten, die dummen Politiker, die dummen Professoren. […] Ich fürchte, in dieser Überheblichkeit steckt eine Saat, die man genauso sorgfältig betrachten muss und mit der man genauso umgehen muss und die man jäten muss wie jene andere Saat, die in den unglaublichen, ja nun weiß Gott nicht nur von Jugendlichen erfundenen Formulierungen steckt: Gewalt gegen Personen sei zwar nicht in Ordnung, aber gegenüber Sachen sei dagegen kein Einwand zu erheben. Jede Gewalt trägt in sich den Keim des Bösen; das müssen sie sich gesagt sein lassen!

Deutscher Bundestag. 169. Sitzung. Bonn, den 30. 4. 1968.
http://dipbt.bundestag.de/doc/btp/05/05169.pdf, S. 9010-11 (letzter Aufruf 15. 07. 2019)

Lösungsvorschlag

1 **TIPP** *Anforderungsbereich: III, Verrechnungspunkte: 16*

Um die Bedeutung des Marshallplans angemessen beurteilen zu können, sollten Sie zunächst dessen Entstehungsgeschichte, wesentliche Inhalte und Umsetzung darstellen. Danach müssen Sie Kriterien benennen, anhand derer Sie ein gut begründetes Urteil fällen sollen.

Hintergründe
Entstehung, Inhalte und Umsetzung des Marshallplans

Der **Marshallplan** (**European Recovery Program** = ERP) von 1947 wurde in der Nachkriegszeit entwickelt, als die „unnatürliche Allianz" der Weltkriegsalliierten ein Ende fand und der **Kalte Krieg** begann. Nach dem Sieg über das nationalsozialistische Deutschland trat der fundamentale **Systemkonflikt** zwischen Kapitalismus und Sowjetkommunismus, der schon die Zeit zwischen Russischer Revolution 1917 und Zweitem Weltkrieg geprägt hatte, wieder in den Vordergrund. Unter **Truman** wollte die US-Regierung den Einfluss der Sowjetunion auf Europa eindämmen und besonders den „Brückenkopf" Westeuropa ökonomisch stützen.

Der Marshallplan folgte dem Gedanken dieser **„Containment"-Politik** und war als zweite, zivile Säule neben der militärischen Präsenz der USA bzw. der NATO zur Stabilisierung Westeuropas gedacht. Die Alternative einer Deindustrialisierung Westdeutschlands („Morgenthau-Plan") wurde zugunsten der **Entwicklungshilfe** im Rahmen des ERP verworfen. Vom wirtschaftlichen Wiederaufbau Westeuropas sollten auch amerikanische Firmen profitieren, für die auf diese Weise europäische Absatzmärkte erschlossen wurden.

Der Marshallplan stellte um die 13,5 Mrd. Dollar für **ganz Europa** zur Verfügung. Allerdings verzichteten die unter sowjetischem Einfluss stehenden **osteuropäischen Staaten** auf eine Teilnahme, sodass sich das Programm zunächst auf 16 westeuropäische Staaten beschränkte. Dabei koordinierte die zur Umsetzung des Marshallplans gegründete **OEEC** (heute: OECD) die Verteilung der Mittel. Hauptempfänger waren Großbritannien, Frankreich und Italien. Die westlichen Besatzungszonen Deutschlands bzw. ab 1949 die Bundesrepublik konnten über 10 % der Mittel (in Form von Krediten) verfügen. Aus den Marshallplan-Hilfen hat sich das **ERP-Sondervermögen des Bunds** entwickelt, das bis heute zur Förderung der deutschen Wirtschaft eingesetzt wird.

Bedeutung des Marshallplans

Um die **Bedeutung des Marshallplans** für Deutschland angemessen beurteilen zu können, ist es nötig, bestimmte Untersuchungskriterien festzulegen: Hier bietet es sich an, ökonomische, politische und psychologische Aspekte zu beleuchten. Außerdem ist im Falle Deutschlands nach dem Zweiten Weltkrieg die **Teilung des Lands** und die Wirkung der amerikanischen Politik auf die **beiden deutschen Staaten** zu berücksichtigen.

wirtschaftliche Bedeutung
– Auswirkungen des Marshallplans

In **ökonomischer** Hinsicht war der Marshallplan eine **wertvolle Anschubfinanzierung** zu einer Zeit, als die westdeutsche Wirtschaft am Boden lag und dringend Kapital zur Beschaffung von Rohstoffen und zur Investition in den Wiederaufbau benötigte. Durch die Zusammenarbeit mit anderen OEEC-Staaten entstand eine **größere Marktverflechtung**, die Exportchancen für westdeutsche Betriebe eröffnete. Die erwirtschafteten Devisen konnten wiederum für Importe verwendet werden. Die SBZ bzw. ab 1949 die DDR nahm als Teil des östlichen Herrschaftssystems nicht am ERP teil.

– Relativierung: weitere Gründe für das „Wirtschaftswunder“

Nimmt man die insgesamt an Westdeutschland ausgezahlte Summe (um die 1,3 Mrd. Dollar) zum Maßstab, relativiert sich jedoch die Bedeutung des ERP. Der **Vergleich Westdeutschlands mit anderen ERP-Teilnehmern**, deren Wirtschaft trotz stärkerer Förderung geringere Wachstumsraten aufwies, legt nahe, dass der Marshallplan nur einer von mehreren Faktoren des „Wirtschaftswunders“ in der frühen Bundesrepublik war.

Eine bedeutende Rolle dürften auch das Ende der Verteilungswirtschaft und die **Währungsreform von 1948** gespielt haben, durch die der Wirtschaftsrat unter **Ludwig Erhard** schon vor der Gründung der Bundesrepublik die Weichen für die **Soziale Marktwirtschaft** stellte. Zudem sollten weitere Aspekte nicht unterschätzt werden: das Vorhandensein qualifizierter Arbeitskräfte, eine ökonomische Infrastruktur, die weniger zerstört war als zunächst erwartet, sowie ein Bankensystem, das eine koordinierende Wirkung entfalten konnte. Im **Londoner Schuldenabkommen** von 1953 übernahm Westdeutschland zwar die Vor- und Nachkriegsschulden Deutschlands; hierbei wurde der Bundesrepublik allerdings auch ein großer Teil der **Schulden erlassen**, sodass die zu begleichende Restsumme mit etwa 15 Mrd. DM im erträglichen Rahmen blieb.

Insgesamt war es wohl weniger die **Höhe** der ERP-Mittel als vielmehr der **frühe Zeitpunkt**, der sich günstig auf die westdeutsche Wirtschaft auswirkte.

politische Bedeutung
– Einbindung in das westliche System

In **politischer** Hinsicht bewirkte der Marshallplan eine größere politisch-wirtschaftliche Einbindung Westdeutschlands in das westliche System und in den westeuropäischen Markt – eine Entwicklung, die später noch durch den Prozess der **europäischen Integration** und Einrichtungen wie Montanunion und EWG intensiviert wurde.

– Auswirkungen auf die deutsche Teilung

In der **DDR** verstärkte die Ablehnung der ERP-Mittel die **Abhängigkeit von der Sowjetunion** und dem im Rat für gegenseitige Wirtschaftshilfe (RGW) organisierten östlichen Wirtschaftsraum. Außerdem war man ohne westliche Devisen praktisch vom Welthandel ausgeschlossen. Insgesamt trug der Marshallplan maßgeblich zur deutschen Teilung bei, die in **ökonomischer Hinsicht** schon vor der doppelten Staatsgründung von Bundesrepublik und DDR 1949 vollzogen war.

psychologische Bedeutung
– vom Kriegsgegner zum Verbündeten

Psychologisch wirkte sich der Marshallplan positiv auf das Selbstbewusstsein der Westdeutschen aus, das durch den verlorenen Krieg stark angeschlagen war. Während man sich nach dem Ersten Weltkrieg durch den Versailler Vertrag mit seinem „Kriegsschuldartikel“, die Ruhrbesetzung und die Reparationsforderungen als „Paria“, also als Außenseiter der Weltpolitik gefühlt hatte, sah man sich nun in die **Gemeinschaft der „freien“ (westlichen) Welt** aufgenommen. Innerhalb kürzester Zeit war man nach Kriegsende **vom Feind zum Verbündeten des Westens** geworden.

– Beziehungen zu den USA

Zusammen mit der Verschickung amerikanischer CARE-Pakete und der Versorgung Westberlins durch „Rosinenbomber“ während der Berlin-Blockade 1948/49 stärkte der Marshallplan die **Westorientierung** der westdeutschen Bevölkerung. Davon profitierten die politischen Kräfte, die eine strikte Westbindung der Bundesrepublik anstrebten, auch wenn dadurch die deutsche Einheit zunächst in weite Ferne rückte. Insgesamt entwickelten sich in Westdeutschland ein **positives Bild der USA** und die verbreitete Vorstellung von der „deutsch-amerikanischen Freundschaft“, die besonders die erste Nachkriegsgeneration bis zur „68er-Bewegung“ prägen sollten.

In der **SBZ** bzw. **DDR** verzichtete man auf Geheiß der Sowjetunion und der SED „freiwillig" auf die amerikanische Hilfe. Auf einem Plakat aus der Nachkriegszeit heißt es: „Wir brauchen keinen Marshall-Plan, wir kurbeln selbst die Wirtschaft an." Da sich mit dem beginnenden „Wirtschaftswunder" im Westen aber die **Wohlstandsdifferenz** zwischen beiden Teilen Deutschlands vergrößerte, trug der Marshallplan in Ostdeutschland auch zur Entfremdung zwischen Bevölkerung und politischer Führung bei – eine Unzufriedenheit, die sich beim **Aufstand des 17. Juni 1953** deutlich zeigen sollte.

– Auswirkungen in der DDR

2 **TIPP** *Anforderungsbereich: II, Verrechnungspunkte: 16*

„Analysieren" heißt hier, dass Sie die wesentlichen Bildelemente der Karikatur M 1 benennen und in ihrem Zusammenhang untersuchen und deuten müssen. In der Folge sollte die Abbildung auch in den historischen Kontext eingeordnet werden. Außerdem wird verlangt, M 1 mit der Textquelle M 2 zu vergleichen. Es ist wichtig, dass Sie die relevanten Vergleichskriterien nennen und anwenden.

Analyse von M 1

Die **Karikatur M 1** von **Rudolf J. Schummer** (genannt: ERES) ist (nach dem 17. Juni) 1953 in der Bundesrepublik erschienen und war somit für die westdeutsche Öffentlichkeit bestimmt.

Bildaufbau und grafische Gestaltung

Die Abbildung ist in **Schwarz-Weiß** gehalten und sowohl horizontal als auch vertikal **zweigeteilt**. Im schwarz grundierten **Hintergrund** ist die Silhouette einer Stadt mit einem klassizistischen Torbau zu sehen; im **Vordergrund** wird eine Szene zwischen Demonstranten und Soldaten dargestellt. Diese beiden Gruppen teilen das Bild auch vertikal in zwei Hälften: Auf der linken Seite sind zivil gekleidete **Demonstranten** abgebildet, die Schilder mit den Aufschriften „FREIHEIT" und „BESSER LEBEN" tragen und zurückzuweichen scheinen. Rechts befinden sich ein **Soldat** mit einer Maschinenpistole, ein **Panzer** und hinter diesem möglicherweise noch ein weiterer Panzer. Wie man am Mündungsfeuer erkennen kann, zielen und schießen die Militärs auf die versammelten Menschen, was den Blick des Betrachters automatisch nach links zu den Demonstranten lenkt. Diese werden von den bewaffneten Kräften zurückgedrängt und wirken zögerlich oder erschrocken. Der Soldat auf der rechten Seite macht dagegen einen entschlossenen Eindruck.

Deutung der Bildinhalte

Trotz der sparsam eingesetzten Symbolik werden die Zusammenhänge gut deutlich. Das tempelartige Bauwerk im Bildhintergrund stellt das **Brandenburger Tor** dar, das auf die Stadt **Berlin** und somit auf das damals **geteilte Deutschland** verweist. Der Soldat im rechten Bildvordergrund und der Panzer hinter ihm können durch

Uniform bzw. Sowjetstern als Vertreter der **sowjetischen Besatzungsmacht** identifiziert werden.

Die **Bildunterschrift** „Der ‚mächtige Freund der Arbeiterklasse' antwortet den deutschen Arbeitern" soll auf **ironische** Weise den Anspruch der Sowjetmacht und der DDR, sich stets für die Arbeiterschaft einzusetzen, ad absurdum führen. Damit ist die **kritische Intention** von M 1 klar erkennbar: Ein „wahrer Freund" der Arbeiterklasse würde nicht mit Waffengewalt gegen Arbeiter vorgehen, die für Freiheit und Wohlstand demonstrieren. Dem Selbstverständnis der Sowjetunion und der von ihr abhängigen SED-Führung wird somit jedwede Legitimation abgesprochen. Auch die **Unverhältnismäßigkeit der Mittel** – Schusswaffen und Panzer gegen unbewaffnete Demonstranten – lässt die Sowjetunion in einem schlechten Licht erscheinen.

historischer Kontext: Volksaufstand vom 17. Juni 1953

– Ablauf

Anhand des Entstehungszeitpunkts und der Bildinhalte lässt sich die Karikatur gut in den **historischen Kontext** einordnen. Die abgebildeten Demonstranten sollen Arbeiter oder Angestellte der DDR darstellen, die im Juni 1953 gegen das SED-Regime protestierten und letztlich keine Chance gegen das sowjetische Militär hatten. Die Karikatur ist also vor dem **Hintergrund** der Ereignisse vom **17. Juni 1953** in der DDR zu betrachten. Damals weitete sich der Protest gegen die im Mai 1953 verkündete **Normenerhöhung** zu einem **Volksaufstand** aus. Die Erhebung hatte unter Bauarbeitern der Ostberliner Stalinallee begonnen, deren Protest sich immer mehr Menschen anschlossen. Gleichzeitig traten zu den ökonomischen Forderungen auch **politisch motivierte Ziele**; so wurden „freie Wahlen" und die „Wiedervereinigung" verlangt. In Ostberlin und anderen Städten eskalierte die Lage derart, dass die DDR-Führung an den Rand des Zusammenbruchs getrieben wurde. Daher verhängte die Sowjetunion den Ausnahmezustand in Ostberlin und den meisten Bezirken und setzte Polizei und Militär gegen die Demonstranten ein. Bei der **gewaltsamen Niederschlagung** des Aufstands zeigte sich auch, wie sehr die SED-Spitze auf die sowjetische Vormacht angewiesen war.

– Ursachen

Zu den **Ursachen** des Aufstands gehörte die Erhöhung der Arbeitsnormen, was in einer **Zentralverwaltungswirtschaft** faktisch eine Kürzung der Löhne und Verschlechterung des Lebensstandards bedeutet. Zwar nahm die DDR-Führung – ermahnt von Moskau – Anfang Juni 1953 Korrekturen ihrer Wirtschaftspolitik vor. Die Normenerhöhung war davon aber nicht betroffen; noch am 16. Juni 1953 wurde sie von der Gewerkschaftszeitung „Tribüne" verteidigt.

Insgesamt war die Stimmung in der DDR 1953 durch große Unzufriedenheit mit der schlechten Versorgungslage und der Unterdrückung jedweder politischen Opposition geprägt. Dies äußerte sich z. B. in einer wachsenden Fluchtbewegung nach Westen. 1953 stieg die Zahl der Flüchtlinge und der Gefängnisinsassen gravierend an. Angesichts der Lage in der DDR war auch die Sowjetunion – nach dem Tod Stalins im März 1953 unter neuer Führung – beunruhigt und mahnte Verbesserungen an, um eine Destabilisierung der DDR zu verhindern.

– Folgen

Nach der Niederschlagung des Aufstands machte die SED zwar sozialpolitische Zugeständnisse bei Löhnen, Preisen und Renten, verschärfte aber auch die Kontrolle. In der Bevölkerung breiteten sich **Desillusionierung** und Verbitterung aus, die oft zum Rückzug ins Private führten. Oppositionelle Bestrebungen und Aufstände in sozialistischen „Bruderstaaten" wurden nun eher skeptisch gesehen.

Vergleich von M 1 und M 2

Vorstellung von M 2

Die mit M 1 zu vergleichende **Textquelle M 2** stammt vom DDR-Kommentator **Karl Eduard von Schnitzler** und wurde am 18. Juni 1953, also unmittelbar nach der Niederschlagung des Aufstands, im DDR-Rundfunk verbreitet. Daraus kann man ableiten, dass dieser **Kommentar** die offizielle Sichtweise der SED-Führung widerspiegelt und sich an die **ostdeutsche Öffentlichkeit** wendet. Allerdings waren Ostsender teils auch im Westen zu empfangen (und umgekehrt Westsender im Osten).

Kriterien für den Vergleich zwischen der westdeutschen Karikatur (M 1) und dem ostdeutschen Kommentar (M 2), die sich beide auf den **Volksaufstand vom 17. Juni 1953** beziehen, können grafische bzw. sprachliche Darstellungsmittel sowie inhaltliche Aspekte (die Akteure des Aufstands und die ihnen unterstellten Ziele und Motive) sein. Anhand dieser Kriterien lässt sich auch die jeweilige **Intention** der Quellen herausarbeiten und vergleichen.

Vergleich der Darstellungsmittel

In beiden Materialien werden die Inhalte sehr **vereinfacht** und holzschnittartig **zugespitzt** dargestellt. In **M 1** sind es der deutliche, grafisch umgesetzte Kontrast zwischen Freiheit und Unterdrückung bzw. Ohnmacht und Gewalt sowie die bittere **Ironie** der Bildunterschrift, die die Karikatur zu einer **Anklage** gegen die sowjetische Armee und die DDR-Führung machen. Der Kommentar **M 2** setzt auf stark **abwertende Begriffe**, z. B. „Abschaum der Westberliner Unterwelt" (Z. 11) oder „Friedensfeinde" (Z. 25). Außerdem kommen **Parallelismen** zum Einsatz, durch die das Vorgehen der Aufständischen **dramatisiert** wird, wie „Je mehr […], je mehr […], je mehr […]." (Z. 3 f.) oder „ein Anschlag […], ein Anschlag" (Z. 11).

Was die **Ziele des Aufstands** betrifft, so wird in **M 1** auf **übergeordnete Werte** wie „Freiheit" und „besser leben" (Wohlstand) abgehoben, während konkretere Forderungen, z. B. die Rücknahme der Arbeitsnormen, keine Erwähnung finden. Es sind ebendiese Werte, die den eigentlichen „Provokateuren" (Z. 10) des Aufstands in **M 2** abgesprochen werden: „Es ging nicht [...] um freie Wahlen, nicht um die Verbesserung des Lebensstandards, nicht um eine – wie immer geartete – Freiheit [...]." (Z. 6 f.) Auch die Erhöhung der Arbeitsnormen könne nicht die tatsächliche Ursache des Aufstands gewesen sein, zumal die DDR-Regierung bereits Maßnahmen eingeleitet habe, um „grobe Fehler bei der Normerhöhung" (Z. 9) zu beheben und „die Anlässe der Unzufriedenheit zu beseitigen" (Z. 15). Das wahre Ziel sei die **Destabilisierung der DDR** im Interesse und Auftrag „westdeutsche[r] und amerikanische[r] Friedensfeinde" (Z. 24 f.) gewesen. Die Arbeiter und Angestellten, die am Aufstand teilgenommen hätten, seien „unter Missbrauch des guten Glaubens" (Z. 7 f.) zu ihren Aktionen gegen die DDR verleitet worden. Zudem richte sich der Aufstand, so Schnitzler, gegen die Bemühungen der DDR-Regierung „alles für die Einheit Deutschlands zu tun" (Z. 24); er sollte also **das deutsche Volk weiter spalten**.

Vergleich der Inhalte

– Ziele des Aufstands

Die eigentlichen **Akteure** des Aufstands werden in M 1 als **harmlose**, eher proletarisch gekleidete Demonstranten dargestellt, während sie in M 2 geradezu **dämonisiert** werden: „[...] wurde von bezahlten Provokateuren, vom gekauften Abschaum der Westberliner Unterwelt ein Anschlag [...] versucht." (Z. 10–12) Nicht Betroffene der Arbeitsnormenerhöhung, sondern fremde Provokateure aus dem Westen hätten „diese Aktion angestiftet" (Z. 25) und den „guten Glaube[n] eines Teils der Berliner Arbeiter und Angestellten" (Z. 8) ausgenutzt. Es wird jedoch nicht erklärt, weshalb der Aufstand so viel Zulauf in der gesamten DDR hatte, wenn doch die Maßnahmen der SED-Spitze (z. B. gegen „grobe Fehler bei der Normerhöhung", Z. 9) „die Zustimmung aller" (Z. 19) gefunden hätten.

– Akteure des Aufstands

Zusammenfassend kann man sagen, dass die Karikatur **M 1** die Niederschlagung des Aufstands durch die UdSSR **kritisiert**. Somit passt sie zu einem im Westen vorhandenen **Bild des Kalten Kriegs:** Hier wurde der Gegensatz zwischen West und Ost als Kampf zwischen Gut und Böse gesehen. Den Demonstranten, die westliche Werte vertreten, wird ein russischer Soldat gegenübergestellt – ein Feindbild, das die Deutschen noch aus dem Zweiten Weltkrieg kannten.

Fazit

In **M 2** ist von der sowjetischen Vormacht gar nicht die Rede. Die Normerhöhung, die tatsächlich für große Unzufriedenheit gesorgt hatte, wird als Missverständnis abgetan, während die **wahre Gefahr im Westen** ausgemacht wird. Diese Denkweise entspricht einer im

Ostblock verbreiteten Auffassung: Eine Arbeiteropposition könne es im Sozialismus eigentlich nicht geben, da die Arbeiter als Eigentümer der Produktionsmittel galten und sich nicht gegen ihre eigene Partei, die „Avantgarde des Proletariats", erheben würden.

3 **TIPP** *Anforderungsbereich: II, Verrechnungspunkte: 14*

Die Textanalyse verlangt von Ihnen, zentrale Inhalte und Strukturen aus der Quelle M 3 herauszuarbeiten und diese zu deuten. Ordnen Sie die vorliegende Rede auch in den historischen Kontext ein.

Analyse von M 3

Vorstellung der Quelle

Die **Rede** des SPD-Fraktionsvorsitzenden **Helmut Schmidt** (M 3) wurde im **Deutschen Bundestag** am 30. April 1968 vor dem Hintergrund der damaligen **Studenten- und Jugendproteste** gehalten. Als Bundestagsrede richtete sie sich sowohl an die **Parlamentarier**, die überwiegend durch die beiden Weltkriege geprägt worden waren, als auch an eine breite **bundesrepublikanische Öffentlichkeit**.

Inhalt der Rede

– Teil 1: Verständnis

Der Textausschnitt weist eine klare **inhaltliche Zweiteilung** auf. Im ersten Teil (Z. 1–27) geht es dem Redner darum, in seiner Generation **Verständnis** zu wecken für „[d]ie jungen Leute" (Z. 8 f.), die sich durch Kritik und eigene Zukunftsvorstellungen in den demokratischen Prozess der Bundesrepublik eingeschaltet hätten. Schmidt sieht einen **deutlichen Unterschied** zwischen den älteren Generationen („Wir") und der jungen Nachkriegsgeneration: Das Leben der erstgenannten Bevölkerungsgruppe sei „von Katastrophen, von Unglück, von Irrtum, von Schuld und Sorge" (Z. 7 f.) geprägt worden. Hier scheint Schmidt auch Verständnis für die Aufbaugeneration wecken zu wollen, die schwierige Zeiten durchlebt und beim Wiederaufbau Westdeutschlands viel geleistet habe (vgl. Z. 1–8). Die Studenten hätten diese Erfahrungen nicht gemacht und könnten deshalb noch „an absoluten Maßstäben" (Z. 11) messen.

Der SPD-Fraktionsvorsitzende betont außerdem, dass jeder Demokrat – die junge Generation eingeschlossen – das **Recht** und die **Pflicht** habe, sich konstruktiv **in den politischen Prozess einzubringen**. Demokratie sei kein statischer Zustand, sondern lebe von einer aktiven Beteiligung der Bürger.

– Teil 2: Kritik

Im zweiten Teil (Z. 28–39) überwiegt die **Kritik** an „einem Teil der Jugend" (Z. 29 f.), der von **elitärem Denken und Arroganz** gegenüber den Älteren geprägt sei: „[…] dieses Elitebewusstsein, alles, aber auch alles besser zu wissen als die dummen Arbeiter, die dummen Angestellten, die dummen Politiker, die dummen Professoren." (Z. 32–34) In dieser Passage setzt Schmidt verschiedene Stilmittel

– Hyperbel, Reihung, Wiederholung – ein, um das Verhalten einiger Studenten und ihre vermeintliche Überheblichkeit zu kritisieren.

Zum Schluss wendet er sich dagegen, dass in der Studentenschaft zwischen „Gewalt gegen Personen“ (Z. 37) und solcher „gegenüber Sachen“ (Z. 38) unterschieden und Letztere für durchaus zulässig gehalten werde. **Gewalt** trage aber grundsätzlich den „Keim des Bösen“ (Z. 39) in sich. Seine Kritikpunkte – „**Überheblichkeit**“ (Z. 34) und **Gewaltverständnis** – verknüpft Schmidt rhetorisch in einer Metapher: Die Begriffe „Saat“ (Z. 36), „Keim“ (Z. 39) und „jäten“ (Z. 35) stammen aus der Landwirtschaft und könnten auf eine wachsende Bedrohung hinweisen, auf die man frühzeitig reagieren müsse.

historischer Kontext

Der **historische Kontext** dieser Rede ist die zur damaligen Zeit aktive **Studenten- und Jugendbewegung** („68er-Bewegung“). Diese markierte das Ende der Nachkriegszeit, indem sie zu einem grundlegenden **Wertewandel** in der Bundesrepublik (in indirekter Form auch in der DDR) beitrug. Waren die 1950er-Jahre noch stark von der Vorkriegsmentalität, vom Wiederaufbau und vom Stolz auf das „Wirtschaftswunder“ geprägt, so kritisierten Jugendliche und Studenten nun die konservativen Strukturen in Schule, Universität, Wirtschaft und Staat sowie die fehlende Aufarbeitung der NS-Zeit. Auch die innenpolitische Entwicklung der Bundespolitik stieß auf Kritik. Seit 1966 regierte die Große Koalition ohne nennenswertes Gegengewicht im Bundestag, was zur Entstehung der **Außerparlamentarischen Opposition** (APO) führte. Besonders umstritten waren die Notstandsgesetze, die im Mai 1968 erlassen wurden.

Die Lage war zunehmend angespannt. Im Juni 1967 wurden die **Studentenproteste** anlässlich des Schah-Besuchs in Westberlin mit massiver Polizeigewalt beantwortet, die zum Tod des Studenten Benno Ohnesorg führte. Im April 1968, kurz vor Schmidts Rede, wurde – ebenfalls in Westberlin – der Studentenführer Rudi Dutschke niedergeschossen. In der Folge kam es zu schweren Krawallen sowie zu Protesten gegen den Springer-Verlag (BILD-Zeitung) und dessen Berichterstattung über die Studentenbewegung. Bei ihren Aktionen wandten die „68er“ auch die Strategie der gezielten Regelverletzung an, die aus der amerikanischen Bürgerrechtsbewegung stammte. Immer wieder stießen die Aktivitäten der Studenten auf staatliche Gegenmaßnahmen wie Protestverbote und verschärfte Polizeieinsätze. In der aufgeheizten Stimmung kam es außerdem zu gegenseitigen Beschimpfungen; so wurden die Studenten beispielsweise als „langhaarige Affen“ bezeichnet. All diese Ereignisse führten – vor dem Hintergrund einer weltweiten Jugendbewegung – zur **Politisierung der Jugend**, teilweise aber auch zu **Radikalisierung** und Gewaltbereitschaft.

Vor diesem Hintergrund ist Schmidts Rede als **Vermittlungsversuch** zu verstehen: Sowohl in der älteren Generation als auch in der Jugend soll **Verständnis** füreinander geweckt werden. Außerdem scheint sich der Redner – anders als bestimmte Medien und Politiker – angesichts der **angespannten Lage** um **Sachlichkeit** im Umgang mit den Studenten zu bemühen. Allerdings werden den studentischen Protesten auch **Grenzen** aufgezeigt: So will Schmidt die damals gängige Formulierung von der Zulässigkeit der „Gewalt gegen Sachen" auf keinen Fall gelten lassen.

Deutung der Rede

Im Mai 1968 erreichten die Demonstrationen gegen die Verabschiedung der Notstandsgesetze ihren **Höhepunkt**; anschließend flaute die Studentenbewegung allmählich ab. Während sich besonders gewaltbereite Aktivisten in der Folge weiter radikalisierten (z. B. Gründung der **RAF** 1970), gab es viele Studenten, die sich nun in **Parteien und Organisationen** engagierten, ohne den Staat zu bekämpfen. Ein kleiner Teil der „68er" schlug also einen gewaltsamen Weg ein, ein größerer Teil brachte sich jedoch – wie von Schmidt in seiner Rede befürwortet – in den demokratischen Prozess der Bundesrepublik ein.

weitere Entwicklung

4

TIPP *Anforderungsbereich: II, Verrechnungspunkte: 14*

„Erläutern" heißt hier, den Begriff des politischen Protests für den vorgegebenen Zeitraum zu erklären und mithilfe konkreter Beispiele zu veranschaulichen. Sie sollen darauf eingehen, wie sich politischer Protest in beiden deutschen Staaten äußerte und wie man von staatlicher Seite aus darauf reagierte. Im Folgenden wird die Friedensbewegung in West und Ost dargestellt. Alternativ könnten z. B. die Frauen- und Umweltbewegung (in der Bundesrepublik) sowie die Flucht- und Ausreisebewegung (in der DDR) untersucht werden.

Die 1970er- und 1980er-Jahre waren in der **Bundesrepublik** und in der **DDR** durch große gesellschaftliche Umwälzungen gekennzeichnet. In Teilen der Bevölkerung stellte sich zu dieser Zeit auch ein **Wertewandel** hin zu immateriellen („postmateriellen") Werten wie Umweltschutz, Frieden und Gleichberechtigung ein. Vor allem in der Bundesrepublik erweiterten sich die **Formen des Protests** und umfassten die Teilnahme an **Demonstrationen**, die Beteiligung an **Bürgerinitiativen**, die Gründung neuer Gruppierungen und **Parteien** (z. B. „Die Grünen"), aber auch die Entstehung **terroristischer Organisationen** wie der Roten-Armee-Fraktion (RAF).

Einführung
politischer Protest in den 1970ern und 1980ern

Trotz der deutschen Teilung gab es zwischen den politisch-sozialen Bewegungen in Ost- und Westdeutschland durchaus **Berührungspunkte** und eine gewisse **Zusammenarbeit**. Dazu gehörten z. B. der Informationsaustausch zwischen den Umweltbewegungen und Aktionen westdeutscher „Grüner" in Ostberlin sowie die staatlich organisierte Unterstützung westdeutscher Friedensgruppen, aber auch untergetauchter RAF-Terroristen durch die DDR.

Reaktionen des Staats

Grundlegende, **systembedingte Unterschiede** bestanden darin, wie der jeweilige deutsche Staat mit Protesten aus der Bevölkerung umging: Während die autonome Vertretung gesellschaftlicher Interessen im Westen zum **Pluralismus** gehörte und durch **Grundrechte** wie Versammlungs-, Meinungs- und Organisationsfreiheit abgedeckt war, gestaltete sich die Lage für oppositionelle Bewegungen in der DDR deutlich schwieriger. Hier war der **totale Machtanspruch der SED** ebenso in der Verfassung verankert wie das Staatsziel der „Verwirklichung des Sozialismus". Jede Opposition, die von der vorgegebenen Linie abwich und auf diese Weise die **Systemfrage** stellte, wurde rigoros bekämpft.

Ein solches Vorgehen existierte im Westen zwar nicht; trotzdem gab es **rechtliche Grenzen**, die unterschiedlich weit ausgelegt wurden. Personen oder Gruppierungen, deren Verhalten nicht mit der „freiheitlich-demokratischen Grundordnung" vereinbar war, mussten damit rechnen, im Sinne der „wehrhaften Demokratie" sanktioniert zu werden. Im Umgang mit den Protestbewegungen der 1970er- und 1980er-Jahre (z. B. der Friedensbewegung) kam häufig der Nötigungsparagraph 240 des Strafgesetzbuchs zum Einsatz.

Beispiele: die Friedensbewegung …

Ein Beispiel, das sich zur Darstellung politischen Protests besonders gut eignet, da es sowohl im Westen als auch im Osten eine große Rolle spielte, ist die **Friedensbewegung**. Sie steht stellvertretend für die neuen sozialen Bewegungen, die in den 1970er- und 1980er-Jahren entstanden sind.

… in der Bundesrepublik

Hintergrund: NATO-Doppelbeschluss

Besonders wichtig für die Entwicklung der Friedensbewegung in der Bundesrepublik waren die Debatten über den **NATO-Doppelbeschluss** von 1979. Dieser sah die Stationierung atomarer Mittelstreckenraketen auf westdeutschem Gebiet vor, sollten die Abrüstungsverhandlungen zwischen den beiden Blöcken scheitern und die UdSSR ihre Mittelstreckenraketen in Osteuropa nicht abbauen.

Vor diesem Hintergrund formierte sich in **Westdeutschland** eine Protestbewegung, die in den folgenden Jahren die größten **Massendemonstrationen** organisierte, die die Republik bis dahin erlebt hatte: Allein gegen den NATO-Gipfel in Bonn 1982 demonstrierten mehr als 350 000 Menschen. Die Friedensbewegung setzte sich für

Frieden und Abrüstung ein, kritisierte die damalige sozialliberale Regierung und trug maßgeblich zum Aufstieg der „Grünen" bei.

1982 wurde die geschwächte Regierung Schmidt durch eine CDU-geführte Koalition unter **Helmut Kohl** abgelöst, die den sicherheitspolitischen Kurs der Vorgängerregierung fortsetzte: So wurde 1983 mit der **Stationierung der Mittelstreckenraketen** in der Bundesrepublik begonnen. Aktivisten der Friedensbewegung versuchten, die Zufahrten zu Militäranlagen und Kasernen zu blockieren, was die Aufstellung der Raketen aber lediglich verzögerte.

Formen des Protests

Innerhalb der Friedensbewegung gab es verschiedene Protestformen, die insgesamt vor allem auf die **öffentliche Meinung** abzielten und die Bevölkerung z. B. durch Massenproteste und Bürgerinitiativen mobilisieren sollten. Einige Vertreter (darunter bekannte Schriftsteller und Intellektuelle) bedienten sich auch der **Methoden des zivilen Widerstands**, die die Studentenbewegung eingeführt hatte. So wurden am Raketenstationierungsort Mutlangen **Sitzblockaden** (mit prominenten Unterstützern wie Heinrich Böll und Günter Grass) durchgeführt, um die dortigen US-Streitkräfte zu behindern und für Aufmerksamkeit zu sorgen. Terroristische Gruppierungen, die **Anschläge** auf amerikanische Einrichtungen verübten, hatten dagegen keinen personellen oder ideologischen Bezug zum Großteil der Friedensbewegung.

... in der DDR

gesellschaftlicher Hintergrund

In der zum Ostblock gehörenden **DDR** waren Massenproteste gegen die Stationierung sowjetischer Waffensysteme systembedingt nicht möglich. Außerdem war die Gesellschaft in einem weit höheren Maße **militarisiert**. So musste die Bevölkerung in der NVA, in paramilitärischen Organisationen wie der „Gesellschaft für Sport und Technik" oder in Betriebskampftruppen Dienst leisten; auch wurde die Jugend in der Schule durch den „Wehrunterricht" entsprechend indoktriniert.

Entwicklung der Bewegung und Formen des Protests

Solange **Friedensinitiativen** gegen westliche Rüstungspläne gerichtet waren oder allgemein den Frieden als Ziel postulierten, wurden sie von der Regierung als nützlich angesehen. Zu Beginn der 1980er-Jahre wurden jedoch viele **Kirchengemeinden** zu Sammelbecken für Oppositionelle; ihre „Friedensgebete" und „Mahnwachen" richteten sich dabei auch gegen die Rüstung im Ostblock. Ein bekanntes Beispiel ist der „Berliner Appell" von Pfarrer Rainer Eppelmann und Robert Havemann („Frieden schaffen ohne Waffen"), der der Friedensbewegung eine breite Resonanz verschaffte. Die DDR-Führung reagierte, indem sie die Friedensgruppen bespitzeln und ihre Anhänger verhaften ließ. Dies konnte die Bewegung aber nicht aufhalten.

Im Vergleich zum Westen erforderte ein Engagement in der DDR viel mehr Einsatz und war mit **höherem Risiko** verbunden, weswegen die Massenbasis geringer war. Man verstand es aber, die westlichen Medien als Kanal zu nutzen. Zudem berief man sich auf die **KSZE-Schlussakte** von 1975: Auch die DDR hatte dieses Dokument unterzeichnet und somit die Gewährung bürgerlicher Freiheiten versprochen.

Fazit

Zusammenfassend kann man sagen, dass die politischen Protestformen seit den 1970er-Jahren vielfältig waren und sich den jeweiligen politischen Bedingungen anpassten. Im Rahmen einer **pluralistischen Gesellschaft** und eines **funktionierenden Rechtsstaats** – wie in der Bundesrepublik – war es grundsätzlich möglich, sich oppositionell zu betätigen. In der DDR wurde hingegen jeglicher Protest als **Widerstand gegen das sozialistische System** betrachtet und hart sanktioniert. Lediglich unter dem Schutz der Kirche und mithilfe der westlichen Medien war es möglich, **Freiräume für Protest** zu schaffen und zu nutzen.

Sowohl im Osten als auch im Westen blieb der Friedensbewegung der große Erfolg zunächst versagt. So wurde eine allgemeine Abrüstung erst durch den Reagan-Gorbatschow-Gipfel in Reykjavik und den INF-Vertrag 1987 sowie die KSZE-Konferenz von Paris 1990 vorangebracht. Allerdings erreichten die beiden Friedensbewegungen eine **Bewusstseinsänderung** in der Gesellschaft, ohne die z. B. die Erfolge der „Grünen" im Westen und die **friedliche Revolution in der DDR 1989** nicht denkbar gewesen wären.

DEUTSCHLAND NACH 1945 IM INTERNATIONALEN UND EUROPÄISCHEN KONTEXT *

Besatzungszeit und Teilung Deutschlands im Rahmen des Ost-West-Konflikts; Die politische und gesellschaftliche Entwicklung in der Bundesrepublik Deutschland und in der DDR (Schwerpunktthemen) *

Aufgabenstellung

1 Analysieren Sie M 1.

2 Ihrem Selbstverständnis nach war die DDR ein demokratischer Staat. Stellen Sie dar, wie sich dieses Selbstverständnis auf Politik und Gesellschaft auswirkte.

3 Analysieren Sie M 2 und vergleichen Sie M 2 mit M 3.

4 *In der Bundesrepublik Deutschland wurden in den 1970er- und 1980er-Jahren gesellschaftliche Herausforderungen erfolgreich bewältigt.*
Überprüfen Sie diese These.

*** Hinweise zu Bildungsplan und Schwerpunktthemen**

Bitte beachten Sie, dass sich die Aufgabenstellung auf die Schwerpunktthemen der Abiturprüfung 2020 und die Inhalte des damals gültigen Bildungsplans von 2004 bezieht. Wegen inhaltlicher Überschneidungen der Teilaufgaben 3 und 4 mit den Schwerpunktthemen der Abiturprüfung 2023 und den Inhalten des nun gültigen Bildungsplans von 2016 stellen wir Ihnen diese Orginal-Abituraufgabe jedoch als zusätzliche Übungsmöglichkeit zur Verfügung.

M1 **„Nie wieder sollen sie unsere Jugend missbrauchen!“ Plakat von Gerhard Benzig, Bautzen, Sowjetische Besatzungszone, 1949**

M2 „Widerstand ohne Tyrannen“, Zeitungsartikel des Politikwissenschaftlers Dolf Sternberger, Frankfurter Allgemeine Zeitung, 6. 5. 1968

Die Bundesrepublik muss es büßen, dass Hitler zwölf Jahre lang über die Deutschen herrschen und nicht von Deutschen gestürzt werden konnte. Hitler herrschte mit Hilfe seiner verschworenen Gefolgschaft und mit Hilfe derer, welche die Sprache der nachmaligen Entnazifizierung treffend als Mitläufer bezeichnet hat. Fanatismus, Terror und Anpassung griffen ineinander. Der innere Widerstand blieb schwach, organisierte Verschwörung kam spät und endete glücklos. Die nachgeborene Generation scheint die eine Lehre gezogen zu haben, dass gegen Herrschaft immer Widerstand geboten sei. Die Söhne rächen sich für die Schwäche der Väter. Und die Bundesrepublik muss es entgelten. Obgleich dieser Staat in liberalem Geist von denen errichtet worden ist, die an jenem Fanatismus keinen Anteil hatten, die jenem Terror entronnen waren und die drinnen oder draußen je für sich dem Druck und der Versuchung widerstanden, die also auch ihre moralische Haut einigermaßen hatten retten können. Diese setzten ihren Eifer an die Erneuerung des Staates; die Söhne – oder doch ein Teil von ihnen – ereifern sich nicht für den Staat, sie ereifern sich für den Widerstand, und sie treffen gerade auf diesen Staat, der doch als Gegenbild der Tyrannei entworfen worden ist – von Leuten, welche die Tyrannei erlitten, aber ihr freilich wenig aktiven und jedenfalls keinen erfolgreichen Widerstand entgegengesetzt hatten. Nun treibt es die Söhne, den Widerstand nachzuholen. [...]

Damals gab es einen Tyrannen und wenig Widerstand. Heute gibt es viel Widerstand oder doch Widerstandsbedürfnis und keinen Tyrannen. Rudi Dutschke[1] hat [...] den Tyrannenmord gutgeheißen, worin ihm zuzustimmen ist, aber sogleich hinzugefügt, unsere jetzigen Regenten seien nur „auswechselbare Charaktermasken“ und lohnten solchen Aufwand nicht. In einem gewissen Sinn ist ihm übrigens auch hierin zuzustimmen: Eben dass sie tatsächlich „auswechselbar“ sind, unterscheidet diese Regenten von tyrannischen. Es kennzeichnet den Verfassungsstaat, dass die Regierungsämter auf Zeit anvertraut werden. [...]

„Widerstand ohne Tyrannen“, Zeitungsartikel des Politikwissenschaftlers Dolf Sternberger, Frankfurter Allgemeine Zeitung, 06. 05. 1968

Anmerkung

1 Rudi Dutschke (1940–1979): politischer Aktivist und Wortführer der Studentenbewegung.

M3 „Organisieren wir den Ungehorsam gegen die Nazi-Generation", Flugblatt, 1967/1968

Organisieren wir den

UNGEHORSAM

gegen die Nazi-Generation.

Ehemalige Nazi-Richter wollen über uns „Recht" sprechen. […] Wir haben sogar einen ehemaligen Nazipropagandisten als Bundeskanzler![1]

Unsere Geduld muss jetzt ein Ende haben: Machen wir Schluss damit, dass nazistische Rassenhetzer, dass die Juden-Mörder, die Slawen-Killer, die Sozialisten-Schlächter, dass die ganze Nazi-Scheiße von gestern weiterhin ihren Gestank über unsere Generation bringt.

Holen wir nach, was 1945 versäumt wurde: Treiben wir die Nazi-Pest zur Stadt hinaus. Machen wir endlich eine richtige Ent-Nazifizierung. Heizen wir ihnen so ein, dass ihnen die fetten Gehälter, Dividenden und Pensionen, die sie für ihre Verbrechen von gestern verschlingen, im Halse stecken bleiben!

Nazi-Richter, Nazi-Staatsanwälte, Nazi-Gesetzgeber aller Coleur, Nazi-Polizisten, Nazi-Beamte, Nazi-Verfassungsschützer, Nazi-Lehrer, Nazi-Professoren, Nazi-Pfaffen, Nazi-Journalisten, Nazi-Propagandisten, Nazi-Bundeskanzler, und nicht zuletzt gegen **Nazi-Kriegsgewinnler, Nazi-Fabrikanten, Nazi-Finanziers.**

Verweigern wir uns total den Nazis. Befolgen wir keine ihrer Anweisungen. Sagen wir ihnen, dass wir sie bestenfalls ignorieren können. Damit legen wir den gesamten Apparat dieser miesen Gesellschaft lahm, denn er besteht – bezeichnenderweise! – zu einem lebenswichtigen Teil aus den alten Nazis.

Mobilisieren wir die permanente

ANTI-NAZI-KAMPAGNE

Bereiten wir den

AUFSTAND

gegen die Nazi-Generation vor.

Hervorhebungen im Original.
Ralf Bentz u. a.: Protest! Literatur um 1968. Eine Ausstellung des Deutschen Literaturarchivs. Marbach am Neckar 2000, S. 43 f.

Anmerkung

1 Gemeint ist Bundeskanzler Kurt Georg Kiesinger (1966–1969). Er war von 1933 an Mitglied der NSDAP und arbeitete während des Nationalsozialismus als Jurist im Auswärtigen Amt.

Lösungsvorschlag

1 **TIPP** *Anforderungsbereich: II, Verrechnungspunkte: 12*

Der Operator „analysieren" verlangt von Ihnen, dass Sie das gegebene Material systematisch untersuchen und auswerten. Da es sich bei M 1 um eine Bildquelle handelt, empfiehlt es sich, zuerst den Titel, den Grafiker, die Umstände der Entstehung bzw. Publikation (v. a. Ort, Zeitpunkt) sowie die möglichen Adressaten zu nennen. Die Bildbeschreibung sollte dann den Zusammenhang der einzelnen Bildelemente aufzeigen. Abschließend wird das Plakat im historischen Kontext erklärt und die Gesamtaussage von M 1 vor diesem Hintergrund erläutert.

Analyse von M 1
kurze Vorstellung der Quelle

Das **Plakat** M 1 stammt von **Gerhard Benzig** und wurde **1949** in der Stadt Bautzen in der **Sowjetischen Besatzungszone** (SBZ) veröffentlicht. Es wendet sich – unter Verwendung des Possessivpronomens „unsere" – an die **Öffentlichkeit der SBZ** bzw. der noch im selben Jahr gegründeten **DDR:** „Nie wieder sollen sie unsere Jugend missbrauchen!" lautet die Botschaft an die Rezipienten, bei denen es sich aufgrund der Formulierung „unsere Jugend" vermutlich um Erwachsene handeln dürfte.

Beschreibung der Bildinhalte

Das **Schwarz-Weiß-Plakat** ist in einen **dunkel** gestalteten Hintergrund und einen **hellen** Vordergrund aufgeteilt. Im Kern handelt es sich um die Zeichnung **dreier Personen:** Vorne ist ein **pausbäckiger Bub** dargestellt, der dem Betrachter zugewandt ist und ein offenes, optimistisches Lächeln zeigt. Dahinter ist ein etwa **gleichaltriger Junge** zu sehen, der eine Art Uniformhemd trägt und starr nach links aus dem Bild heraus in die Ferne zu blicken scheint. Überragt wird er von einem **Totenschädel** mit Wehrmachtshelm, der in etwa in dieselbe Richtung schaut; über der Schulter trägt der Tote ein Schwert, von dem Blut tropft. Im linken Hintergrund tut sich ein **Gräberfeld** auf, symbolisiert durch eine Reihe von Kreuzen. Bei genauerer Betrachtung erkennt man im rechten Hintergrund unter dem Schwert mit dem großen Blutstropfen ein **verblichenes Hakenkreuz**. Dagegen wird der fröhliche Junge im Vordergrund mit einer Art **Ölzweig** dargestellt. Die **verbale Botschaft** des Plakats erstreckt sich diagonal in unterschiedlich großen Lettern über die Bildbreite: „Nie wieder sollen sie" im Hintergrund, „unsere Jugend missbrauchen!" im Vordergrund.

Deutung der Bildelemente

Der **Zusammenhang der Bildelemente** und somit die **Aussage** von M 1 sind gut zu erkennen und einfach zu verstehen. Der als Totenschädel abgebildete Soldat symbolisiert den alten **Militarismus des Nationalsozialismus**, der den Jungen im Mittelgrund direkt ins Gräberfeld, also **in den Tod führt**. Der Ölzweig des lächelnden Jungen im Vordergrund stellt hingegen ein **traditionelles Friedenssymbol** dar, das das Gegenstück zum Schwert des Soldaten bildet.

Das eher unruhige Schriftbild und der klare Schwarz-Weiß-Kontrast haben eine dynamische Wirkung und betonen die **Dringlichkeit** der Gesamtaussage von M 1. Insgesamt wird ein starker **Gegensatz zwischen finsterer NS-Vergangenheit und leuchtender Gegenwart bzw. Zukunft der SBZ/DDR** konstruiert. Die Blickrichtung des fröhlichen Jungen, eines Vertreters „unsere[r] Jugend", suggeriert, dass der Betrachter **direkt angesprochen** wird.

Einordnung in den historischen Kontext: Selbstverständnis der SBZ/DDR

– Antifaschismus, Antimilitarismus

Im **historischen Kontext** bezieht sich das Plakat auf die unmittelbare Nachkriegszeit, die 1949 durch die staatliche **Teilung Deutschlands** mit der Gründung von Bundesrepublik (Mai 1949) und DDR (Oktober 1949) abgeschlossen wurde. Damals war Deutschland nach dem Willen der alliierten Besatzungsmächte (Potsdamer Abkommen 1945) u. a. zur „**Denazifizierung**" und „**Demilitarisierung**" verpflichtet. Die **SBZ**, aus der das Plakat stammt, sah sich in dieser Hinsicht, wie später auch die **DDR**, als das „**bessere Deutschland**": **Antifaschismus** und **Antimilitarismus** waren wesentliche Bestandteile des eigenen Selbstverständnisses. Im **sowjetischen Machtbereich** war man zunächst konsequent gegen ehemalige Nationalsozialisten vorgegangen, z. B. durch zahlreiche Entlassungen aus dem öffentlichen Dienst. Darüber hinaus wurden aber auch Menschen, die sich der neuen Entwicklung im Osten Deutschlands widersetzten, in „Speziallager" gesperrt.

Unter dem Einfluss der Sowjetunion sowie der Führungselite der späteren DDR – Mitglieder der „Gruppe Ulbricht", die im Exil gegen den Nationalsozialismus gearbeitet hatten – wurde der „Antifaschismus" **Bestandteil der Staatsideologie der DDR**, durch den man sich auch bewusst von der Bundesrepublik abgrenzte. Durch die umfassende Enteignung der Industriellen und Großgrundbesitzer (Motto der Bodenreform 1945: „Junkerland in Bauernhand!") ging man gegen die gemäß der marxistischen Faschismustheorie „kriegstreibenden Klassen" vor, was das **entlastende Selbstbild der DDR als „antifaschistischer Staat"** entscheidend prägte: Während die Kapitalisten die Schuld am NS-Regime trügen, sei das übrige Volk nur von diesen verführt worden. Das Erbe des Nationalsozialismus hätte das kapitalistische Westdeutschland zu tragen, wo man nicht konsequent gegen Industrielle und Großgrundbesitzer vorgegangen sei. In der SBZ/DDR wiederum kam jeder, der sich dem „Antifaschismus" widersetzte, sofort in den Verdacht, ein Faschist zu sein.

Der **Antimilitarismus**, der in M 1 betont wird, hatte in der DDR ein kurzes Verfallsdatum: 1950 wurde zwar ein „Gesetz zum Schutz des

Friedens" erlassen, das aber vor allem der Verfolgung Andersdenkender diente. 1952 wurde zur vormilitärischen Ausbildung der Jugend die „Gesellschaft für Sport und Technik" gegründet und mit der „**Kasernierten Volkspolizei**" die erste paramilitärische Einheit aufgestellt. Nach dem Aufstand vom 17. Juni 1953 wurde die Errichtung der „**Nationalen Volksarmee**" konsequent vorangetrieben.

– Zukunftsoptimismus

Die **Zukunftsorientierung** des Sozialismus, die dem **Optimismus** von M 1 entspricht, ist in der marxistischen Geschichtsphilosophie angelegt: Demnach bewegt sich die von Klassenkämpfen angetriebene Geschichte unweigerlich auf den Kommunismus zu. Dabei sei der **Sozialismus** dem **Kapitalismus** bereits einen Schritt voraus und müsse nur noch die Reste des alten Systems überwinden, um die **klassenlose, kommunistische Gesellschaft** zu verwirklichen. In der Nationalhymne der DDR heißt es dementsprechend: „Auferstanden aus Ruinen und **der Zukunft zugewandt**, / Lass uns dir zum Guten dienen, Deutschland, einig Vaterland."

Fazit

Der **Appell** in M 1 ist **eindeutig:** Nur wer sich von Militarismus und Nationalsozialismus abwendet, die zu Zerstörung und Tod geführt haben, kann der **Zukunft optimistisch entgegensehen**. Die Voraussetzungen hierfür will die SBZ bzw. DDR erfüllen.

2

TIPP *Anforderungsbereich: II, Verrechnungspunkte: 14*

Der Operator „darstellen" verlangt, Zusammenhänge strukturiert zu beschreiben. In dieser Aufgabe, in der Sie sich dem Selbstbild der DDR widmen müssen, ist eine begriffliche Klärung des dortigen Verständnisses von „Demokratie" unerlässlich, da dieses deutlich vom westlichen Demokratiegedanken abweicht.

Selbstverständnis der DDR

Der Staatsname „**Deutsche Demokratische Republik**", der Begriff der sozialistischen „**Volksdemokratie**", das Selbstverständnis als „**Arbeiter- und Bauernstaat**" und Symbole wie das **DDR-Wappen** mit Ährenkranz, Hammer und Zirkel betonten den Anspruch, die gesamte Bevölkerung zu repräsentieren. Im Demokratieverständnis des **Marxismus-Leninismus** sollte eine **Staatspartei** den Volkswillen umsetzen. In der DDR war dies die **SED** (Sozialistische Einheitspartei Deutschlands), deren Führungsanspruch 1968 auch in der Verfassung festgehalten wurde. Zusätzlich legitimiert wurde das demokratische Selbstverständnis der DDR durch ihren **antifaschistischen Gründungsmythos** und den Widerstand, den Kommunisten (v. a. die spätere DDR-Führung) gegen NS-Diktatur und Faschismus geleistet hatten.

In der DDR erhob man von Anfang an den Anspruch, nicht nur das **politische**, sondern auch das **wirtschaftliche** Leben unter gesellschaftliche und damit **demokratische Kontrolle** gestellt zu haben. Unter sowjetischer Besatzung waren Industrie und Gewerbe bereits entschädigungslos enteignet und weitgehend in den Besitz der Sowjetunion (SAG) bzw. des „Volks“ (VEB) überstellt worden. In der DDR wurde dann ab 1952 der „**planmäßige Aufbau des Sozialismus**“ durchgeführt. Die Landwirtschaft wurde unter starkem Druck in großem Umfang kollektiviert (LPGs).

Auswirkungen
Wirtschaft

Neben der Wirtschaft wurden Politik und Gesellschaft wesentlich von der **marxistisch-leninistischen Staatspartei SED** bestimmt, die 1946 aus der Zwangsvereinigung von KPD und SPD hervorgegangen war. Die sowjetische Besatzungsmacht hatte dabei entscheidende Schützenhilfe geleistet, indem sie Druck auf Sozialdemokraten ausgeübt und abweichende Meinungen bestraft hatte. Nach Lenin war die jeweilige Staatspartei die „**Avantgarde des Proletariats**“, die zur Durchführung der historisch nötigen sozialistischen Revolution und unabhängig von „zufälligen“ Mehrheiten bei Wahlen zur Macht berechtigt war. Ab 1948 wurde die SED im Sinne des **Marxismus-Leninismus** in eine „**Partei neuen Typus**“ und stalinistische Kaderpartei umgewandelt, in der das Prinzip des „**demokratischen Zentralismus**“ galt; Abweichungen wurden nicht toleriert.

Politik
– Rolle der SED als Staatspartei

Oberstes Parteigremium war der **Parteitag**, der über Programm und Personal bestimmte; allerdings lag die tatsächliche Macht beim **Zentralkomitee** (ZK), vor allem beim kleinen Zirkel des **Politbüros**, der das eigentliche Macht- und Entscheidungszentrum bildete. Die staatlichen Organe und Institutionen waren demgegenüber untergeordnet, Exekutive (Ministerrat), Legislative (Volkskammer) und Judikative (Oberstes Gericht) Befehlsempfänger des Politbüros.

Das besondere Demokratieverständnis der DDR zeigte sich vor allem auch in **Wahlen und Abstimmungen:** Letztlich gelang es der SED nie, eine im westlichen Sinne freie Wahl zu gewinnen. Die Exilkommunisten der „Gruppe Ulbricht“ wussten bereits früh, dass sie in der Bevölkerung nicht genügend Rückhalt besaßen. Aus ideologischen, aber auch aus solch machtpolitischen Gründen ging es in der DDR von Anfang an nicht um eine pluralistische Konkurrenz um die politische Macht. Stattdessen betrieb man „**Blockpolitik**“: Alle „**antifaschistischen Parteien**“ (neben der SED auch CDU, LDPD, NDPD und DBD) kandidierten gemeinsam auf einer Liste der „**Nationalen Front**“. Zu diesen Parteien, die alle den Führungsanspruch der SED anerkennen mussten, kamen gesellschaftliche **Massenorganisationen** wie FDGB und FDJ. Die Zusammensetzung der Liste, die nur angenommen bzw. abgelehnt werden konnte, entsprach bereits der

– Wahlen in der DDR

Sitzverteilung in der **Volkskammer**, sodass die SED dort zusammen mit den SED-Mitgliedern aus den Massenorganisationen dominierte. Wahlen und Abstimmungen waren letztlich reine Zustimmungsveranstaltungen, deren Ergebnisse von vornherein feststanden. Auf diese Weise sollten das **Gemeinwohl** und die „wirklichen“ Interessen des Volks, die gemäß der herrschenden Ideologie von der SED vertreten wurden („Die Partei hat immer recht.“), **bekräftigt** werden.

Gesellschaft: Massenorganisationen, „Stasi“, Medien

Auch im gesellschaftlichen Leben spielte die Staatspartei die Hauptrolle: Die Bevölkerung wurde durch verschiedene **Massenorganisationen** und staatliche Einrichtungen in **Dauermobilisierung** gehalten (z. B. in Schule, Armee, Betrieb). Dabei bediente sich die SED der „**Staatssicherheit**“ („Stasi“) als „Schild und Schwert der Partei“ und ihres immer ausgedehnteren Kontroll- und Spitzelapparats. Besonders nach dem 17. Juni 1953, mehreren Aufständen im Ostblock (Ungarn 1956, Prag 1968) und dem Abschluss von Verträgen mit der Bundesrepublik (im Rahmen der westdeutschen Neuen Ostpolitik), die zu vermehrten Westkontakten führten, wurde die Zahl hauptamtlicher und inoffizieller Mitarbeiter stetig erhöht. Darüber hinaus wurden auch die **Medien** strikt kontrolliert und waren der Meinungsherrschaft der SED und des Parteiorgans „Neues Deutschland“ untergeordnet; es gab **keine Meinungs- und Pressefreiheit**.

Das Bewusstsein der ständigen Überwachung prägte das Verhalten der Menschen entscheidend. Die meisten DDR-Bürger beteiligten sich **pflichtgemäß** dort, wo es von ihnen erwartet wurde, zogen sich aber ansonsten oft **ins Private** zurück („Nischengesellschaft“). Wer nach Veränderung strebte und sich z. B. für Reisefreiheit, Umweltfragen oder die Friedensbewegung einsetzte, konnte dies am ehesten im **Schutz der Kirche** tun, ging dabei aber ein **hohes Risiko** ein. Dies galt auch für eine von der FDJ unabhängige Jugendbewegung sowie für Künstler und Intellektuelle, die sich nicht an offizielle Vorgaben (z. B. „Sozialistischer Realismus“ in der Kunst) halten wollten.

Fazit

Zusammenfassend kann man sagen, dass das spezielle Demokratieverständnis der DDR sich **lähmend** auf Politik und Gesellschaft auswirkte, weil es die Grundlage einer Demokratie im westlichen Sinn, den **freien Austausch und die Konkurrenz von Meinungen**, unterband. Damit blockierte es Innovationen und leistete der **politischen, wirtschaftlichen und gesellschaftlichen Erstarrung** Vorschub, an der der Ostblock insgesamt letztlich scheiterte.

3 **TIPP** *Anforderungsbereich: II, Verrechnungspunkte: 16*

Die Operatoren lauten hier „analysieren" und „vergleichen". Nennen Sie zuerst die wichtigsten Informationen zu M 2 (Autor, Ort, Datum usw.) und untersuchen Sie Sternbergers Artikel dann strukturiert: Dabei empfiehlt es sich, vom Thema über die Kernaussagen zum historischen Kontext überzugehen. Der Vergleich mit M 3 beginnt mit den Gemeinsamkeiten und arbeitet dann die Unterschiede heraus. Betrachten Sie nach den inhaltlichen Aspekten auch die sprachliche Gestaltung beider Quellen. Am Ende sollte ein pointiertes Fazit stehen, das die unterschiedlichen Perspektiven auf die damalige Bundesrepublik verdeutlicht.

Analyse von M 2

Vorstellung der Quelle

Der Text **M 2** ist ein Auszug aus einem **Zeitungsartikel** des Politikwissenschaftlers **Dolf Sternberger**, den die Frankfurter Allgemeine Zeitung am 6. Mai **1968** veröffentlicht hat. Dieser **Kommentar**, der zur Meinungsbildung anregen soll, spricht die **westdeutsche Öffentlichkeit** auf dem Höhepunkt der Studentenbewegung an und vertritt eine klare Position, die schon im Titel zum Ausdruck kommt: „**Widerstand ohne Tyrannen**".

Kernaussagen

Sternberger entwickelt seine Argumentation ausgehend von folgender Behauptung: „Die Bundesrepublik muss es büßen, dass Hitler zwölf Jahre lang über die Deutschen herrschen und **nicht von Deutschen gestürzt** werden konnte." (M 2, Z. 1 f.) Dabei skizziert er die **Akteure**, die das **NS-Regime** getragen hätten: Hitlers „verschworen[e] Gefolgschaft" (M 2, Z. 3) auf der einen, „Mitläufer" (M 2, Z. 4) auf der anderen Seite. Deren Verhaltensweisen fasst er mit „**Fanatismus, Terror und Anpassung**" (M 2, Z. 4 f.) zusammen. Die Feststellung, dass der **deutsche Widerstand** gegen Hitler zu schwach und letztlich erfolglos gewesen sei, führt zur Erweiterung der These: „Die Söhne rächen sich für die Schwäche der Väter." (M 2, Z. 8)

Die **junge Generation** scheine, so Sternberger, nun der Auffassung zu sein, dass man den damals verpassten „Widerstand nachzuholen" (M 2, Z. 18), ja **grundsätzlich** gegen jede Art von Herrschaft Widerstand zu leisten habe. Diese Einstellung müsse jetzt die **Bundesrepublik** „büßen" (M 2, Z. 1), obwohl sie „in liberalem Geist" (M 2, Z. 9) und „als Gegenbild der Tyrannei" (M 2, Z. 15) von Politikern, die dem NS-Regime ferngeblieben und von diesem verfolgt worden seien, ins Leben gerufen worden sei (vgl. M 2, Z. 6–18). Durch die Wiederholung des Verbs „ereifern" (M 2, Z. 14) erweckt der Autor den Eindruck, dass das Verhalten der „nachgeborene[n] Generation" (M 2, Z. 6) überzogen sei. Seine **Kritik** an dieser Lage fasst er rhetorisch überspitzt zusammen: „Damals gab es einen Tyrannen und wenig Widerstand. Heute gibt es **viel Widerstand […] und keinen Tyrannen**." (Z. 19 f.)

Um seine eigene Ansicht zu unterstreichen, greift Sternberger noch auf Aussagen **Rudi Dutschkes**, des damaligen Wortführers der Studentenbewegung, zurück. Dabei verkehrt der Autor die abwertende Charakterisierung der regierenden Bundespolitiker als „**auswechselbare Charaktermasken**" ins Positive: Gerade die „Austauschbarkeit" der Regierung sei ein **wesentliches Unterscheidungsmerkmal** zwischen Tyrannei und Verfassungsstaat (vgl. M 2, Z. 21–26).

historischer Kontext

– Große Koalition und APO

Im historischen Kontext traf der Text auf eine stark polarisierte Öffentlichkeit. Damals regierte seit 1966 eine „**Große Koalition**" aus CDU/CSU und SPD; die kleine FDP-Fraktion sah sich im Bundestag einer erdrückenden Übermacht gegenüber, die sogar über eine Zweidrittel-Mehrheit und somit die Möglichkeit, die Verfassung zu ändern, verfügte. Als diese Mehrheit zur Verabschiedung der **Notstandsgesetze** genutzt werden sollte, sahen viele die Demokratie in Gefahr. Wegen der Schwäche der „innerparlamentarischen" nannte sich die vor allem von Studenten getragene Opposition „**außerparlamentarische Opposition**" (APO).

– Kritik an der NS-Vergangenheit der „Väter"

Auf Widerstand stießen zudem die frühere NSDAP-Mitgliedschaft von Bundeskanzler **Kurt Georg Kiesinger** (CDU) und mehreren Regierungsmitgliedern. Insgesamt kritisierte gerade die junge Generation die fehlende **Aufarbeitung der NS-Vergangenheit** und stellte Fragen zur Haltung der Elterngeneration im „Dritten Reich".

– Höhepunkt der Studentenproteste 1967/68

Die Studentenbewegung radikalisierte sich im Rahmen der Proteste gegen den **Vietnamkrieg** und prangerte den Umgang der Bundesrepublik mit Diktatoren wie dem Schah von Persien an. Als dieser am 2. Juni 1967 Westberlin besuchte, wurde auf einer Demonstration der Student **Benno Ohnesorg** von einem Polizisten erschossen, was die Konfrontation weiter anheizte. Zeitungen des Springer-Konzerns („Bild", „Welt") nutzten ihre Medienmacht, um die Studenten als Randalierer abzuwerten; diese eröffneten wiederum eine „Enteignet-Springer-Kampagne", die an Ostern 1968 zu blutigen Krawallen vor allem in Westberlin führten. Mitte April 1968, kurz vor Erscheinen von M 2, hatte Studentenführer **Dutschke** knapp ein Attentat überlebt, für das die Studenten der Springer-Presse die Hauptschuld gaben.

Intention und mögliche Wirkung

Vor diesem Hintergrund musste Sternbergers Text auf viele politisch linke Kräfte wie eine **Provokation** gewirkt haben, da er die Politiker pauschal für ihre Vergangenheit zu entschuldigen scheint und den Widerstand der Studenten als eine Art psychologische Ersatzhandlung der spätgeborenen „Söhne" beschreibt, die sich moralisch über die „Väter" erhoben hätten. Dagegen sahen sich Angehörige der älteren Generation, die den NS-Terror erlebt hatten, durch Sternbergers

Kritik an der Studentenbewegung womöglich **bestätigt** und empfanden den „Widerstand ohne Tyrannen" ebenfalls als selbstgerechte Ersatzhandlung der „Wohlstandskinder".

Vorstellung von M 3

Bei **M 3** handelt es sich um ein **Flugblatt** aus der „heißen" Phase der Studentenbewegung **1967/68**, aber ohne Angabe von Ort oder Verfasser, sodass nicht mit Bestimmtheit gesagt werden kann, ob es sich um ein studentisches Werk handelt. Klar ist jedoch die Zielrichtung: „UNGEHORSAM **gegen die Nazi-Generation**" (Z. 2 f.). Die vermutlich gerade im Vergleich zu M 2 geringe Auflage des Flugblatts dürfte die Zahl der **Adressaten** begrenzt haben; die Verwendung der „Wir"-Form und der Verzicht auf weitere Erläuterungen der Sachverhalte lassen darauf schließen, dass vor allem **Gleichgesinnte**, also **Anhänger der APO**, angesprochen werden sollten.

Vergleich M 2 – M 3
Gemeinsamkeiten

Das **Flugblatt** stammt aus der gleichen Zeit wie Sternbergers **Kommentar**. In beiden Fällen ist die Rede von einem **Generationenkonflikt**, nur dass in M 2 „Söhne" und „Väter", in M 3 dagegen „wir" und die „Nazi-Generation" gegenübergestellt werden. Gemeinsam ist den Texten auch, dass der Widerstand der jungen Generation allgemein als eine Form des **nachholenden Widerstands** Jahrzehnte nach dem Ende des NS-Regimes angesehen wird.

Unterschiede

Hier beginnen aber auch die **Unterschiede**. Während Sternberger einen „Widerstand ohne Tyrannen" als **sinnlose Ersatzhandlung** kritisiert, sehen sich die Autoren des Flugblatts als **Korrektive** gegen die in ihren Augen völlig **unzureichende Entnazifizierung:** „Holen wir nach, was 1945 versäumt wurde: Treiben wir die Nazi-Pest zur Stadt hinaus." (M 3, Z. 10 f.; vgl. Z. 11)

Grundsätzlich nehmen Sternberger und die Flugblatt-Verfasser die **Bundesrepublik** vollkommen unterschiedlich wahr: Während Ersterer einen **liberalen Verfassungsstaat** sieht, dessen Vertreter etwas Neues geschaffen haben und moralisch weitgehend integer geblieben sind, ist in M 3 davon nichts zu erkennen: An zentraler Stelle und fett gedruckt werden Angehörige der drei Staatsgewalten **Justiz** (Richter, Staatsanwälte), **Legislative** und **Exekutive** (Beamte, Polizisten) aufgezählt und durch das entsprechende Präfix als „Nazis" identifiziert, genau wie Vertreter aus Wissenschaft, Medien, Kirche und Wirtschaft (vgl. M 3, Z. 4 f., 14–17). M 3 spricht also eine **Kontinuität** in der deutschen Geschichte an, die durch die Besatzungszeit, die damalige Entnazifizierung und die Gründung der Bundesrepublik **nicht unterbrochen** wurde.

Während der Verfasser von M 2 die Bundesrepublik gegen die Studentenbewegung **in Schutz nimmt**, ruft M 3 zur **totalen Verweigerung** auf: „Befolgen wir keine ihrer Anweisungen." (M 3, Z. 18) Da der Staat wegen seiner kompletten „**Durchseuchung**“ **mit** „**Nazis**“ völlig **delegitimiert** sei, brauche man seinen Befehlen auch keine Folge zu leisten; **Widerstand** sei daher in jedem Fall **gerechtfertigt**.

Beide Texte zeichnen sich durch **sprachliche Zuspitzung** aus, wobei M 2 eine viel elaboriertere Sprache verwendet. Dagegen bedient sich M 3 häufig umgangssprachlicher, drastischer und sogar vulgärer Formulierungen, die die **Abwertung der** „**Nazi-Generation**“ (M 3, Z. 3) verstärken sollen, wie „nazistische Rassenhetzer“ (M 3, Z. 6 f.), „Slawen-Killer“ (M 3, Z. 7), „Nazi-Pest“ (M 3, Z. 10), „Nazi-Scheiße“ (M 3, Z. 8) und „fett[e] Gehälter“ (M 3, Z. 12). Dieses Vorgehen mag als Appell an die eigene Gruppierung wirksam gewesen sein, sich zur Überzeugung politischer Gegner aber noch weniger eignen als Sternbergers deutlich hervortretende Kritik.

formale und sprachliche Gestaltung

Insgesamt zeugen die beiden Materialien von der **Unvereinbarkeit** der damaligen Positionen: Es erscheint ein grundverschiedenes Bild der Bundesrepublik zur Zeit der Großen Koalition und davon ausgehend eine völlig **unterschiedliche Bewertung der Studentenbewegung**. Dabei ist der Protest im Flugblatt pauschal, hart und herabsetzend, während Sternbergers Kritik schneidend scharf formuliert ist.

Fazit

4 **TIPP** *Anforderungsbereich: III, Verrechnungspunkte: 18*

Der Operator „überprüfen“ verlangt von Ihnen, dass Sie die vorgegebene These kritisch und differenziert betrachten, strukturiert vorgehen und nachvollziehbar argumentieren. Angebracht ist auch eine begriffliche Klärung dessen, was Sie unter „gesellschaftlichen Herausforderungen“ verstehen, sowie der Frage, unter welchen Umständen man eine Herausforderung für „bewältigt“ halten könnte. Die Fokussierung auf die 1970er- und 1980-Jahre enthält eine zeitliche Eingrenzung, während der Plural „Herausforderungen“ danach verlangt, mindestens zwei Aspekte zu behandeln.

Einleitung

Klärung: „gesellschaftliche Herausforderungen“

„**Gesellschaftliche Herausforderungen**“ sind Probleme, die eine **ganze Gesellschaft** oder weite Teile davon betreffen, und/oder Aufgaben, mit denen eine Gesellschaft konfrontiert ist, ohne dass diese in der Regel bei der Staatsgründung schon erkennbar gewesen wären. So konnte das **Grundgesetz** 1949 zwar noch nicht den genauen Umgang z. B. mit dem Terrorismus der 1970er-Jahre vorwegnehmen, bot aber eine gewisse **Orientierung** (z. B. Vorrang der Menschenwürde, persönliche Freiheit, Schutz des Lebens, Bedingungen für Grundgesetzänderungen).

Klärung: „Bewältigung“

Diese Regeln und ihre Anwendung in bestimmten Situationen durch Politik, Rechtsprechung sowie engagierte Bürgerinnen und Bürger stellen also die **Rahmenbedingungen für die „Bewältigung**" einer „Herausforderung" dar. Dabei bedeutet „Bewältigung" selten, eine dauerhafte Lösung zu finden; so tauchen z. B. Fragen der inneren Sicherheit, Energieversorgung oder Friedenserhaltung bis heute in immer wieder neuen Formen auf. Man könnte sagen, dass die „Herausforderung" einer Gesellschaft mit dem drohenden Verlust von Stabilität und Zustimmung in der Bevölkerung sowie großer Unsicherheit einhergeht, während die „Bewältigung" einer solchen „Herausforderung" das System wieder **stabilisiert**.

Überprüfung: Bewältigung gesellschaftlicher Herausforderungen?

Überblick: zahlreiche „Herausforderungen"

Betrachtet man die **„gesellschaftlichen Herausforderungen" der 1970er- und 1980er-Jahre in der Bundesrepublik**, so ist die Auswahl beträchtlich: Dazu gehörte u. a. die Ausweitung politischer, wirtschaftlicher und gesellschaftlicher **Partizipationsmöglichkeiten** für Frauen, Jugendliche und Arbeitnehmer durch Anpassungen des Familien-, Wahl- und Mitbestimmungsrechts. Hier stellte der Anspruch „Mehr Demokratie wagen" der sozialliberalen Regierung unter Willy Brandt ein großes Versprechen dar. Auch waren die **Bildungspolitik** und die Schaffung von Bildungsgerechtigkeit eine „Dauerbaustelle" der „alten" Bundesrepublik, was z. B. die gesellschaftliche Herkunft von Abiturienten und Hochschulabsolventen oder die Vergleichbarkeit von Abschlüssen im föderalistischen Bildungssystem umfasste. Bereits seit den 1950er-Jahren war man mit dem Thema **„Zuwanderung"** konfrontiert, über das auch Ende der 1980er-Jahre kein politisch-gesellschaftlicher Konsens bestand.

Beispiel 1: Terrorismus von links und rechts

Einzelne Beispiele sollen nun mit Blick auf eine **mögliche erfolgreiche Bewältigung** näher erörtert werden. So musste sich die Bundesrepublik in den 1970er- und 1980er-Jahren immer wieder mit dem **Terrorismus von links**, besonders mit den Anschlägen, Entführungen und Attentaten der **RAF**, auseinandersetzen, welcher schnell als „Herausforderung" erkannt wurde. Man ging dabei nicht nur gegen führende Mitglieder der „Baader-Meinhof-Gruppe" vor, sondern nahm auch die Szene der **„Sympathisanten"** ins Visier. Zudem versuchte man, verfassungsfeindliche „Extremisten" aus dem Staatsdienst fernzuhalten („Radikalenerlass" 1972). Da die Polizei beim Anschlag auf die Olympischen Spiele in München 1972 durch arabische Terroristen völlig überfordert war, wurde eine Spezialeinheit des Bunds (**GSG 9**) gegründet, die 1977 eine im Zusammenhang mit dem **„Deutschen Herbst"** stehende Flugzeugentführung in Mogadischu beendete. Während man auf unterschiedliche Weise auf den Terror von links reagierte, zeigte sich am blutigen Attentat auf das Münchner Oktoberfest 1980, dass man sich mit der **terroristischen Bedrohung von rechts** nicht genügend beschäftigt hatte. Das Fazit im Bereich **„Innere Sicherheit"** fällt daher **nicht eindeutig** aus.

Beispiel 2: Aufarbeitung der NS-Vergangenheit

Eine dauerhafte „Herausforderung" der westdeutschen Gesellschaft stellte die „Bewältigung" der **nationalsozialistischen Vergangenheit** dar. Sie war auch in den 1970er- und 1980er-Jahren keinesfalls erreicht: Noch immer war die juristische Aufarbeitung der NS-Zeit nicht abgeschlossen; wissenschaftliche Erkenntnisse flossen nur allmählich ins Bildungssystem ein. Erst die amerikanische Fernsehserie „**Holocaust**" von 1979 führte dazu, dass sich eine breitere Masse der Gesellschaft mit diesem Thema auseinandersetzte. Für große Aufmerksamkeit sorgten zudem der Rücktritt des baden-württembergischen Ministerpräsidenten **Hans Filbinger** 1978 wegen seiner Tätigkeit als Marinerichter im „Dritten Reich" und der „**Historikerstreit**" 1986/87 um die Einmaligkeit des Holocaust. Auch wenn man kaum noch am Begriff „**Kollektivschuld**" festhielt, so musste doch jede Generation klären, wie sie mit der NS-Vergangenheit umging und inwieweit sie bereit war, dafür **Verantwortung** zu übernehmen. Hier ist die Rede von Bundespräsident **Richard von Weizsäcker** vom 8. Mai 1985 zu nennen, in der dieser zu einer kritischen, verantwortungsbewussten Auseinandersetzung mit der NS-Zeit aufrief. Auch wenn die **Aufarbeitung der NS-Vergangenheit** bis heute eine „gesellschaftliche Herausforderung" darstellt, wurden in den 1980er-Jahren durchaus **Fortschritte** gemacht.

Beispiel 3: Herausforderung der Wirtschafts- und Sozialpolitik

Die größte „Herausforderung" der **Wirtschafts- und Sozialpolitik** kam in Form der beiden **Ölkrisen** 1973 und 1979: Die bewusste Verknappung des Rohöl-Angebots und die Vervielfachung der Preise durch die OPEC stellten einen tiefen Einschnitt dar. Sonntagsfahrverbote und steigende Energiekosten führten den Westdeutschen konkret vor Augen, dass es wirtschaftliche Probleme gab, die man mit den Mitteln des **Stabilitätsgesetzes** von 1967 nicht mehr lösen konnte: Die Ziele des „**Magischen Vierecks**" (Wirtschaftswachstum, Preisstabilität, hoher Beschäftigungsgrad, außenwirtschaftliches Gleichgewicht) wurden verfehlt, die **Staatsverschuldung** stieg durch die Aufnahme von Krediten rasant an und wurde zur Erblast der öffentlichen Haushalte. Nachdem das „Wirtschaftswunder" der 1950er-Jahre die Massenarbeitslosigkeit der Nachkriegszeit beseitigt hatte, nahm die **Arbeitslosigkeit** wieder stark zu.

Die Bundesregierungen versuchten, die wirtschaftliche Entwicklung durch unterschiedliche Maßnahmen zu fördern und soziale Folgen zu mildern. Da eine **expansive Sozialpolitik**, wie sie die Regierung Brandt vor der Wirtschaftskrise eingeleitet hatte, den Haushalt jedoch stark belastete, machten sich die Regierungen Schmidt (SPD) und Kohl (CDU) daran, das Wachstum des Sozialstaats zu reduzieren. In den 1980er-Jahren konnte sich das Wirtschaftswachstum wieder steigern, die Arbeitslosenzahl ging zurück. Darüber hinaus wurden Konsequenzen aus der starken **internationalen Verflechtung** der Wirtschaft gezogen: So vereinbarten die sieben wichtigsten Industrienationen (**G7**) 1975, sich regelmäßig zu beraten. Außerdem brachten Bundeskanzler Schmidt und der französische Staatspräsident Giscard d'Estaing 1979 das **Europäische Währungssystem** (EWS) auf den Weg, das – nach dem Zusammenbruch des Bretton-Woods-Systems – Währungsschwankungen zwischen den EWG-Ländern reduzieren sollte. Insgesamt versuchten die Bundesregierungen auf nationaler und internationaler Ebene – mal mehr, mal weniger erfolgreich – Lösungen für die Krise zu finden.

Beispiel 4: atomare Bedrohung, Kernenergie, Umwelt- und Friedensbewegung

Die Furcht vor einer atomaren Katastrophe, die Frage nach dem Umgang mit der Kernenergie und – in Reaktion darauf – die Entstehung der **Umwelt-, Anti-Atomkraft- und Friedensbewegung** waren prägende Konstanten der 1970er- und 1980er-Jahre. Bereits Anfang der 1950er-Jahre hatte es in der Bundesrepublik pazifistische Proteste gegeben, damals gegen die westdeutsche Wiederbewaffnung. Mit der Zunahme des ökologischen Problembewusstseins und der erneuten Verschärfung des Kalten Kriegs in den 1970er-Jahren gewannen die Angst vor einer atomaren Eskalation und die Debatten um die **friedliche Nutzung der Kernenergie** neue Relevanz. Dabei waren Umwelt-, Anti-Atomkraft- und Friedensbewegung ideell und personell oft eng miteinander verbunden.

Als die Bundesregierung verstärkt auf den **Ausbau der Kernenergie** setzte (u. a. Planung von Atomkraftwerken in Wyhl und Brokdorf 1974/76), entstand eine „alternative Bewegung" aus Umweltschützern, Friedensaktivisten und Feministinnen, die sich in **Bürgerinitiativen** organisierte und 1980 die Partei „**Die Grünen**" hervorbrachte. Der Atomunfall im amerikanischen Harrisburg 1979 und besonders die Katastrophe von Tschernobyl 1986 bestätigten Kritiker in ihren Zweifeln an der Sicherheit dieser Technologie und lösten **Massendemonstrationen** an Orten wie Brokdorf, Gorleben und Wackersdorf aus. Spätestens jetzt zeigte sich, dass die staatliche Atompolitik nur noch mit **starken Polizeiaufgeboten gegen den Willen** großer Teile der Bevölkerung durchgesetzt werden konnte.

Eine ähnliche Wirkung hatten die Umsetzung des **NATO-Doppelbeschlusses** und die Stationierung von Mittelstreckenraketen in der Bundesrepublik 1983. **Menschenketten und Massendemonstrationen** der Friedensbewegung wandten sich gegen die neue Eiszeit zwischen Ost und West. Zahlreiche Prominente und Intellektuelle beteiligten sich z. B. an **Sitzblockaden** in Mutlangen und wurden dafür wegen „**Nötigung**" rechtlich belangt.

Die Partei „Die Grünen", die schließlich zu einem dauerhaften Faktor in der bundesrepublikanischen Politik werden sollte, kann man als Produkt der Umwelt- und Friedensbewegung und letztlich erfolgreiche Antwort auf bestimmte gesellschaftliche Herausforderungen sehen. Durch sie wurde eine Repräsentationslücke geschlossen; außerparlamentarische Bewegungen fanden ihren Platz innerhalb des Parteiensystems. 1983 zog sie als **vierte Partei** in den **Bundestag** ein, eröffnete neue Koalitionsmöglichkeiten und zwang die etablierten Parteien, sich auf Dauer auch „grünen" Themen zuzuwenden.

Fazit

Die dargestellten Beispiele zeigen, dass die **Frage**, ob die Bundesrepublik „gesellschaftliche Herausforderungen" in den 1970er- und 1980er-Jahren „erfolgreich bewältigt" hat, **nicht einheitlich beantwortet** werden kann und im Hinblick auf die jeweilige Problematik betrachtet werden muss. Wie eingangs angesprochen, wird aber klar, dass manche „Herausforderungen" nicht auf Dauer gelöst wurden, sondern über einen längeren Zeitraum aktuell blieben und teilweise auch heute noch aktuell sind.

Baden-Württemberg Geschichte
Schriftliche Abiturprüfung 2021 ▪ Aufgabe II A

DEUTSCHLAND NACH 1945 IM INTERNATIONALEN UND EUROPÄISCHEN KONTEXT *

Besatzungszeit und Teilung Deutschlands im Rahmen des Ost-West-Konflikts;
Die politische und gesellschaftliche Entwicklung in der Bundesrepublik Deutschland und in der DDR (Schwerpunktthemen) *

Aufgabenstellung

1 Stellen Sie die US-amerikanische Deutschlandpolitik zwischen Kriegsende und 1949 dar.

2 Analysieren Sie M 1.

3 *Die Außerparlamentarische Opposition hat die Bundesrepublik Deutschland nachhaltig verändert.* Überprüfen Sie diese These.

4 Analysieren Sie M 2 und vergleichen Sie M 2 mit M 3.

*** Hinweise zu Bildungsplan und Schwerpunktthemen**

Bitte beachten Sie, dass sich die Aufgabenstellung auf die Schwerpunktthemen der Abiturprüfung 2021 und die Inhalte des damals gültigen Bildungsplans von 2004 bezieht. Wegen inhaltlicher Überschneidungen der Teilaufgaben 2–4 mit den Schwerpunktthemen der Abiturprüfung 2023 und den Inhalten des nun gültigen Bildungsplans von 2016 stellen wir Ihnen diese Orginal-Abituraufgabe jedoch als zusätzliche Übungsmöglichkeit zur Verfügung.

M1 Ausgewählte Wirtschaftsdaten für die Bundesrepublik Deutschland 1950–1960

	Einheit	1950	1952	1954	1956	1958	1960
Bruttolöhne und -gehälter[1]	**Index: 1950 = 100**	**100**	**125**	**140**	**163**	**182**	**209**
Bruttoinlandsprodukt[2]	**Index: 1950 = 100**	**100**	**114**	**126**	**141**	**149**	**167**
Zahl der abhängig Beschäftigten[3]	**in 1 000**	**13 827**	**14 995**	**16 286**	**18 056**	**18 840**	**19 843**
Arbeitslose	**in 1 000**	**1 580**	**1 379**	**1 221**	**761**	**683**	**235**
Arbeitslosenquote	%	10,3	8,4	7,0	4,0	3,5	1,2
Preisindex für die Lebenshaltung	**Index: 1950 = 100**	**100**	**110**	**108**	**113**	**118**	**121**

Ludwig Erhard: Deutsche Wirtschaftspolitik. Der Weg der Sozialen Marktwirtschaft. Düsseldorf: Econon 1992 (Neuauflage), S. 622 f.

Anmerkung

1 Bruttolohn bzw. Bruttogehalt: Gesamtbetrag, den Beschäftigte von Arbeitgebern erhalten. Von diesem müssen noch Steuern und Sozialleistungen abgeführt werden. Arbeiterinnen und Arbeiter erhalten in der Regel „Lohn“, Angestellte in der Regel ein „Gehalt“.
2 Bruttoinlandsprodukt: Gesamtwert aller Güter, d. h. aller Waren und Dienstleistungen, die in einem Jahr innerhalb der Grenzen einer Volkswirtschaft produziert bzw. erbracht werden. Es gilt als Gradmesser für die Leistungsfähigkeit einer Volkswirtschaft.
3 abhängig Beschäftigte: Angestellte, Arbeiterinnen und Arbeiter, Beamtinnen und Beamte.

M2 Rede von Erich Honecker, Generalsekretär des Zentralkomitees der SED, auf der Festveranstaltung anlässlich des 30. Jahrestages der DDR, Ost-Berlin, 7. 10. 1979

Liebe Freunde und Genossen!

Drei Jahrzehnte Deutsche Demokratische Republik erhärten überzeugend die Tatsache, dass die Gründung unseres Staates ein Wendepunkt in der Geschichte unseres Volkes und Europas war. […] Erstmals entstand ein deutscher Staat, in dem nicht mehr kapitalistische Ausbeuter regieren, sondern die Arbeiter und Bauern. Imperialismus, Militarismus und Revanchismus wurden bei uns mit Stumpf und Stiel beseitigt, die Klassenprivilegien aus der Zeit der kapitalistischen Herrschaft überwunden. Hier ist das Volk der wahre Souverän. […] Wohlbegründet dürfen wir feststellen: In der deutschen Geschichte hat es niemals zuvor einen Staat gegeben, in dem das Volk so frei atmen, die Springquellen des gesellschaftlichen Reichtums für sich erschließen, alle materiellen und geistigen Werte zum eigenen Wohl nutzen und mehren kann wie in unserer Arbeiter-und-Bauern-Macht. In der Deutschen Demokratischen Republik sind die Menschenrechte, vor allem das Recht auf Arbeit, auf Bildung, Erholung und Gesunderhaltung, das Recht auf soziale Sicherheit nicht nur Verfassungsgrundsatz, sondern Realität. An jeden Bürger richtet sich die Aufforderung, mitzuarbeiten, mitzuplanen und mitzuregieren. Das ist reale Demokratie, sozialistische Demokratie. [...]

Gestützt auf das unzerstörbare Bündnis mit der Sowjetunion und den anderen Bruderländern, sind wir von Jahrzehnt zu Jahrzehnt unbeirrbar vorangeschritten. Die Deutsche Demokratische Republik ist ein politisch stabiler, wirtschaftlich gesunder, international anerkannter und geachteter Staat. [...]

Nicht nur in den materiellen Grundlagen des gesellschaftlichen Lebens hat sich in drei Jahrzehnten unter Führung der Arbeiterklasse ein tiefer Wandel vollzogen. Grundlegend hat sich das geistige Antlitz unseres Volkes verändert. Das Wichtigste, was die sozialistische Revolution hervorgebracht hat, ist der neue Mensch. Wenn heute sozialistischer Patriotismus und proletarischer Internationalismus, der Geist der Völkerfreundschaft und der antiimperialistischen Solidarität in unserem Land so weit verbreitet und so fest verwurzelt sind, dann ist dies eine unserer kostbarsten Errungenschaften. Die politisch-moralische Einheit des Volkes gehört zu den unverzichtbaren Voraussetzungen für die Stabilität unserer Republik und ihre gute Zukunft. [...]

Liebe Genossen und Freunde!

Jedes Jahr der Geschichte unserer Deutschen Demokratischen Republik war auch ein Jahr konsequenten Kampfes für das große Ziel, den Frieden zu sichern und einen aktiven Beitrag zu leisten, dass von deutschem Boden nie wieder ein Krieg ausgeht. Darin besteht eine entscheidende Lehre aus der Vergangenheit, die unser Staat, übereinstimmend mit seinem sozialistischen Charakter, stets auf seine Politik angewandt hat. Durch die Beseitigung des imperialistischen Herrschaftssystems und seines reaktionären, aggressiven Ungeistes wurde die Quelle des Krieges bei uns für immer zum Versiegen gebracht. [...] Wir wussten immer und wissen auch heute, dass der Frieden, die Lösung dieser Lebensfrage für die Menschheit, hartnäckig und zäh errungen sein will. Denn der Imperialismus bleibt seinem Wesen nach aggressiv und in vieler Hinsicht unberechenbar.

http://www.argus.bstu.bundesarchiv.de/dy30bho/mets/dy30bho_2318/index.htm?target=midosaFraContent&backlink=/dy30bho/index.htm-kid-31bb81fd-db29-4e03-8a13-3554361487b5&sign=2318 (letzter Zugriff: 19. 11. 2020)

M3 **„Firmenjubiläum“, Karikatur von Rudolf Schöpper aus der Tageszeitung „Westfälische Nachrichten“, Münster, 5. 10. 1979**

Universitäts- und Landesbibliothek Münster, N. Schöpper K 33,017

„Kreml“: Sitz der Sowjetregierung.

Figur links: Leonid Iljitsch Breschnew, Generalsekretär des Zentralkomitees der KPdSU (Kommunistische Partei der Sowjetunion) zwischen 1964 und 1982.

Figur rechts: Erich Honecker, Generalsekretär des Zentralkomitees der SED zwischen 1971 und 1989 und Staatsratsvorsitzender der DDR von 1976 bis 1989.

Lösungsvorschlag

1 **TIPP** *Anforderungsbereich: II, Verrechnungspunkte: 14*

Der Operator „darstellen" verlangt nach einem gut strukturierten Text, der die wichtigsten Aspekte des Themas übersichtlich veranschaulicht. Im vorliegenden Fall bietet sich eine chronologische Gliederung an, da Sie auf diese Weise Veränderungen und Einschnitte in der amerikanischen Position und Besatzungspolitik besonders gut herausstellen können. Es ist jedoch ebenso möglich, Ihre Ausführungen nach gesellschaftlichen Bereichen (z. B. Politik, Wirtschaft, Medien/Kultur) zu gliedern.

Entwicklung der amerikanischen Deutschlandpolitik

bedingungslose Kapitulation, „Deutschland als Ganzes"

Zusammenarbeit mit der Sowjetunion

Nach der **bedingungslosen Kapitulation** des Deutschen Reiches am 8. Mai 1945 war die Truman-Regierung zunächst daran interessiert, „**Deutschland als Ganzes**" zu behandeln. Von Plänen zur Umwandlung Deutschlands in einen reinen Agrarstaat („**Morgenthau-Plan**") oder zur Zerstückelung des besiegten Landes hatte man zu diesem Zeitpunkt bereits Abstand genommen. Das weitere Vorgehen sollte in Übereinstimmung mit der Sowjetunion geschehen, um die alliierte Zusammenarbeit im noch andauernden Kampf gegen Japan nicht zu gefährden. Darüber hinaus erforderte die Idee einer neuen Weltordnung gemäß der **Atlantik-Charta** und im Rahmen der **Vereinten Nationen** (im Juni 1945 gegründet) die weitere Kooperation der „unnatürlichen Allianz" des Zweiten Weltkriegs. Dennoch traten schon deutliche **Spannungen und Differenzen** zutage: So waren sich die USA mit Großbritannien einig, dass die Einflusssphäre der UdSSR hinter dem „Eisernen Vorhang" nicht noch mehr wachsen sollte.

Konferenz von Potsdam 1945

Im Juni 1945 übernahmen die Alliierten die Regierungsgewalt in Deutschland, im Juli/August 1945 einigten sich die „Großen Drei" (Truman, Stalin, Churchill/Attlee) auf der **Potsdamer Konferenz** auf ein gemeinsames Vorgehen: Deutschland wurde in **vier Besatzungszonen** eingeteilt und von einem Alliierten Kontrollrat regiert, dem die militärischen Oberbefehlshaber aller vier Siegermächte angehörten. Die bisherige deutsche Hauptstadt Berlin lag in der sowjetischen Besatzungszone und wurde in **vier Sektoren** organisiert; die drei Westsektoren bildeten quasi eine „Insel" im sowjetischen Herrschaftsbereich. Zudem einigte man sich mit der **Oder-Neiße-Linie** auf eine „vorläufige" deutsche Ostgrenze. Polen wurde nach Westen verschoben, das nördliche Ostpreußen um Königsberg der UdSSR übergeben. Die endgültige Grenzziehung blieb einem Friedensvertrag vorbehalten. Die deutsche Bevölkerung der früheren Ostgebiete sollte auf humane Weise gen Westen „überführt" werden; de facto handelte es sich aber um umfangreiche Vertreibungen.

Im Umgang mit Deutschland galten die **Grundsätze der „fünf D"**: Demilitarisierung, Denazifizierung, Demokratisierung, Dezentralisierung und Demontagen in Industrie und Infrastruktur. Man wollte den **Nationalsozialismus** mit der Wurzel **ausrotten** und Deutschland dauerhaft daran hindern, erneut zur militärischen Großmacht und Gefahr für seine Nachbarn zu werden. Da die „Anti-Hitler-Koalition" zu diesem Zeitpunkt bereits bröckelte, nahm man in Potsdam einige **Kompromisse** und Mehrdeutigkeiten in Kauf, um überhaupt zu einer Einigung zu gelangen. Das Ergebnis entsetzte z. B. den späteren Architekten der US-Eindämmungspolitik, George F. Kennan, weil er wusste, dass die Sowjetunion unter „Demokratie" etwas völlig anderes verstand als die Westmächte. Bald erwies sich das Vorhaben, Deutschland als Ganzes zu regieren, als **Illusion**, weil die Interessen der Siegermächte zunehmend divergierten und der Alliierte Kontrollrat nur einstimmig Beschlüsse fassen konnte. Deshalb kam es in den einzelnen Zonen zur unterschiedlichen Ausprägung der Besatzungspolitik, die letztlich in die **deutsche Teilung** mündete.

Besatzungspolitik in der amerikanischen Zone

– Entnazifizierung und Neubeginn des politischen Lebens

Die Amerikaner errichteten ihr Hauptquartier in Frankfurt am Main. Im Umgang mit der einheimischen Bevölkerung wurden US-Soldaten und -Verwaltungskräfte zunächst angehalten, sich gegenüber den Deutschen **distanziert** zu verhalten („**no fraternization**") und sich von deren Elend nicht beeindrucken zu lassen: Es handle sich fast durchweg um Nationalsozialisten, die die grausamsten Verbrechen der Menschheitsgeschichte zu verantworten hätten. Die **Entnazifizierung** versuchten die USA in ihrer Zone anhand eines detaillierten Fragebogens mit 131 Fragen durchzuführen. Zudem wollte man mithilfe „**weißer Listen**" und deutscher Exilanten, die im Dienst der US-Army zurückgekehrt waren, die Verwaltung in unbelastete Hände legen. Auch führte man „**Reeducation**"-Programme im Bildungs- und Kulturbereich durch, förderte demokratische Aktivitäten (Gründung von Parteien, erste Landtagswahlen 1946) und erlaubte die Arbeit von Presse und Rundfunk. Besonders konzentrierte man sich auf den **Prozess gegen die Hauptkriegsverbrecher** in Nürnberg, der „Stadt der Reichsparteitage", die in der US-Zone lag. Im Herbst 1946 wurden die Urteile gegen 24 Vertreter der NS-Führung sowie sechs NS-Organisationen gefällt. Insgesamt zeigte sich jedoch bald, dass eine umfassende, konsequente Entnazifizierung schwierig war: So hätten Hunderttausende belastete Deutsche ihrer Funktionen enthoben werden müssen; auch hatte man sich mit der Auswertung der Fragebögen übernommen, weshalb die Kriterien für deren Auswertung pragmatisch entschärft wurden.

– wirtschaftliche Förderung, Bizone

Im September 1946 bahnte sich eine **Wende in der amerikanischen Besatzungspolitik** an, als US-Außenminister James F. Byrnes in Stuttgart ankündigte, die zonalen Beschränkungen des deutschen

Wirtschaftsraums abbauen und dem deutschen Volk die Regierung zurückgeben zu wollen. Da sich die UdSSR und Frankreich derartigen Plänen verweigerten, wurde am 2. Dezember 1946 die **amerikanisch-britische Bizone** vereinbart. Deren Wirtschaftsrat bildete eine Art Parlament aus Ländervertretern und eine Art Regierung aus Verwaltungsdirektoren und nahm damit den inneren Aufbau der späteren Bundesrepublik vorweg. Im Frühjahr 1949 wurde die Bizone durch die französische Besatzungszone zur **Trizone** erweitert.

– Eindämmungspolitik und Marshallplan

Die definitive Spaltung des deutschen Wirtschaftsraums erfolgte vor dem Hintergrund der Differenzen zwischen der Sowjetunion und den USA, die sich ab **1947** als feindliche Mächte im **Kalten Krieg** verstanden. Aus amerikanischer Sicht galt es, den Vormarsch des Sowjetkommunismus zu stoppen, der sich bereits hinter dem „Eisernen Vorhang" vollzogen hatte und nun die Entwicklung auf dem Balkan und im griechischen Bürgerkrieg zu beeinflussen drohte. Präsident Harry S. Truman betrieb jetzt die von Kennan konzipierte **Eindämmungspolitik** („Containment"), nicht zuletzt mit den wirtschaftlich-finanziellen Hilfen des **Marshallplans:** Das „European Recovery Program" (ERP) stellte u. a Kredite zum wirtschaftlichen Wiederaufbau und zur Wiederbelebung des europäischen und transatlantischen Handels zur Verfügung. Das Angebot war an alle europäischen Staaten gerichtet, obwohl klar war, dass die UdSSR eine Beteiligung der Länder in ihrem Herrschaftsbereich verhindern würde. Das ERP hielt zwar nur zehn Prozent der Mittel für die Westzonen bzw. später für die 1949 gegründete Bundesrepublik bereit, wirkte aber in mehrfacher Hinsicht als wichtige Initialzündung: Es band die westdeutsche Wirtschaft in den europäischen Kontext ein, ermöglichte den Handel mit den USA und machte klar, dass Westdeutschland wieder als **Teil der Weltgemeinschaft** angesehen wurde, was in psychologischer Hinsicht äußerst bedeutsam war.

– Währungsreform, Berlin-Blockade und „Luftbrücke"

Mit der **Währungsreform** am 20. Juni 1948, die die USA praktisch im Alleingang vorbereitet hatten, und der Einführung einer stabilen Währung (Deutsche Mark) im Westen wurden im Hinblick auf den wirtschaftlichen Aufschwung und die deutsche Teilung wesentliche Fakten geschaffen. Als die Sowjetunion auf diesen Schritt reagierte und Westberlin von der Außenwelt abschnitt **(Berlin-Blockade)**, konterten die USA und Großbritannien dieses Vorgehen durch eine „**Luftbrücke**", die Westberlin mit allen lebensnotwendigen Gütern versorgte, mit Erfolg: Nach fast einem Jahr wurden die Transportwege zu Lande wieder geöffnet. Die **Präsenz der Westmächte** und die **Bindung Westberlins an die Westzonen** wurden bestätigt. Nun wurden die Amerikaner nicht mehr nur als Besatzer, sondern als **Verbündete** und mitunter sogar **Freunde** wahrgenommen.

Mit den **drei „Frankfurter Dokumenten"** erteilten die westlichen Militärgouverneure den Ministerpräsidenten der westdeutschen Länder schließlich im Juli 1948 den Auftrag, eine Staatsgründung in den Westzonen vorzubereiten. Daraufhin erarbeitete der Parlamentarische Rat das **Grundgesetz der Bundesrepublik Deutschland**, das am 23. Mai 1949 nach der Zustimmung der Westmächte verkündet wurde. Die künftigen Beziehungen zwischen Westdeutschland und den Westalliierten wurden im **Besatzungsstatut** festgehalten, das im September 1949 in Kraft trat.

– Auftrag und Zustimmung zur westdeutschen Staatsgründung

Zusammenfassend kann man die **US-Deutschlandpolitik** zwischen dem Kriegsende **1945** und der Gründung der Bundesrepublik **1949** in **drei Phasen** einteilen:

Zusammenfassung

- 1945/46 übten die vier alliierten Siegermächte gemeinsam die absolute **Kontrolle über Deutschland** aus und schalteten ihren früheren Kriegsgegner als Machtfaktor aus.
- 1946/47 ging man in der US-Zone schon differenzierter und pragmatischer mit NS-Tätern und der restlichen Bevölkerung um und baute **in der Bizone politisch-wirtschaftliche Strukturen** nach westlich-liberalem Vorbild auf.
- 1947–1949 verschärften sich die Differenzen mit der UdSSR. Im Rahmen der **Eindämmungspolitik** wurde der Westen Deutschlands zum Brückenkopf und künftigen Bündnispartner im **Kalten Krieg** aufgebaut.

2 **TIPP** *Anforderungsbereich: II, Verrechnungspunkte: 14*

„Analysieren" bedeutet, die Tabelle M 1 mit Wirtschaftsdaten der frühen Bundesrepublik systematisch zu untersuchen und auszuwerten. Beginnen Sie mit den formalen Aspekten und führen Sie dabei Besonderheiten der Quellenart „Statistik" auf (z. B. Zahlenformate, Zeitachse). Die inhaltliche Betrachtung führt dann zur Einordnung in den historischen Zusammenhang des „Wirtschaftswunders".

Die **Statistik** „Ausgewählte Wirtschaftsdaten für die Bundesrepublik Deutschland 1950–1960" stammt aus dem Werk „Deutsche Wirtschaftspolitik" von **Ludwig Erhard**, das 1992 neu aufgelegt wurde. Somit war es der **„Vater der Sozialen Marktwirtschaft"** selbst, der für die Auswahl der Daten verantwortlich zeichnete. Da er als Leiter des Wirtschaftsrats der Bizone sowie Wirtschaftsminister und Bundeskanzler der Bundesrepublik den politisch-wirtschaftlichen **Wiederaufbau Westdeutschlands** maßgeblich geprägt hat, hatte er **wesentlichen Einblick** in diese Thematik. Allerdings lassen

Vorstellung von M 1

sich daraus durchaus Fragen nach der **Objektivität** der Auswahlkriterien ableiten, zumal keine Angaben zur ursprünglichen Herkunft der Daten vorliegen. Es ist jedoch zu vermuten, dass die Zahlen ursprünglich aus einer amtlichen Statistik stammen.

Die Darstellung der Inhalte ist übersichtlich in absoluten Zahlen, Prozentzahlen bzw. Indexwerten gestaltet, wobei die Daten zu **fünf** wirtschaftlich relevanten **Kategorien** in **Zweijahresschritten** aufgeführt werden. Insbesondere die Indexwerte, die den Ausgangswert des Jahres 1950 jeweils mit 100 ansetzen, verdeutlichen sehr gut die **Dynamik der Wirtschaftsentwicklung** des Jahrzehnts bis 1960.

Inhalte von M 1

Bruttolöhne und -gehälter, BIP, Lebenshaltungskosten

Im Einzelnen ergeben sich folgende Aussagen: Die **Bruttolöhne und -gehälter** verdoppelten sich im dargestellten Zeitraum. Das **Bruttoinlandsprodukt** (BIP) als zentraler Wohlstandsindikator vergrößerte sich um rund zwei Drittel. Die **Lebenshaltungskosten** stiegen um etwa ein Fünftel. In diesen drei Fällen ist eine kontinuierliche Steigerung zu beobachten, mit einer Ausnahme bei den Lebenshaltungskosten, die 1952–1954 kurzzeitig leicht abnahmen. Bei der **Summe der abhängig Beschäftigten** zeigt sich ein deutlicher Anstieg um ca. 6 Millionen über den Betrachtungszeitraum hinweg. Die **Zahl der Arbeitslosen** ging dagegen um über eine Million stark zurück, wodurch sich die **Arbeitslosenquote** auf etwa ein Zehntel des Ausgangswerts reduziert.

Anzahl der Beschäftigten, Arbeitslosigkeit

Zwischenergebnis

Setzt man die Zahlenreihen zueinander in Beziehung, ergibt sich folgendes Bild: Die Wirtschaft der noch jungen Bundesrepublik zeichnete sich durch ein **hohes Wirtschaftswachstum** aus. Zwar stiegen die Lebenshaltungskosten bis 1960; da die Bruttolöhne aber stärker zunahmen, hatten die abhängig Beschäftigten mehr von ihrem Lohn bzw. Gehalt übrig, sodass sich der **allgemeine Wohlstand erhöhte**. Addiert man die absoluten Zahlen der abhängig Beschäftigten und der Arbeitslosen, so stellt man fest, dass sich das **Arbeitskräftepotenzial** 1950–1960 von 15,4 Millionen auf etwa 20 Millionen erweitert hat. 1960 wurde es fast völlig ausgeschöpft, da nur eine geringfügige Arbeitslosigkeit von 0,235 Millionen (1,2 %) und somit quasi **Vollbeschäftigung** bestand.

Einordnung in den historischen Kontext

Diese erstaunlichen Zahlen sind **Ausdruck des „Wirtschaftswunders" der frühen Bundesrepublik**, das durch mehrere Faktoren bedingt war. Nach der Kriegsniederlage 1945 wurden während der **Besatzungszeit** wesentliche Voraussetzungen für den wirtschaftlichen Wiederaufbau in den Westzonen geschaffen. Als historisch bedeutsam erwiesen sich der **Marshallplan** 1947, die **Währungsreform** 1948 und die Entscheidung für die **Soziale Marktwirtschaft** (Verbindung des freien Marktes mit sozialen Maßnahmen), was eine ungeheure wirtschaftliche Dynamik in Gang setzte. Trotz der Kriegsverluste und alliierten Demontagen waren noch genug Arbeitskräfte, Kapital und Nachfrage vorhanden. Auch konnten sich die Kräfte des Marktes nach dem Ende der staatlichen Bewirtschaftung frei entfalten. In der in M 1 betrachteten Zeitspanne wirkte der „**Korea-Boom**“ als zusätzlicher Beschleunigungsfaktor, da während des Koreakriegs (1950–1953) eine weltweit starke Nachfrage nach Eisen- und Stahlprodukten entstand. Produktionsbeschränkungen wurden aufgehoben, sodass westdeutsche Anbieter ihre Waren auf dem Weltmarkt verkaufen konnten. Die Wirtschaft der Bundesrepublik profitierte zudem davon, dass beschädigte oder demontierte Industrieanlagen durch neue, produktivere ersetzt wurden. In **demografischer Hinsicht** ist der massenhafte Zuzug von **Flüchtlingen und Vertriebenen** aus dem Osten (ehemalige Ostgebiete des Deutschen Reiches, SBZ/DDR) zu nennen. Die Neuankömmlinge waren oft gut ausgebildet und arbeitswillig, vergrößerten das Humankapital der Bundesrepublik und trugen zum „Wirtschaftswunder“ bei. Angesichts des **enormen Wirtschaftswachstums** ist darüber hinaus anzumerken, dass man in einem vom Krieg zerstörten Land auf niedrigem wirtschaftlichem Niveau begann: Die Wachstumsraten waren zuerst sehr hoch, da sich ein absoluter Zuwachs grundsätzlich prozentual stärker auswirkt, wenn die Ausgangswerte kleiner sind.

Fazit

An der Statistik M 1 zeigt sich, dass die „abhängig Beschäftigten“ **vom Wirtschaftsaufschwung** im ersten Jahrzehnt der Bundesrepublik **profitierten**, da sie mehr Einkommen zur Verfügung hatten und sich somit mehr leisten konnten. Erhards Parole vom „**Wohlstand für alle**“ war also keine leere Floskel. Kritisch anzumerken ist aber, dass die dargestellten Werte nichts über die Lage der übrigen Bevölkerung (u. a. Selbstständige, Freiberufler, Beamte, nicht berufstätige Frauen) aussagen und auch keine Rückschlüsse über die **Verteilungsgerechtigkeit des „Wirtschaftswunders“** erlauben.

3 **TIPP** *Anforderungsbereich: III, Verrechnungspunkte: 16*

„Überprüfen“ ist ein Operator des AFB III, der von Ihnen ein differenziertes eigenes Urteil zur Fragestellung verlangt. Klären Sie vorab die Schlüsselbegriffe „Außerparlamentarische Opposition“ und „nachhaltig“. Anschließend können Sie Ihre Argumente auf unterschiedliche Weise gliedern: So ist es möglich, die Themen der APO (u. a. Vergangenheitsbewältigung, Frieden, Bildung) einzeln auf Pro und Kontra zu überprüfen. Wie das folgende Beispiel zeigt, lässt sich aber auch in Blöcken zusammenfassen, ob/wo die APO auf Dauer erfolgreich gewesen oder gescheitert ist. Ihre Bewertung sollte in jedem Fall nachvollziehbar und klar aus Ihren Ausführungen hervorgehen.

Wenn von der „**Außerparlamentarischen Opposition**" (APO) der Bundesrepublik die Rede ist, geht es um eine Protestbewegung, die sich gegen Ende der 1960er-Jahre, v. a. zur Zeit der Großen Koalition (1966–1969) bildete, als im Deutschen Bundestag durch die überwältigende Mehrheit von CDU/CSU und SPD **keine nennenswerte parlamentarische Opposition** mehr vorhanden war. Sie wurde klar durch die **junge Generation der Schüler und Studenten** geprägt, die gegen die damalige Bundespolitik (v. a. Notstandsgesetze) protestierte und sich lautstark für die Entfernung ehemaliger Nationalsozialisten aus Führungspositionen, die Aufarbeitung der NS-Vergangenheit, Bildungsreformen, das Recht auf Abtreibung oder die Belange der „Dritten Welt" einsetzte. Diese Bewegung war nicht nur ein **bundesrepublikanisches Phänomen**, sondern Teil einer **weltumspannenden Protestkultur**, die ihren wesentlichen Kristallisationspunkt in der Ablehnung des Vietnamkriegs der USA hatte.

Einleitung

Begriff „Außerparlamentarische Opposition"

An und für sich sich waren außerparlamentarische Aktivitäten und Proteste in der Bundesrepublik nichts gänzlich Neues (z. B. Ostermarsch-Bewegung gegen Aufrüstung und Atomkraft, Aufruf der Göttinger Wissenschaftler gegen atomare Bewaffnung 1957). Von einer „Außerparlamentarischen Opposition" **mit größerer Massenwirkung** lässt sich aber erst ab 1967 sprechen, als es in Westberlin zu heftigen Demonstrationen gegen den Besuch des Schahs von Persien kam und der Student Benno Ohnesorg erschossen wurde. In der Folge eskalierten die Proteste und flammten in den 1970er-Jahren erneut auf. Das Ende der Bewegung im weiteren Sinne könnte man mit der Gründung der Partei „Die Grünen" 1980 und deren Einzug in den Bundestag 1983 ansetzen, was letztlich zur Parlamentarisierung speziell der Umwelt- und Friedensbewegung führte.

Auch der Begriff der „**Nachhaltigkeit**" verlangt nach einer Klärung. Hierzu könnte man sagen, dass durch die APO grundlegende und die Gesellschaft wesentlich prägende Veränderungen über einen längeren Zeitraum (z. B. eine Generation) bewirkt worden sein müssten, um als nachhaltig zu gelten.

Begriff „Nachhaltigkeit"

Als **Ansatzpunkte für die Überprüfung** der Fragestellung, ob die APO erfolgreich gewesen ist und die Bundesrepublik nachhaltig verändert hat, bieten sich die **Formen des Protests** und die konkreten **Inhalte der Bewegung** (Ziele, Forderungen) an. Einleitend lässt sich festhalten, dass sich die „68er" in ihrem Auftreten und Erscheinungsbild sowie durch **neuartige Protestformen** deutlich von der Elterngeneration abhoben: So trugen sie z. B. lange Haare und provozierten die etablierten Autoritäten und Ordnungskräfte mit „Sit- ins", Institutsbesetzungen und „Happenings". Auch die **Themen**, denen sich die APO widmete, wurden rasch vielfältiger: So kamen u. a. der

Überprüfung

Ansatzpunkte für die Überprüfung

Widerstand gegen die Notstandsgesetze, die Forderung nach der Aufarbeitung der NS-Vergangenheit und der Einsatz für Frauen- und Homosexuellenrechte, Umweltthemen, Abrüstung und Frieden auf die Tagesordnung.

Inwiefern hat es die APO geschafft, die Bundesrepublik **nachhaltig zu prägen**? Vordergründig betrachtet gelang es oftmals **nicht**, die eigenen Vorstellungen und konkreten Forderungen **durchzusetzen**. So wurden die Notstandsgesetze trotz Widerstand verabschiedet und existieren bis heute. Die Abtreibung blieb auch nach der Reform des Paragrafen 218 im Grundsatz strafbar. Und das atomare Wettrüsten, das im Zusammenhang mit den Anti-Vietnamkrieg-Demonstrationen angeprangert wurde, ließ sich nicht aufhalten, was später angesichts des NATO-Doppelbeschlusses (1979) zu den bis dato größten Massendemonstrationen der Bundesrepublik (z. B. Hofgarten Bonn 1981, Menschenkette Neu-Ulm-Stuttgart 1983) führen sollte. Hier sorgte erst die allgemeine Entspannung durch das Ende des Kalten Kriegs 1989/90 für Veränderung.

einerseits:
– fehlende Erfolge bei konkreten Forderungen

Darüber hinaus ist anzumerken, dass die APO und die „68er" selbst immer mehr **zerfielen** und aufgrund zunehmender Radikalisierung viele Menschen **abschreckten**, was der Umsetzung ihrer Ziele nicht diente. Nach der Auflösung des Sozialistischen Studentenbundes 1970 teilte sich die Studentenbewegung in sektiererische, stark vom Marxismus inspirierte Kleingruppen, die auf die „revolutionäre Arbeiterklasse" setzten und sich am Sozialismus der Sowjetunion und Chinas orientierten. Damals entstand auch die **Rote Armee Fraktion**, die den Staat im Untergrund mit Waffengewalt bekämpfte. Die eher kleinbürgerlich orientierten Arbeiter und Angestellten der Bundesrepublik wollten mit den Protesten und den marxistischen Ideen der bildungsbürgerlichen Jugend sowie dem Terrorismus der RAF nichts zu tun haben und verweigerten die Solidarisierung.

– Spaltung und Radikalisierung, fehlende Massenbasis

Dass man die **These von einer „nachhaltigen Veränderung" der Bundesrepublik** durch die APO dennoch nicht von der Hand weisen kann, liegt an der oft eher schleichenden, indirekten bzw. **langfristigen Wirkung** der Proteste. Die APO und die „68er" hatten gesellschaftliche Defizite aufgezeigt, die nicht länger übersehen werden konnten. So trieben sie die umfassendere **Aufarbeitung der NS-Vergangenheit** voran, die ein paar Jahre zuvor durch die Auschwitz-Prozesse angestoßen worden war, und fragten gezielt nach der Rolle und Verantwortung der Elterngeneration. Diese Auseinandersetzung dauert bis heute an. Weitere Anliegen beeinflussten die Innen- und Außenpolitik der **Sozialliberalen Regierungen** ab 1969, was zur besseren Unterstützung von Studenten (BAFöG), zur Senkung des Wahlalters und zu Rechtsreformen (z. B. Straf-, Scheidungsrecht)

andererseits:
– langfristige Wirkung der Proteste

führte und Impulse für die Neue Ostpolitik gab. Insgesamt wurden wichtige politische Themen diskutiert und der bestehende **Reformstau abgearbeitet**.

Zudem hat die APO nicht nur **neue Formen des Protests** in den politischen Alltag eingeführt, die teils noch heute angewandt werden, sondern auch das **gesellschaftliche Klima** der Bundesrepublik durch neue Lebensformen (z. B. Kommunen, Wohngemeinschaften, „freie Liebe") **grundlegend und dauerhaft verändert**, sodass man sogar von einer „Silent Revolution" sprechen kann. Die Gegenkultur zum damaligen konservativen Establishment orientierte sich u. a. an der amerikanischen Hippiebewegung und erkämpfte in der Auseinandersetzung mit der Kriegsgeneration die Abwendung von autoritären Mustern (z. B. „antiautoritäre Erziehung"). Die allgemeine Einstellung der westdeutschen Bevölkerung wandelte sich innerhalb von rund zwanzig Jahren; zu den Folgen gehörten die freiere und individuellere Gestaltung der Lebensentwürfe, eine postmaterielle Wertorientierung und das hedonistische Streben nach privatem Glück.

– Einfluss auf spätere Bewegungen, Rolle einzelner Protagonisten

Dazu kam, dass sich das Engagement der durch die „68er" geprägten APO besonders in den Umwelt-, Friedens-, Anti-Atomkraft-, Frauen- und Menschenrechtsbewegungen der 1980er-Jahre **fortsetzte**. Zudem legten **Protagonisten** wie Joschka Fischer den angekündigten „Gang durch die Institutionen" sogar bis in höchste Staatsämter zurück. Gerade im Umweltbereich kam es zur Bildung zahlreicher Bürgerinitiativen; diese verschwanden zwar oft schnell wieder, jedoch blieb die prinzipielle Bereitschaft und Befähigung zur **Selbstorganisation** erhalten und ist seitdem aus dem öffentlichen Leben nicht mehr wegzudenken.

Fazit

Man kann zusammenfassend sagen, dass sich hinter dem **vordergründigen Scheitern der APO** ein **langfristiger Sieg** verbirgt, da sie wichtige Themen dauerhaft auf die Tagesordnung gebracht, politisches Engagement an der Basis gefördert und eine deutliche Liberalisierung der Gesellschaft bewirkt hat. Wie nachhaltig persönliche Lebensprinzipien wie Hedonismus und Individualismus die Gesellschaft noch beeinflussen werden, wird die Zukunft zeigen.

4 **TIPP** *Anforderungsbereich: II, Verrechnungspunkte: 16*

Der Operator „analysieren" bezieht sich auf den Text M 2, den Sie strukturiert beschreiben sollten: Stellen Sie die formalen Merkmale, den Textzusammenhang, den Inhalt und die sprachlichen Mittel vor. Das Vergleichsmaterial ist die Karikatur M 3: Verbalisieren Sie zuerst deren Kernaussagen, bevor Sie die Unterschiede zwischen beiden Quellen herausarbeiten und ein Fazit formulieren.

Bei **M 2** handelt es sich um eine **offizielle Festrede** von SED-Generalsekretär **Erich Honecker**, die dieser anlässlich des 30. Jahrestags der DDR am **7. Oktober 1979** in **Ostberlin** gehalten hat. Adressaten waren die bei den Feierlichkeiten anwesenden Gäste („Freunde und Genossen", Z. 1) sowie die gesamte **Öffentlichkeit** in der DDR, aber auch darüber hinaus. Honecker thematisiert die seiner Ansicht nach wesentlichen **Errungenschaften und** bisherigen **Erfolge der DDR**, deren Gründung 30 Jahre zuvor er zu einem „Wendepunkt in der Geschichte unseres Volkes und Europas" (Z. 3 f.) deklariert.

Analyse von M 2

formale Merkmale und Thema

Zu Beginn der Ansprache betont der Redner, dass mit der DDR auf deutschem Boden erstmals ein klassenloser Staat der „Arbeiter und Bauern" (Z. 5) geschaffen worden sei, in dem Kapitalismus, Militarismus, Imperialismus und Revanchismus völlig überwunden worden seien und das „**Volk der wahre Souverän**" (Z. 8) sei. Man habe **umfassende Freiheiten und Menschenrechte**, v. a. soziale Grundrechte (z. B. auf Arbeit und Bildung) im Rahmen einer „sozialistische[n] Demokratie" (Z. 16) verwirklicht. Die DDR habe sich im „unzerstörbare[n] Bündnis mit der Sowjetunion" (Z. 17) politisch-wirtschaftlich immer weiter entwickelt und sei zu einem **international angesehenen Staat** geworden.

Kernaussagen der Rede

– bisherige Leistungen der DDR

Anschließend hebt Honecker besonders hervor, dass der Sozialismus auch moralisch-geistig gewirkt und einen „**neue[n] Mensch[en]**" (Z. 24) geschaffen habe, in dem sozialistische Ideale und Werte wie „proletarischer Internationalismus" (Z. 25), Völkerverständigung und „antiimperialistisch[e] Solidarität" (Z. 26) fest verwurzelt seien. Im Schlussteil von M 2 betont er den entschlossenen **Einsatz der DDR für den Frieden**, wozu man sich wegen der deutschen Vergangenheit verpflichtet fühle und wodurch man sich klar vom „aggressiven Ungeis[t]" (Z. 37) des westlichen Imperialismus abgrenze.

– sozialistisches Menschenbild

Besondere sprachliche Mittel, die in der Rede verwendet wurden, sind Übertreibungen, drastische Vergleiche und Bilder, z. B. „kapitalistische Ausbeuter" (Z. 5), „mit Stumpf und Stiel beseitigt" (Z. 6), „Springquellen des gesellschaftlichen Reichtums" (Z. 10), „das geistige Antlitz unseres Volkes" (Z. 23) sowie „Quelle des Krieges" (Z. 37). Dies soll den hohen Anspruch und Wert, den Honecker der DDR im Vergleich zum kapitalistischen Westen zuschreibt, veranschaulichen. Zudem ist M 2 stark durch die formelhafte **marxistisch-leninistische Sprache**, wie sie auch die Vertreter der SED verwendeten, geprägt, u. a. durch Formulierungen wie „Klassenprivilegien" (Z. 7), „Arbeiter-und-Bauern-Macht" (Z. 12), „Bruderlände[r]" (Z. 17 f.) oder die Gegenüberstellung von „proletarische[m] Internationalismus" (Z. 25) und westlichem „Imperialismus" (Z. 40). Dies gehörte zum festen Repertoire offizieller Texte. Durch die ständige

sprachliche Mittel

Bezugnahme auf den aggressiv-kapitalistischen Westen und die besondere **Betonung sozialistischer Errungenschaften** (z. B. Z. 13: „Recht auf Arbeit"; Z. 14: „soziale Sicherheit") sollten die vermeintlichen Leistungen der vergangenen Jahrzehnte hervorgehoben und die DDR vom angeblich unsozialen Westen abgegrenzt werden.

Einordnung in den historischen Kontext

In Wirklichkeit waren die ersten Jahrzehnte der DDR von ökonomischen **Schwierigkeiten** und einer zunehmenden **Unzufriedenheit** der Bevölkerung geprägt, die eine Verbesserung der wirtschaftlichen Verhältnisse und politische Freiheiten einforderte (v. a. beim Volksaufstand vom 17. Juni 1953). Nachdem man allerdings der Flucht in den Westen durch den Mauerbau 1961 ein Ende gesetzt hatte, konnte sich die DDR tatsächlich **stabilisieren**. Nachdem Honecker ab 1971 die wichtigsten Partei- und Staatsämter übernommen hatte (u. a. SED-Generalsekretär), erreichte der ostdeutsche Staat die **internationale Anerkennung** (z. B. Aufnahme in die UNO 1973) und eine deutliche **Steigerung des Lebensstandards** infolge der neuen „Einheit von Wirtschafts- und Sozialpolitik". Konsumgüter waren jetzt leichter zugänglich, der Sozialstaat wurde ausgebaut, Löhne wurden erhöht, Wohnungen gebaut und Preise stark subventioniert.

Die **Menschenrechtslage** verbesserte sich jedoch nicht, auch wenn sich die DDR dazu im Rahmen des KSZE-Prozesses bereit erklärt hatte. Der **staatliche Überwachungs- und Bespitzelungsapparat** des Ministeriums für Staatssicherheit **(„Stasi")** wurde in der Ära Honecker unter der Leitung von Erich Mielke verdoppelt. Auch die außenpolitische **Abhängigkeit von der Sowjetunion** unter KPdSU-Generalsekretär Breschnew und den „Bruderländern" (Z. 17 f.) des Warschauer Pakts war weiterhin prägend. Wie sich außerdem in den 1980er-Jahren herausstellen sollte, hatte die DDR weit über ihre Verhältnisse gelebt und war hoch verschuldet, weil die **Produktivität** der sozialistischen Wirtschaft auf niedrigem Niveau **stagnierte**. Nicht nur angesichts der enormen Umweltzerstörungen mutet die Formulierung, es habe nie einen deutschen Staat gegeben, „in dem das Volk so frei atmen" (Z. 9 f.) konnte, geradezu zynisch an.

Intention

Honeckers **Eigenlob** dient der **Legitimierung der SED-Herrschaft** in Abgrenzung zum Westen, dem ständige Aggressionsbereitschaft unterstellt wird. Die Rede appelliert an die Bevölkerung, den mit der Gründung der DDR 30 Jahre zuvor eingeschlagenen Weg fortzusetzen, da die Alternative zu Frieden und Wohlstand letztlich Krieg und soziale Unsicherheit seien. Der SED-Generalsekretär berücksichtigt nur die angeblichen Erfolge und blendet negative Sachverhalte wie die enorme Verschuldung, die zunehmende Überwachung und die mangelnde Gewährung der Freiheitsrechte konsequent aus.

Vergleich M 2 und M 3

Vorstellung von M 3

Die **Karikatur M 3** stammt von Rudolf **Schöpper** und wurde zwei Tage vor M 2 am **5. Oktober 1979** in den „Westfälischen Nachrichten" (Münster) veröffentlicht, ist also **in Westdeutschland** entstanden und erschienen. Sie behandelt zwar auch das **30-jährige Jubiläum** und Bestehen der DDR, wirft aber ein gänzlich anderes Licht auf den ostdeutschen Staat.

Man erkennt eine Szene, die sich **„über den Wolken"**, fern von den Geschehnissen auf dem Boden, auf einem **Wachturm** abspielt: Dort haben sich der Generalsekretär der KPdSU, Leonid **Breschnew**, und sein ostdeutsches Pendant Erich **Honecker** zu einer privaten Feier getroffen. Die beiden reichen sich die Hand und prosten sich mit Wodka zu, wobei Breschnew – unrasiert, mit Hut und einer Zigarre im Mund – eher dem Klischee eines mächtigen Bauunternehmers oder Mafiabosses entspricht, während Honecker mit Uniformmütze, Krawatte und kurzen Hosen schon fast wie ein Musterschüler wirkt. Die Plakate mit dem DDR-Staatswappen (Ährenkranz, Hammer, Zirkel) und den Aufschriften „30 Jahre" und „DDR" machen deutlich, dass der Turm den **ostdeutschen Staat** symbolisiert. Die noch unfertigen Mauerzinnen und die Maurerkelle könnten dabei auf die Berliner Mauer anspielen, die die Menschen in der DDR seit 1961 endgültig wie in einem Gefängnis – verbildlicht durch die Gitterstäbe an den Fenstern und die Maschinenpistole – einsperrte. Ein Blumenstrauß als weiteres Symbol für die Festlichkeiten lässt die DDR dabei wie ein **geschmücktes Gefängnis** wirken. Links hinter dem Turm steht ein etwas schiefer Baukran. Durch die Aufschrift „**Kreml**", die Architektur, die an den „Zuckerbäckerstil" erinnert, sowie die sowjetischen Machtinsignien (Sowjetstern, Hammer und Sichel) ist die Unterstützung der DDR durch den „**großen Bruder**" **in Moskau** erkennbar.

Vergleich

– Perspektive

Die Karikatur wendet sich in erster Linie an eine **bundesdeutsche Öffentlichkeit**, in der die DDR überwiegend **kritisch** gesehen wurde. Der Karikaturist ist ein außenstehender Betrachter aus dem Westen, während der Autor von M 2, Erich Honecker, als maßgeblicher Politiker der DDR und somit zentraler Akteur auf das Ereignis blickt.

– Darstellung der Feierlichkeiten und der DDR

Auch wenn das **grundlegende Thema** von M 2 und M 3 **gleich** ist, gibt es wesentliche **inhaltliche Unterschiede**. Zunächst sind hier die **Bezeichnung bzw. Art** der Veranstaltung, also **der Feierlichkeiten** zum 30-jährigen Bestehen, zu nennen, die schon erste Rückschlüsse auf das jeweilige Bild der DDR zulassen. Die Karikatur M 3 trägt den Titel „**Firmenjubiläum**" und stellt auch etwas Derartiges dar, wenn auch unter skurrilen Umständen stattfindend: Breschnew wirkt wie der Firmenchef, der seinem fleißigen Filialleiter zu seiner erfolgreichen Arbeit gratuliert. In der Rede M 2 bezieht Honecker dagegen die „**Freunde und Genossen**“ (Z. 1) mit ein, wodurch die Veranstaltung weniger exklusiv wirkt. Dabei überhöht er die Gründung der DDR 30 Jahre zuvor als „Wendepunkt in der Geschichte“ (Z. 3) und spricht von der „Arbeiter-und-Bauern-Macht“ (Z. 12) und „unserer Deutschen Demokratischen Republik“ (Z. 31).

Auch das **grundsätzliche Bild**, das von **der DDR** gezeichnet wird, unterscheidet sich deutlich. Der ostdeutsche Staat wird in der Karikatur als eine Art **Wachturm mit Gefängnis** abgebildet; die eigene Bevölkerung, die weit von der DDR-Führung entfernt ist, kann nur mit Waffengewalt, Mauern und Gitterstäben sowie mit Unterstützung der Sowjetunion unter Kontrolle gehalten werden. In der Rede dagegen wird die DDR als ein **Paradies** der Freiheit, der Menschenrechte und der „sozialistische[n] Demokratie“ (Z. 16) beschrieben, in dem „das Volk der wahre Souverän“ (Z. 8) sei und sich in den Staat einbringen könne.

– Darstellung der Beziehungen zur Sowjetunion

Eine große Differenz zeigt auch das **Bild der Sowjetunion**. In der Karikatur wird die Beziehung zwischen der DDR und der UdSSR auf der abgehobenen Ebene der Herrschenden dargestellt, die sich weit weg von der Bevölkerung zu einer Art Umtrunk treffen, wobei Breschnew den unseriösen Eindruck eines „Bosses“ macht, dem der kleine „Angestellte“ Honecker **zu Untergebenheit und Dankbarkeit verpflichtet** ist. Der Kran deutet an, dass die Errichtung und der weitere Aufbau des „Wachturms DDR“ immer noch von der Sowjetunion **abhängig** sind. In M 2 spricht Honecker dagegen von einem „unzerstörbare[n] Bündnis“ (Z. 17), unter dessen Schutz sich die DDR entwickeln und der „neue Mensch“ (Z. 24) im Sozialismus entstehen konnte. Im **Verhältnis zum Ostblock** ist von den „**Bruderländern**“ (Z. 17 f.) und an keiner Stelle von Dominanz die Rede.

Fazit

Die **Inhalte und Intentionen** der zwei Materialien, die beide anlässlich des 30-jährigen Jubiläums der DDR entstanden sind, könnten kaum **unterschiedlicher** sein: Während die ostdeutsche Führung in Person von Honecker die DDR – trotz aller tatsächlich vorhandenen Probleme – als **erfolgreiches Novum** der deutschen Geschichte **lobt und feiert**, **entlarvt** die im Westen entstandene Karikatur die DDR mit einfachen Mitteln als **Satellitenstaat der UdSSR**, der ohne sowjetische Hilfe, Mauer und Schießbefehl keinen Bestand hätte, da er völlig den Kontakt zur Bevölkerung verloren habe und sich deshalb auf deren Zustimmung nicht verlassen könne.